国家"十二五"重点图书

国际共产主义运动历史文献

第21卷

主　编　王学东
副主编　戴隆斌（常务）童建挺

第二国际第六次（阿姆斯特丹）代表大会文献（2）

本卷主编　童建挺

《国际共产主义运动历史文献》顾问委员会

贾高建　顾锦屏　张中云　胡文建　宋洪训
沈志华　洪肇龙

《国际共产主义运动历史文献》编辑委员会

主　　编：王学东
副 主 编：戴隆斌（常务）　童建挺
编　　委：（以姓氏笔画为序）
　　　　　王　瑾　吕瑞林　邢艳琦　许宝友　张文成　张文红
　　　　　陈新明　林德山　胡振良　姚　颖　晏　荣　崔海智
　　　　　彭萍萍　薛晓源

参加本卷译校工作的有
遇　荟

参加本卷编辑出版工作的有
苗永姝　李媛媛　盛菊艳　薛迎春

总　序

国际共产主义运动，是由以马克思主义为指导的无产阶级政党领导的国际性的无产阶级革命运动，其宗旨是推翻资产阶级统治和一切剥削制度，建立和发展社会主义制度，进而最终实现人的彻底解放，建立共产主义社会。

国际共产主义运动迄今已有一百六十多年的历史。19世纪40年代，马克思、恩格斯在创立科学社会主义理论的同时，努力把它与当时西欧无产阶级的革命实践相结合，于1847年6月创建了第一个国际性的无产阶级政党——共产主义者同盟，亲自拟定并于1848年2月公开发表了同盟纲领《共产党宣言》。这标志着国际共产主义运动的兴起。

自从共产主义者同盟建立以来，历经第一国际（国际工人协会）、第二国际、第三国际（共产国际），国际共产主义运动由小到大、由弱到强，从西方推进到东方、从欧洲扩展到全球，终于突破资本主义链条上一个又一个薄弱环节，取得了社会主义由一国到多国的胜利。二战后社会主义阵营的建立、民族解放运动的胜利进军、社会主义国家革命与建设的重大成就，为国际共产主义运动史书写了辉煌的篇章。20世纪末，由于东欧剧变、苏联解体，国际共产主义运动遭遇了严重挫折。但是，历史并没有因此而终结。由《共产党宣言》奠基的国际共产主义运动仍在曲折中前进。各资本主义国家中的共产党、工人党仍在不断探索无产阶级取得解放的道路；中国等社会主义国家仍继续高举社会主义伟大旗帜，为完善社会主义、最终实现共产主义而不懈奋斗。

国际共产主义运动一百六十多年跌宕起伏的发展历程，积累了卷帙浩繁的文献档案，留下了丰富的历史遗产。深入发掘和充分利用这些文献档案，对于我们准确地了解和把握国际共产主义运动的发展进程及各个时期的特点，科学地研究和总结国际共产主义运动丰富且宝贵的经验教训，具有极其重要的意义。特别是无产阶级国际组织，作为国际共产主义运动的重要载体，其文献档案对于国际共产主义运动史研究更是具有特殊的重要意义。

早在1984年春，中国国际共产主义运动史学会就发起编辑出版《国际共产主义运动史文献》。当时由中共中央编译局、中国社会科学院马列主义毛泽东思想研究所和近代史研究所、中共中央党校和中国人民大学等单位共同组建了编辑委员会。编委会商定：这套文献主要收编共产主义者同盟、第一国际、第二国际、第三国际、共产党和工人党情报局这五个国际组织已发表的全部文献档案，包括历次代表大会、代表会议和其他重要会议的记录、决议和有关文件；收编材料力求齐全；凡外国有选编完整的版本者，根据外国版本翻译；凡文件散见于外国不同出版物者，尽力搜集完整，组织力量统一编译；文件完全按照原件翻译，译文力求准确，不作修改删节，以便读者根据完整、准确的第一手材料了解这些国际组织的历史。在当时代管全国哲学社会科学基金的中国社会科学院科研局的资助下，经过编辑委员会、编译工作者和中国人民大学出版社的共同努力，这套文献于1986年开始陆续出版，截至1997年共出版了21卷。

到上世纪末，文献的编辑出版工作遇到了巨大困难。首先是编委会发生了重大变故，主编林基洲、副主编王颖和校纪英相继谢世；其次是出版经费难以为继。为继续出版这套文集，中国国际共产主义运动史学会多方努力，组成以会长顾锦屏为主编的新编委会，从全国哲学社会科学规划办公室争取到一笔资助，于1999—2001年又出版了两卷。此后，因缺乏经费，编辑出版工作完全陷于停顿。

2010年，在中共中央编译局和中国国际共产主义运动史学会的鼎力支持下，中央编译出版社以这套文献申报国家出版基金项目，获得立项资助。中共中央编译局对此项目高度重视，在国家出版基金资助的基础上，给予了相应的资金支持，组建了新编委会，成立了专门机构负责文献整理和编辑工作，并将这套文献纳入"中央编译局文库"出版规划。

经新编委会研究决定，这套文献定名为《国际共产主义运动历史文献》，在其前身《国际共产主义运动史文献》的基础上重新编辑出版。通过进一步广泛搜集资料和适当改变编辑方式，新《文献》的资料更详尽、收文更齐全。例如，在原《文献》的某些卷次中，对已出版的马克思主义经典著作中译本只列目录，不收正文，而新《文献》则全部依据最新的中译本收录，以方便读者查阅。此外，《国际共产主义运动历史文献》扩大了文献资料的搜集和选材范围，采用开放式结构，规模暂定60卷，约2500万字。

中共中央编译局和中国国际共产主义运动史学会对这套文献的编辑出版工作给予了强有力的支持，中央编译出版社为这套文献的立项和出版做了大量艰苦细致的工作，文献的前两任编委会和编译工作者在十分困难的条件下为这套文献奠定了良好的基础，中国人民大学出版社为这套文献的重新编辑出版提供了帮助，在此一并表示衷心感谢。

《国际共产主义运动历史文献》
编辑委员会
2011年12月20日

编辑说明

第二国际第六次代表大会于1904年8月14—20日在荷兰阿姆斯特丹音乐会厅举行。参加大会的有24个国家的476名代表。

列入大会议程讨论的主要问题为社会党策略的国际准则、殖民政策、移民移入移出、总罢工、社会政策和工人保险、八小时工作日、托拉斯和失业。社会党策略的国际准则是大会争论的中心问题。茹尔·盖得提出将1903年德国社会民主党德累斯顿代表大会反对修正主义的决议案略加修改，作为大会的决议案，这一建议遭到法国的让·饶勒斯、比·列诺德尔，奥地利的维克多·阿德勒和荷兰的特鲁尔斯特拉的坚决反对。阿德勒和埃米尔·王德威尔得提出修正案，要求删去盖得决议案中一切谴责修正主义的词句和社会党人不得热衷于参加资产阶级政府的提法。奥古斯特·倍倍尔、罗莎·卢森堡和其他委员支持盖得。负责讨论该问题的专门委员会以27票赞成、3票反对、10票弃权，通过了盖得的议案，并将此议案提交大会。大会最后以25票赞成、5票反对、12票弃权通过了稍加修改的德国社会民主党德累斯顿代表大会决议。这是在国际范围内反对修正主义斗争的一个重大胜利。但是在殖民地问题上，法国提出的反对殖民主义政策、号召社会党与殖民主义作斗争的提案被否决，却通过了范科尔提出的既没有谴责殖民政策，也没有承认各国人民自决权的原则的议案。在罢工问题上，罗兰-霍尔斯特代表荷兰代表团提出的一个反对无政府工团主义者鼓吹的全面总罢工、主张实行重要工业部门的群众性罢工以实现社会改革和抵抗反动政府进攻的议案被大会通过。这个决议较国际历次代表大会对总罢工持完全否定态度的决议前进了一步。大会还通过了倍倍尔、卡尔·考茨基、恩里科·费里、阿德勒、特鲁尔斯特拉和王德威尔得提出的关于党的统一的决议，要求法国各社会主义派别实现统一。

  本卷收录的内容包括三个部分：（1）欧洲、美洲和亚洲的社会主义组织和工人组织；（2）附录——社会党的力量；（3）补遗，包括社会党国际局出版物介绍和俄属波兰和立陶宛社会民主党代表团向阿姆斯特丹代表大会提交的报告。内容译自1978年瑞士日内瓦明科夫出版社出版的乔治·豪普特主编的《第二国际史料》第15卷（Géorge Haupt, Histoire de la IIe Internationale, Tome 15, Minkoff Reprint, Genève, 1978）收录的法文文献。

  本卷主编修正了中文译文中的明显疏漏，依据中共中央编译局编译马克思主义经典著作的标准统一了人名、地名、组织机构名、报刊名等专用名，增加了对原书中一些名词和引语的注释。书中文献的脚注，凡未加说明的都是原文本编者所注；中文本译者或编者所加的注，均注明"译者注"或"编者注"。

目 录

欧洲、美洲和亚洲的社会主义组织和工人组织 1
俄国社会革命党的起源、纲领及行动 3
俄国社会革命党 35
俄国社会主义农业同盟 39
立陶宛、波兰和俄国犹太工人总联盟（崩得）在第四次
 代表大会后的活动 41
立陶宛、波兰和俄国犹太工人总联盟（崩得） 51
俄国社会民主工党(于1898年成立) 63
澳大利亚社会主义运动 70
澳大利亚社会主义运动
 ——第二份报告 79
澳大利亚工会运动 82
亚美尼亚社会民主党 84
卢森堡大公国的工人运动和社会主义运动 88
匈牙利社会民主党 93
芬兰社会民主党(1900—1902年) 98
德国社会民主党 104
德国工会运动 122

比利时工人党
　　——1903年12月31日的大致情况 …………………… 131
西班牙社会主义工人党 ……………………………………… 136
挪威工人党（挪威工人党1900—1903年工作报告）…………… 139
美国社会党 …………………………………………………… 143
荷兰社会民主工党 …………………………………………… 150
丹麦社会民主党的报告 ……………………………………… 161
丹麦工会运动 ………………………………………………… 164
保加利亚社会主义工人党 …………………………………… 171
保加利亚社会民主工党 ……………………………………… 179
英国工人运动 ………………………………………………… 183
意大利社会党 ………………………………………………… 185
塞尔维亚社会党 ……………………………………………… 197
法兰西社会党（革命社会主义者同盟）的报告 ……………… 198
捷克斯洛伐克社会民主党 …………………………………… 204
波希米亚 ……………………………………………………… 213
俄国社会民主工党的组织 …………………………………… 215
波兰社会主义运动 …………………………………………… 217
法国的政治形势
　　——政治报告 ……………………………………………… 235
法国社会主义运动 …………………………………………… 241
奥地利工会组织的报告 ……………………………………… 249
奥地利德意志社会民主党 …………………………………… 253
奥属乌克兰社会民主党 ……………………………………… 258
乌克兰社会革命党 …………………………………………… 262
瑞典社会主义运动和工会运动（1900—1904年）…………… 272

日本社会党 …………………………………………… 288
瑞士社会民主党 ……………………………………… 294
瑞士工会运动 ………………………………………… 308
英国劳工代表委员会 ………………………………… 313
阿根廷社会党 ………………………………………… 316

附 录 ……………………………………………… 317
社会党的力量 ………………………………………… 319

补 遗 ……………………………………………… 349
社会党国际局出版物 ………………………………… 351
俄属波兰和立陶宛的社会民主主义运动(1900—1904年) ………… 352

欧洲、美洲和亚洲的
社会主义组织和工人组织

俄国社会革命党的起源、纲领及行动

一、历史概述

正如其他国家一样,俄国社会主义运动并不是在工人阶级内部,而是在一个小群体中出现的。这一群体来自少数将一生都奉献给了社会主义事业的知识分子。1840—1850年间,在俄国我们已经发现了社会主义的踪迹;但直到19世纪六七十年代,在作家车尔尼雪夫斯基和杜勃罗留波夫的直接影响下,社会主义运动才具备了更加明确的形式。30年来,社会主义运动并没有走出革命党人的"小圈子"的狭窄范围,仍旧由大部分青年学生及极少数杰出的工人阶级代表组成。社会主义运动初期的任务在于扩大革命队伍的规模——这是当时俄国发展社会主义制度的前提条件,同时使社会主义观念尽可能深入工人阶级内部。

在当时,由于资本主义发展不充分,俄国城市无产阶级数量相对较少,他们在智力发展及心理上还未成为与群众相区别的现代工业无产阶级。虽然在农村有坚实的基础,工厂作坊工人在新阶层中还未生根。至于农民,直到现在他们也无法领会社会主义思想,更不用说在那个时代了。农奴制的传统使他们将所有城市人都看做敌人。然而废除农奴制使农民摆脱了领主专制,沙皇的权威高涨。但对于农奴制的经济缺陷,改革中并未提出相应措施。诚然,无可置疑的是,给予农民的土地数量比实行农奴制期间农民获准使用的土地少很多;然而,这一事实导致的农民动乱及犯罪却开始减少。在当时,农村生活重现平静。因新条件、新情况引发的真正的农民起义后来才爆发。1870—1880年间,社会主义者尝试推动农民起义爆发,在现在看来是极具预见性的。

19世纪70年代和80年代期间,年轻的社会革命党人针对城市工人及农民在人民群众中进行了第一次宣传。由于他们保留了村社的一些传统,这些宣传对象被认为是吸收社会主义思想的最佳人选。这一尝试很快就受到了政府的打压。事实上工人甚至农民对于年轻社会主义思想宣传者的言论都抱以足够的关注,但是由于后者缺乏有效的管理,宣传活动缺乏组织性,经常中断。社会主义先锋遭到政府越来越频繁的追捕,使得群众宣传预备工作的成果不容乐观。

对于一个政治专制国家,社会主义运动的产生自始至终应为实现政治自由而奋斗。通过秘密组织反对专制主义是俄国社会主义运动可采取的唯一形式。

这一斗争在民意党时期达到高峰。那时革命组织规模足够壮大,鉴于专制主义传统上拥有的声望,革命者特别注重在城市无产阶级中间广泛宣传社会主义思想。(农村地区的宣传者那时已经离开乡村)

作为革命组织的民意党宣告失败,但是在其影响下,社会主义运动在深度及广度上已获得突破。俄国社会已从一个盲目服从于沙皇专制统治的噩梦中慢慢苏醒。反对派团体时刻准备付出自己的生命以反抗专制主义,这动摇了沙皇权力的权威,阻碍了国家机器的正常运行。沙皇采取了一系列非常措施都没能够粉碎革命运动。马克思和恩格斯说,沙皇一度成为"加特契纳的俘虏"[①]。革命的隆隆炮声激起不断的社会动荡。革命者努力发动国内可团结的一切力量。事实上,工人中的优秀分子开始反抗,学生举行罢课示威。一个苍白的自由主义宪政运动出现在如此平静的社会生活的动荡表面,我们甚至可以在军队中建立足够有力的秘

---

① 参看《马克思恩格斯文集》第2卷第18页。——编者注

密团体。但是民意党不能完成许多不可能完成的事情；它仅仅为当前社会革命党人的运动铺平了道路。

19世纪80年代和90年代末，在反动派获得暂时的胜利之后，革命运动失去了其原有的战斗性与激进性，而是着眼于一系列准备性的秘密工作。现在这些革命前的准备工作在众多领域中如雨后春笋，如火如荼地进行。革命党干部将宣传重点放在城市工人阶层，尤其是在革命运动中起到无可替代作用的工业无产阶级上。正是在这一时期，经济唯物主义理论在俄国得到广泛宣传。根据这一理论，俄国革命运动今后的成功仅仅只能依靠本国资本主义大工业的发展及城市无产阶级的不断壮大。农民运动被认为是没有任何实质作用的，至少在专制主义覆灭前如此。对于土地公有，我们曾怀有极大的信心，认为这是实现社会主义理论的最佳途径。现在这样的信心已不复存在，尽管这种信念是建立在马克思和恩格斯的权威论断之上，他们在1883年[①]断言，借助某种有利条件（俄国革命与西欧社会革命同时发生），俄国农村公社能成为共产主义发展的起点。[②] 俄国社会主义者的全部期望都放在资本在俄国资本主义大工业发展中应发挥的创造性作用上。这一经济因素拥有独立的革命推动力；社会主义的胜利似乎可以通过精确的数学计算来预测，而这种数学计算应通过对经济力量的简单运算来完成。这种俄国"新马克思主义"的超宿命乐观主义，其程度已超过在西欧马克思主义流派中已占少数的众多思想流派。如果考虑到那个时代青年的心理状况，我们就很容易理解这个夸张的理论。政府对民意党英雄取得了胜利，这使得青年们渴望消除其所带来的一切痛苦绝望的印记。

这些对经济力量所抱有的过高的期望，自然伴随着对于少数人组织

---

① 原文如此，应为1882年。——编者注
② 见《马克思恩格斯文集》第2卷第8页。——编者注

的任何革命行动的实实在在的不信任心理。那时的俄国社会主义者由此认为,革命必须要与当时人民群众的思想水平相符合。他们甚至认为仅仅表达工人阶级已提出的需要会使社会主义政党的作用逐步减弱。

然而这一对于社会主义政党任务的狭隘判断并未阻碍社会主义宣传的不断扩大,尤其在工业无产阶级中间,社会主义宣传立足这一阶级最亟需的经济利益。这是工厂及作坊中的工人为了获得工作条件的部分改善,投身有组织的反抗运动的开始。到处爆发的具有一定组织性的罢工在某种程度上都是由这一特殊的国家工业集体促成的,在一定时期是由维特的保护主义政策挑起的。这些局部性质的罢工愈演愈烈,终于在1896年引发了圣彼得堡大罢工,3万多名织布工人参加了罢工。

从那时起,工人集体运动的时代在俄国正式到来。资本主义的不断发展,大工业的进步,以及社会主义思想宣传的扩大,这些都对俄国更广泛的工人群众产生深刻的影响。但同时,工人运动的较快前进在当时起着主导作用的社会民主主义圈子内带来了我们称之为"经济主义"的思想冲击。人们认为通过罢工形式的单纯的经济斗争可以取代任何形式的革命行为,应该通过自然演变以到达消灭专制主义、建立强大的包括整个工人阶级社会主义政党的目的。因此,农民反对任何政治斗争,这是不利于革命事业的发展的。不言而喻,鉴于俄国政治情况,任何反映工人阶级及剥削者之间系统斗争的稳固组织都是绝对不可能存在的——即使工人阶级提出的仅仅是最微小的要求,这种对于经济主义的夸大不符合实际情况。俄国工业的现状阻碍了这种看法的发展。面对日趋频繁的危机,比起其他国家,这种看法在俄国更缺乏保障。它需要储存更多的廉价劳动力,需要更多农民不断涌向城市市场。此外,这种"经济主义"在更大程度上是由俄国工业短暂的快速发展引起的。由政府发放的各类补助、担保和补贴以及种种不良的投机在很大程度上促进了商业和工业企业的增长。这引起了对优秀的专业工人的巨大需求。

在俄国，由于受教育水平低下和缺乏会读写的劳动力，这一群体供不应求。这种现况的结果就是通过罢工带来了工资水平的一定增长。圣彼得堡及莫斯科罢工运动中的工人先锋声望大震。这些工人对于运动的思考只局限于获得可实现的当前利益，对于他们的政治利益则缺乏重视。在这些工人中甚至还存在仇视革命知识分子的思想。他们认为这些革命者强加给工人运动未自然成熟的要求。社会民主党的方法在当时是非常受欢迎的，它试图通过适应工人阶级的"温和"心理，以缩小其活动范围。"经济主义"也因此成为当时的思想主流。但这一思想的主导地位并未持续多久，其经济根基很快就被工业危机、失业以及城市劳动贮备大军新阶层的影响所打破。罢工运动停止，工人阶级的思想越来越激进。

随之而来的俄国革命运动不仅产生了一个新的派别，在主流理论的追随者及自称为社会民主党人的人中，很快产生了反对"经济主义"、崇尚政治革命斗争的热潮。

* * *

在这两种社会民主主义流派（其中主张政治斗争的流派由于上文提到的经济制度中发生的有关事件而占据主导地位）之外，在俄国仍不断涌现出其他社会主义派别。它们试图指出部分俄国社会民主党人的出发点是错的。在这些派别制定自己的纲领时，它们首先承认这样的理论，即每个国家必然经历城市工业的无限发展（根据这一理论，我们的首都不需要外部市场，它完全可以自给自足）；其次，土地集中到大地主手中以及小所有者的完全"无产阶级化"是不可避免的。这一适用于俄国的理论不得不继续忽略广大的农民劳动力阶层。也就是说，面对迅速的经济转型，占人口数量大部分的群众按照这种理论仍然被排除在工人阶级之外。因此，他们仍无法吸收领会社会主义思想。

在过去的这个世纪的最后十年中，社会主义宣传极其迅速地发展，这种宣传的极端重要性引起了俄国全体社会主义者的关注。俄国的社会民主主义理论已足以实现其历史使命，并能够很好地完成日常的革命工作。在革命者中，这一理论获得了巨大的成功。然而，其他社会主义理论仅仅从理论上对社会民主主义理论提出质疑，其支持者寥寥无几。但随着工人运动在城市的发展，大工业在所涉领域及发展速度的不断进步，这种社会民主主义理论的不足及缺陷日益突出。另一种社会主义流派强调工作的必要性，其党章涉及范围更广。这一流派很快发展壮大，并吸收了众多追随者。

* * *

这种社会主义流派不断发展壮大，即使在"经济主义"盛行的时代也不例外。自民意党时代结束开始，也就是1880—1890年后半期至世纪末，很多民意党支持者或自称为"社会革命党人"的团体和小组在俄国纷纷建立并发展壮大。

在这些小组中，不得不提到1892年成立于俄国北部的"民意党小组"。它在俄国组织了许多秘密印刷活动。从1892年至1894年，它印刷了4期《传单》，这是关于俄国社会各阶层的一系列宣言书。其中一部分是关于农民的小册子，一部分是关于新闻时政的小册子。小组最活跃的成员之一是一位名叫 N. M. 阿斯特列夫的作家。他于1982年被捕，1894年在经过长期囚禁后因病去世。

在国外这一流派的代表是"老民意党人小组"，它由彼·拉甫罗夫在巴黎建立，其他创始人包括玛丽娜·波隆斯基（民意党执行委员会前委员）、加林娜·波哈诺夫斯基、拉萨列维奇、鲁巴诺维奇、谢列布里亚科夫、塔拉索夫,等等。

该小组出版了7卷《俄国社会主义革命运动历史资料》。彼·拉甫罗夫以这个小组的名义,给伦敦国际代表大会致信向全世界社会党人致意。

此外,(1)俄国社会革命党人联合会参加了巴黎国际代表大会(1900年),它发行了一本广受欢迎的小刊物《俄国工人》;(2)《前夕》杂志,由谢列布里亚科夫于1899—1901年在伦敦出版,等等。

俄国其他社会主义者自称为"社会民主党人",他们在以下两个方面区别于前者:(1)前者赋予社会主义宣传更积极、更革命的特点。他们采取一系列武力方式公开反抗专制机制的某些代表。(2)前者认为通过引导农业劳动者加入社会主义革命运动,将农村列入革命范畴是可以实现并且是极为必要的,他们要让所有农村劳动人民获得土地。尤其第二点是区别社会革命党人与社会民主党人的根本点。受到过去失望情绪的影响,社会民主党人已具有一种反农民的思维定势。

这些社会革命党秘密团体坚守其城市阵地,并试图在无产阶级中吸引更多拥护者,力争在农民中传播其思想,尽管在初期,其纲领遇到最具影响力革命组织的直接反对,尽管这一切都必须在较为敌对的条件下进行。在1896年伦敦国际代表大会上,在国际无产阶级面前,俄国社会民主党代表声称在当前政治条件下,俄国革命党人无法在农村群众中发动力量;1898年,俄国社会民主党发表宣言,对于针对农民的革命活动只字未提;1902年,在俄国南部爆发大规模的农民暴动的前夜,俄国南部社会民主党组织代表会议仍认为将农民运动纳入其工作范畴是不必要的。

俄国革命运动在19世纪末的十几年迎来了飞跃发展,社会革命党人在这场运动中仍占据着越来越坚固的位置。

1896年,除了北方的民意党小组外,其他活跃在俄国南部、由社会革命党人组成的小组中涌现出许多有觉悟的工人。例如基辅和哈尔科夫的小组，以及在俄国东南部和伏尔加河地区活动的小组。这些小组的发展及相互间关系的不断加深，使尽快缔结更加密切并具有组织性的协约成为必要。尽管俄国人民生活境况日益困苦，这些小组的成员还是于1898年8月在俄国南部的一个城市成功举办了一次代表大会。他们在大会上提出了共同组织同盟的基础。这个同盟最初只涉及革命活动在不同领域的相互合作，然而共同纲领的制定，从理论及实践上，要求同盟必须发展到一个新的历史阶段。到了1900年，在第二次代表会议上，这些团体才联合成为一个同盟，并制定了名为《社会革命党宣言》的共同宣言。这个新的革命团体也在俄国秘密印刷了这一宣言。这一革命运动新分支的特点就在于它强调在工人群众内部发动社会主义斗争。"在最先进的工业无产阶级中将我们的革命计划付诸实际"，宣言如是说。我们也认识到在**农民**中发动革命运动的**直接**可能性。鉴于农村群众成分复杂，宣言指出，发动革命运动只针对农业无产阶级以及**众多**拥有极少土地的农民。在他们中间，我们能够并且应当大力进行政治自由思想及社会主义思想的革命宣传。

此外需要注意的是，那个时代的社会革命者小组并没有全部加入这一新的同盟。在圣彼得堡、俄国中部及俄国"黑土区"，有些小团体，它们的思想很接近社会革命党，但在1895年左右都是独立工作的。其中有一个俄国东南部的小组成功地与农民建立了正式关系。它于1898年底建立了"捍卫人民权利的农民兄弟会"。这个兄弟会的章程在1899年由社会革命党团体在国外印刷，在俄国受到广泛宣传。在与居住在国外的一些社会革命党人及一些社会革命运动的老战士（其中最有名的是彼得·拉甫罗夫）达成协定后，这一团体中的一些成员于1900年在国外建立了**农业社会主义同盟**。同盟把吸引广大农民加入城市工人运动为目标，并印发了一系列宣传社会主义思想及政治自由主张的册子。这些宣传册在俄国广泛流传，促进了在农村的社会主义宣传。

这些社会革命党人以一种独特的方式强调了坚决和直接反对专制制度的必要性。他们于1898年在俄国建立了一个名叫"社会革命党人同盟"的新组织。

同盟在俄国中部及南部不断扩大其影响力。在1898年秋，同盟印发了一本宣传册《我们的任务》，这本册子对同盟纲领进行了补充。1900年，这本册子在国外被重新编辑出版。同盟派出两名代表参加了1900年的巴黎国际社会党代表大会。同年底，社会革命党人同盟在俄国出版了《革命俄国报》。同盟的秘密印刷所成功印发了两期《革命俄国报》和两期《传单》增刊。也是在1901年，在俄国国内外，存在一些极为重要的组织，其思想主张及采取的行动极为相似。

在各个组织中，对建立一个统一的同盟的呼声越来越高：唯一需要的就是一个提议。这一提议出现了。1890年成立于俄国东部的一个小组提议联合所有社会革命党人，建立统一的革命组织。

成员绝大部分来自19世纪70—90年代的社会主义运动老战士，该小组很快区别于其他组织，正式成为各个小组的中心。通过其居间斡旋，制定《宣言》的南方团体与创办《革命俄国报》的北方团体终于找到一个可以达成总体协议的平台，于1901年建立了名为"社会革命党"的政党。

在实现统一之后不久，社会革命党就吸收了在国外出版关于社会主义革命问题的理论刊物《俄国革命通报》的老民意党人小组。之后，农业社会主义同盟以联盟的形式加入社会革命党。在1902年夏天，一个名叫"俄国争取政治自由工人党"的纯粹的工人组织加入社会革命党。同年12月，基辅社会民主党委员会（"工人旗帜"小组）也成为社会革命党的一员。

倡议全体社会革命党人联合的东部小组受到广大农民的信任，它们通过教师、地方自治机构职员和其他居住在农村的群众主要在农村地区进行活动。此外还有基辅的小组,它们与东部小组有很大的不同。在基辅,社会革命党人在工厂工人及基辅管辖的所有城市中进行了积极的宣传。很快,基辅组织发展成为一个足够强大的、协助党的工作的组织。敖德萨、哈尔科夫、叶卡捷琳诺斯拉夫和比亚韦斯托克成为工人运动的中心城市;萨马拉①、沃罗尼耶、奔萨、坦波夫以及黑土区其他城市成为农民宣传活动的主要中心。

与莫斯科不同,长时间以来,这里的社会革命党人要联合成为一个组织并不容易。总体而言,俄国中部政府对革命运动的态度不像帝国那样极端。造成这一现象的主要原因就是长期以来这些地方对于可疑分子一直采取驱逐出境的处理办法。与俄国大工业中心相比,它们被称为"穷乡僻壤"。其次,莫斯科又是政治保安处处长祖巴托夫进行的警察挑衅活动的主要阵地,而我们仍有机会低声讨论。最后,在莫斯科地区,长期以来宣传活动只针对工厂工人的职业利益。在那些地方,工人与广大农村保持紧密的联系。莫斯科周边地区的政府,尤其是雅罗斯拉夫尔、弗拉基米尔、科斯特罗马、图拉及其他地方,不断地将其农村人口输送到莫斯科工厂及作坊中,为其注入新鲜血液,这是仅凭宣传活动无法实现的。在中部,只有深入到农民居住的村庄,才能更好地开展社会主义运动。

因此,社会革命党不遗余力地在中部我们提及的各个行政区建立小组。需要指出的是,在这一方面,革命党已取得了不小的成效。特别是自1903年以来,革命党吸收了在俄国中部各个行政区开展工作的小学教师联合会。

因此,除了有关策略方面的重要问题,对于社会革命党的起源和构

---

① 即古比雪夫。——编者注

成这段历史，我们已经有了一个简短清晰的认识。

沙皇政府对革命运动进行了大规模的残酷镇压，以维护自己的统治，阻碍工人和农民群众在俄国的觉醒。俄国政府组织的在兹拉托乌斯特、罗斯托夫、波尔塔瓦、哈尔科夫、巴库等地的屠杀以及基希讷乌①和戈梅利的反犹大屠杀，在文明世界激起了一阵阵恐怖的呐喊，推动了普列韦、波别多诺斯采夫以及其他贵族官僚体制的代表所推行的罪恶政策的实施。这是一场真正的内战，造成了一系列灾难性后果。俄国沙皇反动政府在学校、工人阶级、农村农民群众中播种下了恐怖的种子。正是这种政治恐怖主义给俄国社会革命党制定战术带来了极大的复杂性。社会革命党在社会主义宣传和鼓动、群众组织等方面，有必要与沙皇政府进行面对面的直接对抗。要对党通过其战斗组织采取的行动作出较为客观的判断，就必须深入研究俄国特殊的历史条件、沙皇反动派的具体情况及其在历史与人性问题上的态度。

二、俄国社会革命党纲领

由于在俄国国内遇到的重重困难，社会革命党直至今日都无法组织一次党的全体代表大会；同样，也未拥有一个明确通过的正式纲领。

这样的纲领目前还只是停留在根据发表在党的正式机关刊物的一系列党的领导机关的文章来制定草案的阶段。一年前，党已经把纲领的第一个草案印发一定数量并分发给各委员会。随后，《革命俄国报》编辑部吸纳了多方面意见，对草案进行了修改和补充。为了进行新一轮的讨论，修改和补充后的草案被发表在党的正式机关报②第46号上。

---

① 即比萨拉比亚。——编者注
② 即《革命俄国报》。——编者注

为了使人们了解俄国社会革命党的思想和原则，在我们的报告中附上这份党纲草案。

社会革命党纲领草案
——《革命俄国报》编辑部拟订

目前处于变化发展之中的俄国与文明世界发达国家的关系日益密切，与此同时，它也保留着某些基于其历史、国情和国际地位的特点。

人们可以看到，在所有发达国家中，随着人口的增长及其需求的扩大，人类征服自然的能力获得提高，其控制自然力的方法得到完善，人类劳动的创造力越来越多地运用于各个领域。这种增长是社会进步和为个人全面和谐发展而斗争的必要条件。

但是，当代社会这种控制自然力的能力的提高，是在以下特定条件下出现的：孤立的经济企业之间的残酷竞争，生产资料私人所有，生产资料转化为资本，预先剥夺直接生产者的所有权或间接使他们受资本的奴役。随这些现代社会基础的发展，社会越来越被划分为两个对立的阶级——通过自己的劳动创造出产品但却只占有越来越少的部分的工人阶级，和垄断自然资源及共同的生产资料的剥削阶级。

在资产阶级和资本家关系的狭小范围内，集体劳动及大规模的集体生产形式的发展是不完整的、片面的。现代经济发展呈现其积极的、创造性的一面，通过将雇佣工人产业大军集中为一种集体力量的形式，为社会生活中更高级的集体组织提供了物质条件。

但是，同样的资产阶级和资本主义形式限制、削弱和扭曲了集体劳动和社会生产力的发展，就此而言，现代经济发展引发了其消极的、破坏性的一面：商品生产和竞争的无政府状态，经济力量的浪费，动摇国家经济大厦基础的危机，剥削的加剧，劳动群众依赖性和不安全感的增加，腐蚀社会道德基础的金钱的力量的加强，每一个人都为了生存和特权而与周围的人进行自私自利的斗争。

现代资本主义发展的积极方面与消极方面之间的关系，随领域和国家不同而不同。

在更为高级的产业部门以及资本主义的古典形式占统治地位的国家，这些关系是相对有利的；在其他产业部门——特别是农业，以及在国际经济竞争中处于较为不利的地位的国家，这些关系变得越来越不利。

除了这些不同，现代经济发展积极和消极方面之间的矛盾和不均衡表明了一个越来越重要并且带来许多历史后果的事实。

随剥削者与被剥削者之间社会距离的扩大，以及劳动生产力的提高与工人分得的极少产品份额之间的不平衡，简言之，随剥削加重，对其社会地位的不满情绪在工人群众心中高涨。

在阶级斗争这个天然的活动中，我们看到以这种或那种共同目标的名义，运用精心制定的策略对事件、对组织起来的集体力量的命定的进程进行自觉的、有条不紊的干预的做法越来越发达。斗争的方向与追求的目标是一致的，它涵盖了当今社会、经济、政治和精神生活的各个方面。

剥削阶级竭力通过各种形式的剩余价值和加诸于工人阶级身上的不断增加的税收来维持其存在基础——剥削。为了他们自私的目的，这些阶级试图凭借辛迪加、卡特尔和托拉斯来占有所有生产资料和交换手段。他们力图使现代国家的所有制度符合他们的阶级利益，并将它们完全变为他们统治和奴役被剥削阶级的工具。一句话，这些阶级竭力控制文学、艺术、科学和讲台，从而使工人群众不仅在经济上而且在精神上也一直处于被奴役的地位。在斗争中没有其他资源可用或者耗尽了一切资源的统治阶级，通过复兴宗教、挑起民族纷争、用沙文主义毒害大众良知，与君主政府、教会组织和旧贵族达成妥协，求助于与过去的反动势力结盟。

终结了其进步历史的资产阶级政权同样导致统治阶级的退化，它越来越多地排斥知识分子和民族的道德精英，使他们更加靠近敌视资产阶级的、被剥削者和被压迫者的阵营。

反过来，被剥削阶级自然竭力去挣脱那些束缚他们的桎梏；随着阶级觉悟的提高，他们越来越紧密地团结起来进行斗争，并将斗争指向资产阶级剥削的基础。

这一运动，就其国际性质而言，越来越采取各民族绝大多数人的运动的形式，代表着大多数人的利益，这是它胜利的保证。

国际革命社会主义是这一运动的明确表达、科学解释和总体概括。

以工人阶级思想上、政治上和经济上的解放为目标，革命社会主义在各地的代表首先是一少部分主动采取革命行动的人，是一直努力密切联系群众并把他们完全团结在自己周围的工人阶级的前哨。国际革命社会主义的基本而务实的目标是：使工人和被剥削人民的所有阶层都明白，他们构成了一个工人阶级，他们把阶级团结视为获得解放的保证。

国际革命社会主义的目标是通过有条不紊的、有组织的斗争实现社会革命，其纲领如下：使一切社会机构不再受统治阶级和剥削阶级控制；禁止自然资源和集体生产资料的私有权，并因此禁止把社会分为不同的阶级；只保留和发展社会机构那些有助于为了全体人民的利益而对所有劳动进行有条不紊的组织的正常功能，从而消除社会机构所具有的现代强制特征。

只有这个纲领得以实现，人类物质生产力和精神创造力持续、自由和不受约束的发展才将成为可能；纲领本身就能把社会财富的增长——现在是工人阶级不独立和受压迫的根源——变为幸福之源和个人全面和谐发展之源；它本身就能阻止一些人由于懒惰和纵欲、另一些人由于劳动力过剩和生活贫困而堕落。

只有当集体主义王国得以建立，使诚实、正义和团结成为其社会生活的表现时，人类才能在体力、智力和道德方面自由发展。在这个意义上，革命社会主义的事业是全人类的事业。社会主义能消除一切兄弟相残的战争和人们之间的竞争，消除一切暴力，消除人剥削人的现象，实现所有人的自由、平等和博爱，而不分性别、种族、宗教或民族。

俄国社会革命党把自己的工作视为劳工反抗剥削、个体反抗一切阻碍其发展的社会形式的国际性斗争的一个有机组成部分。在这场斗争中，社会革命党赋予俄国的斗争以与该国事务的实际状况相一致的形式，为了全体的利益而追求自己的目标。使俄国的社会问题更加尖锐的，是父权制、官僚制和封建制对现代资本主义剥削体制的适应。

与其他地方相比，俄国的资本主义发展更多地呈现出消极的一面；不像其他地方那样因生产力的提高所产生的有组织的和创造性的影响实现均衡。官僚机器极度发展，它决定了农民解放的条件，导致经济剥削甚至在农村也加大了，日益破坏农业人口的生产力。越来越多的农业工人被迫去做辅助工作和支付工资的劳动，即使加上这些工资，他们的收入也极少能达到俄国无产阶级所获得的不足以糊口的工资的水平。但是，这束缚和破坏了我们本已遭受国外市场不足之苦的工业的国内市场。由于竞争的加剧使城市无产阶级已经相当低的生活标准变得更低，过剩人口——以及随之而来的资本主义制度下的劳动力后备大军——继续不断增加。工人阶级的运动不得不在独裁体制的条件下发展，这种体制以无处不在的警察监护为基础，趋向于扼杀个人和集体的一切主动性。俄国大工厂主和大商人阶级比其他地方的大工厂主和商人更加反动；为了对付无产阶级，他们要求得到专制政府更多的保护。为了对付农村的劳动群众，农村的贵族、大地主和卑鄙的高利贷者也越来越要求同样的保护。为了保全自己，为了为自己的生存而斗争，独裁政府不得不花越来越大的力气去镇压被沙俄征服的民族，其手段是打消他们对新生活和进一步发展的渴望，散布种族仇恨和宗教仇恨，使工人群众看不清自己的利益。专制政府的存在给俄国经济、政治和文明的发展带来了更加尖锐、更加不可调和的矛盾。与俄国国内的剥削阶级和寄生阶级结成联盟并得到他们支持的俄国独裁政府，因此成为国外反动势力的一座最坚固的堡垒，始终是其他国家工人阶级政党解放斗争的持久威胁。所以，推翻俄国独裁统治不仅是解决俄国社会问题的一个最必要的手段，也是国际进步的一个极其重要的因素。

尽管存在由所谓"有教养的上层社会"的分子组成的民主主义、自由主义反对派（从阶级观点看他们是中间派），与专制政府作斗争的重任落在无产阶级、农业工人阶级、革命知识分子及少数社会主义者身上。这就是为什么必须去指导这场斗争的社会主义政党在革命危机期间有责任去推动财产领域的社会变革向纵深发展，这是推翻专制制度的必要条件。

这个纲领的完全实现——也就是剥夺资本家的财产、在新的社会主义基础上重组生产体系和整个社会结构，意味着组织在社会革命党中的工人阶级取得完全的胜利，在必要的情况下建立了临时革命专政。

但是，只要这个组织起来的工人阶级在人数上还是革命的少数派，他们就只能对社会结构的变革和立法过程产生局部性的影响；社会革命党会注意，不让争取局部胜利的政策使工人看不清根本和最终的目标；在自己革命斗争的过程中，它会注意提高自己的文化水平，巩固自己在斗争中的地位和消除自己建立完整组织的障碍，只以争取那些有助于加强自己进行解放斗争的凝聚力和能力的改革和那些自己需要的改革为目标。

只要现在俄国的转变还是在非社会主义力量的领导下进行，基于上述考虑的社会革命党将会通过革命斗争捍卫、支持并竭力争取如下改革：

1. 政治和公法领域的要求：

建立民主共和国，地区和乡镇——无论城乡——享有广泛的自治权；尽可能运用联邦主义原则处理各民族间的关系；承认各民族按照自己的要求实行自治的绝对权利；普选，一切年满20岁的公民享有直接、秘密、平等的投票权，而不分性别、宗教或民族；比例代表制；人民直接立法（全民公决和立法创议权）；所有官员经选举产生，任何时候均可解除职务和接受审判；思想、言论、出版、集会、罢工和联合完全自由；广泛而完全平等的公民权；人身不可侵犯，政教完全分离，承认宗教是严格意义上的个人良心的事情；义务、普遍的世俗教育，由国家出资；各民族语言在法律上一律平等；审判免费；废除常备军，代之以民兵。

2. 经济领域的要求：

（1）**关于工人阶级立法的问题**。社会革命党为保护工人的体力和智力，为加强他们在现在和将来的解放斗争中的力量，以及为了不同部门工人阶级一切实用的、眼前的、局部的和行业的利益皆应从属于之的总体利益而奋斗。

因此，党支持如下要求：

尽最大可能缩短劳动日；根据科学要求立法规定最长工作时间（目前大多数工业部门应为8小时，那些更危险或对身体更有害的部门应更短）；经地方自治机构和工人工会同意，规定最低工资；政府对工人实行各种形式的保险（事故保险、失业保险、医疗保险、养老保险等），由国家和雇主出资，以投保人自我管理为基础；立法保护工商业各部门工人的健康，由工人选出的工厂视察员监督（正常的工作条件，卫生条件良好的工作场所，禁止雇用16岁以下的童工，缩短矿工的工作时间，在某些工业部门中和某些时间段禁止使用女工和童工）；每周有一次连续而时间够长的休息；成立工人的行业组织，工人更加积极地参与工业企业的内部管理。

（2）**关于农业政策和农村情况的问题**。为了社会主义和反对资产阶级所有制原则，社会革命党建议利用俄国农民生活中的观念、传统和形式，这种生活建立在土地由村社所有和农民直接劳动、把土地视为所有劳动者共同财产的观念的基础之上。从这一点出发，党支持所有属于私人财产的土地社会化，也就是说，支持把它们从私人手中拿走，使之重归社会所有，这样，在坚持尽可能平等地在村社和以民主方式组织起来的村社地区联盟之间分配土地的同时，土地就能为这些不同的单位使用。

在农业最低纲领的这一主要和基本要求不能立刻通过革命方式实现的地方，党的农业政策始终以如下考虑为指导：始终以最快和最完整地实现这一要求为目标，同时支持所有过渡措施，例如，扩大村社及其地区联盟对从私人所有者手中剥夺过来的土地的权利，没收寺院、教会的财产和皇室的封地，使这些财产作为国家财产重归社会，在现有村社中进行分配或根据移民和国内开发的需要用于新建的村社，使它们有充足的土地。地租应降低至相当于土地使用的净收益（总收入扣除生产成本和劳动力的正常报酬）；如果所有者发生改变，归还之前的所有者改良土地的费用；地租以特别税的形式变成村社、地方自治机构的一个收入来源。

（3）**关于财政政策的问题**。党的要求是：对收入和遗产征收累进税，低于一定数额的收入免征；废除间接税（对奢侈品征收的间接税除外）、保护关税和一切不利于劳工的税。

（4）**关于市政机构和地方自治机构的问题**。党支持发展一切公共服务（免费医疗，组织地方农业服务机构，水、电、公路等服务市政化）；承认市镇和乡镇对征收不动产税和强制没收不动产的最广泛的权利，特别是为了满足劳动人民对卫生和宽敞的住宅的需求；在非常民主的基础上，以发展地方和政府的合作为目标制定市镇政策。

（5）**关于在资本主义国家依然存在时以国家各工业部门国有化为目标的各种措施。**只有在政治制度的民主化和社会力量之间相互关系以及这些措施的性质足以保证不会因此增加工人阶级对政府官僚机构的依赖性时，社会革命党才会承认这些措施。总的说来，社会革命党吁请工人阶级对这种"国家社会主义"持怀疑态度，一方面，它是一套旨在使工人陷于沉睡的不完整的措施；另一方面，它是为了自己财政和政治上的目的而把工商业各部门集中到统治的官僚机构手中的一种独特的国家资本主义。

在开始它反对独裁政府的直接斗争时，党就要求并选择了鼓动的范围——召集由不分性别、阶级、民族和宗教的全体人民自由选举产生的制宪会议，以推翻专制政府，全面改造现行制度。党将捍卫其支持召集制宪会议的纲领，也将尽一切可能在革命时期采取措施将之付诸实践。

三、社会革命党的行动

在叙述党的活动及日常工作时，我们必须把我们的叙述压缩成一个简介。

本简介自然而然分为两个部分：我们党在城镇的活动和在农业工人中开展的活动。

1

不可否认的是，与其他国家一样，在俄国，城市无产阶级是工人争取自由的斗争的先锋。同其他地方一样，俄国一系列罢工预示着工人阶级的觉醒,并成为日后工人政治运动的起点。

1890年俄国工人阶级的第一次觉醒与大工业企业的极大(或多或少是暂时性的)发展是同步的,极端的贸易保护主义政策人为地造就了这一发展。这种工业投机活动的狂热很快导致了危机,危机仍在持续,而且很难预见到其结局会如何。与此同时,农村地区被一系列接连不断的饥荒破坏和拖垮,它们将数量庞大的、准备接受任何报酬的工作的工人抛向了市场。情况发生了变化,开始向不利于罢工者的方向发展。因此,鉴于不能在罢工中再获得任何援助,鉴于失业引起的贫困和饥馑,鉴于刚刚爆发出的有关大学骚乱的谣言,鉴于政府的野蛮报复行为和越来越有力的革命宣传使人们更加愤怒,工人运动变得比以往任何时候都更加具有革命的基调,并最终表现为一系列有明确政治特征的街头示威游行。人们看到工人们高举写着"打倒专制主义"和"社会主义万岁"标语的红旗在街上游行。无论关押、流放、哥萨克骑兵的鞭笞、杀头——这些都是施加给游行示威参加者的相当亚细亚式的处罚,还是为贬低人们作为人的尊严而做出的让他们感到愤怒或羞辱之举——这些都是那些被捕并被关进警察局牢房的人的遭遇,都不能阻拦革命的洪流。最后,政府完全惊慌失措了,在与无组织的群众进行斗争的过程中,试图使用一种以其始作俑者的名字命名的全新策略,即祖巴托夫对待工人阶级的政策。

这个政策的目的是激发工人阶级对沙皇统治的信心,使沙皇的统治看起来超越阶级利益,是无产阶级唯一的"合理要求的天然捍卫者";其目标是使工人脱离工人政治运动,使之反过来反对那些当前敦促他们参加运动的革命者。祖巴托夫的目标是在大的工人中心组织独立的团体,"它们应发挥反对在工人中建立新的革命组织的作用"。1901年,祖巴托夫政策在莫斯科获得了充分的发展;经常有上千名工人作为听众聚集在"祖巴托夫大学"聆听其特务所作的讲座。我们党和其他社会主义组织试图通过一系列文章、小册子、声明和参加工人会议的方式，向工人揭露这种政策的真面目，同时，吸引他们加入到正在进行的争取全体工人阶级经济解放的斗争中来。隶属于革命组织的工人参加独立人士的会议，毫不留情地迫使"安全部门"的演说家脱掉了伪装。由于系统的宣传和这些揭露，工人们最终睁开了眼睛，他们中最优秀的那部分抛弃了祖巴托夫。1903年夏，我们看到祖巴托夫政策最终破产。为了向工人们证明政府对运动持中立态度，并且只要运动不超出通过和平斗争反对资本主义的界限，政府甚至准备保护他们，祖巴托夫的特务们在政治警察的同意和保护下不时组织罢工。去年（1903年）夏天，为了恢复在敖德萨的影响力（社会主义团体在这里开展的有力鼓动在一定程度上动摇了这种影响力），这些特务答应组织一场码头工人罢工。但是，在准备罢工之时，我们的这些假社会主义者，这些密探几乎没有想过这会发展成为一场真正的总罢工，总罢工超出了他们的控制，并最终给予他们的特务政策致命一击。政府被罢工的规模吓坏了，匆忙动用武力将罢工镇压下去，导致了流血；之后，他们下定决心再也不扯上这样一种危险的游戏。这个罪行的罪魁祸首祖巴托夫立刻被解除了职务。

  与敖德萨罢工同时进行的是从高加索开始的总罢工，不久，整个俄国南方都卷入了罢工运动，最终影响了数万名工人。在罢工持续的整个过程中，我们的地方委员会通过宣言或演讲使运动走上革命路线。在大规模的罢工大会上（有时有1万或1.5万人出席），我们的发言人支持工人重新努力进行艰苦斗争，并向他们指出，他们必须消灭警察的独断，消灭专制权力，一直以来正是这些阻碍他们获得社会解放。在叶卡捷琳诺斯拉夫，我们的委员会能够比其他地方的委员会更有效地推动运动的发展；但我们必须承认，总的看来，俄国社会主义组织还没有强大到能够主导出乎意料地在工人阶级中迅速成长起来的运动的程度。

  最近，我们经常让工人阶级关注政府对那些在中央集权的官僚主义和压迫桎梏下加入俄国的民族的迫害。波兰受到的政府重压，芬兰遭受的专制暴行（这种暴行正在试图制造第二个波兰），亚美尼亚经历的掠夺和不公正对待，如此种种激起或者鼓舞了这些民族对独立的渴望，甚至像我们能在波兰看到的那样，激起或者鼓舞了重建独立国家的渴望。但是，在这种独立倾向牢牢地植根于社会主义政党的行动，并且总体而言牢牢地植根于无产阶级的运动中——如同我们能在波兰和高加索看到的那样——之时，把我们的工作与在其他国家无产阶级中进行活动的社会主义组织联合起来的方法出现了。

实际上，我们党思考民族问题的方式和我们在出版物和口头宣传中对此作出的解释如下：作为社会主义者，我们反对一切可能阻碍民族之间团结的事情；所以，总的来说，我们坚决反对"民族主义"，反对一切总是警惕地保护那些被看做历史遗产的民族特色的运动。不过，我们在民族新生的过程中看到了一个良好的现象，它有助于把伟大的人道主义观念和民族观念渗透到民族意识之中，对此我们表示赞赏。于我们而言，民族意识是一种表现人类普遍进步和同化的必要的、不可或缺的方式。因此，我们是任何施行下面一种同化政策的国家的死敌，即总是尽一切可能和以一切想象得到的方式去阻碍各民族的独立发展，并把占统治地位的民族的语言和文化强加给它们。我们把各民族独立存在这样一种不受限制的、完全绝对的权利题写在我们的旗帜上。我们支持联邦制的宪法，支持最广泛的自治，并支持各民族文化的独立发展。

我们呼吁各国一切革命的社会党人因所遭受的官僚主义中央集权这一同样的桎梏而团结起来，我们邀请他们建立一个联邦制的同盟来与这些国家最残酷的敌人作斗争。通过号召俄罗斯人向贪婪的专制政府及有钱有势的官僚发起进攻，我们开始了行动。在挣脱专制主义和资本主义羁绊之时，这个同盟将会是各民族未来自由的联邦的最好先驱。

在政府针对各民族采取的镇压手段中，最野蛮的当然是统治者自己组织的对犹太人的大屠杀。屠杀的目的是惩罚犹太无产阶级踊跃参加革命运动。但是，在激发种族和宗教仇恨的同时，政府还有另一个目标，即使工人阶级的不满局限于当地，并使之进入有利于沙皇政府的渠道。不幸的是，第一波大屠杀使革命团体措手不及，基希纳乌的血腥屠杀在有阶级觉悟的工人未作最轻微的抵抗的情况下发生了。不过，我们现在坚信，如果政府打算重演基希纳乌的悲剧，那么它在一开始就会遇到组织起来的反抗大军。我们党正朝这个方向全力以赴地工作着。

在结束对我们党在城镇工人中所从事的活动的简介之前，我们要说，我们正竭尽全力利用城镇工人与他们所出生的村庄的工人之间的众多联系。为了证明与农村的这种联系是何等紧密，我们以莫斯科最大工厂之一的圣埃米尔·钦德工厂为例。1899年，工厂的雇工中有92.2%是农民，5.32%的雇工的生活与农村完全断绝了联系；3.82%的雇工尽管仍然拥有住宅，但不再拥有土地；90.86%的雇工依然拥有一小块土地。在最后一类雇工中，77.9%的雇工的土地是由其家庭成员耕种的，7.3%的雇工雇佣农民帮其耕种，14.3%的雇工出租了土地，0.5%的雇工则彻底将土地抛荒。在通常情况下，一旦决定进入工厂，农民就会把家务和土地交给父亲管理；如果父亲不再耕作，农民就会从城市返回农村，从而使土地不致荒芜。正是农民与城市工人之间的这种联系，给了革命鼓动家在农民中进行宣传的便利。

在城镇工人中进行的宣传、鼓动和组织的工作由我们的地方委员会指导。下列城市存在这样的委员会：圣彼得堡、莫斯科、敖德萨、基辅、萨拉托夫、哈尔科夫、叶卡捷琳诺斯拉夫、赫尔松、沃罗涅日、日托米尔（沃伦委员会）、乌法（乌拉尔委员会）和布良斯克。

党的所有精力通常集中在这些地方委员会以其名义和按照纲领的精

神开展的工作上。在未建立委员会的地方,我们纲领的支持者建立了小组。随这些小组所承担工作的增加,它们经中央委员会介绍与党取得了联系,并且已经在俄国社会革命党组织或委员会的名义下开展工作。小组和组织目前作为俄国社会革命党的组成部分,存在于以下中心地区:比亚韦斯托克、巴库、尼古拉耶夫、基希纳乌、叶列茨、亚速、奥廖尔、瓦西里苏尔斯克、亚历山德罗夫、塞瓦斯托波尔、下诺夫哥罗德、梯弗里斯、维捷布斯克、别尔季切夫、阿斯特拉罕、切尔尼戈夫、韦尔诺、托木斯克、戈梅利、喀山。

党的地方组织将工人进一步分为更小的小组——他们在这些小组中有条不紊地工作,成功地将工人培养成为优秀的宣传员,使他们理解了他们感兴趣的事业;除此之外,它们组织工人会议,出版鼓动所必需的书刊(传单、宣言和小册子),散发党的书刊,指导日常斗争(罢工和示威)。地方组织周围是普通的工会组织,它们由工人宣传员组成,与党的委员会行动协调一致。

2

由于我们把农民视为工人阶级的一个不可或缺的组成部分,我们党在半是有产者、半是无产者的工人中间传播社会革命思想。这种宣传的目标是:在农村地区最进步的农民中争取能手,他们将接受社会主义思想,并在日后成为伟大的农民革命运动的领导者;为卑贱的农业工人争取政治解放的斗争做思想上的准备,为实现我们的最低土地纲领做准备,纲领规定为了全体工人的利益没收所有属于私人所有者的土地,工人自行使用土地,为自己工作。

广大麻木不仁的农业工人是俄罗斯民族的主要部分。他们每一个人都只拥有极少的土地,完全没有资本,同时却忍受资本主义、商业企业和金融家的三重压迫。本身只拥有极少土地的农民不得不以农场工人的身份为大地主干活；以工匠或日工的身份给雇主、承包商干活。最精明的农民家庭由于与农业已无关系，不得不从事工业劳动，他们与城市中的无产阶级一样，受资本主义的奴役。无论作为乞讨的"地主"还是作为受奴役的工人，农民永远都在社会金字塔的底端，因此他们代表着社会中最受压迫的人。所以，在农民中进行口头或书面宣传时，我们总是使他们关注他们的利益与工业无产阶级利益之间存在的联系，我们不停向他们灌输这样的观念，即在争取社会解放的共同斗争中，应当把工业无产阶级视为忠诚的同盟。

俄国经济发展的特殊情况是这样的，即资本主义工业发现剥削小农——小土地所有者——的劳动常常比剥削无产阶级的劳动能获得更多的利润，尤其在农业领域更是如此；这就是为什么农民设法得到的与农业无关的工作极少使他脱离土地的原因；只不过在大多数情况下会造成相反的现象：由于这样的工作持续时间短，而且工资微薄，俄国农民变得比以前更依赖他那块小小的土地。对于那些因常常吃不饱饭而作为农场辅工受雇于大地主的农民来说，情况也是如此。无论雇用小土地所有者还是农业工人，都没有使农民脱离他自己的那块土地，反而使他比以前更加依赖那块土地。所以，无论从哪一个方面看，农民都被困在其中，除了扩大对土地的权利，他还能在哪里找到更好的途径或者改善状况？许多农村居民的确怀有这样的想法，并期望经济状况发生彻底的改变；他们说，一切属于大地主的土地有一天会交到工人手中；私有财产就这样变成公有财产，被用来造福那些靠自己双手劳动的人。

我们所确定的宣传和鼓动任务是：利用农民的这些观念，给他们作出符合事实的解释，系统地阐述真正的社会主义要求。目前俄国相当一部分（34%）土地归以平均分配的原则为基础的村社所有；我们需要的是所有土地归全体工人所有，集体使用的原则必将胜利。

农民已经获得基本教育的事实，加上40年自由所体会到的经验，使乡村生活发生了巨大的变化，大大增加了农村居民接受革命思想的可能性。20年前，在群众中散发小册子是无用的，因为没有人能够阅读；现在，大多数边远乡村都有能阅读的人了。从前，碰到从未到过其居住地区的城镇的农民并不是稀罕的事情；现在，几乎全俄国的农民都过着流动的生活。每年在国家中流动的成年农民不少于1000万，他们从事各种不同的工作，遇到许多过着不同生活的人，看到各种各样的现象，常常因某些人的骄奢淫逸和某些人的穷困不堪之间的反差、因科学创造的奇迹与自己精神的蒙昧之间的对比感到震惊；这种苦难的浪潮每年将千百万农业工人抛到俄国的土地上，使他们被一个又一个的剥削者盘剥，这令工人们睁开了眼睛，让他们看到自己构成其底部、常常以罢工来反抗其顶端的那座金字塔。随着一些工人返回自己出生的村庄，这种印象、感觉和新知识的洪流不断涌入那里，迫使那些从未离开过土地的农民扩大自己的视野——即使这个过程是缓慢的。

同时，农民的权利意识在心中成长。由于他们漫长而徒劳的等待，也由于只试图保护绅士和地主的亚历山大三世的政策，农民曾经对其"小父亲"——沙皇——寄予的厚望已经消失殆尽。最近这几年的革命宣传也有助于这一事业。

实际上，无论在我们的口头宣传还是在我们的小册子和宣言中，一方面，我们从未忘记请人们关注抑制专制政府的必要性；另一方面，我们也从未忘记发起一系列经济和政治改革。我们向农民指明了尘世间的自由权，并且带领他们利用自由权去争取土地所有权。

1902年的农村动乱是农民运动历史的一个转折点；这些动乱主要发生在波尔塔瓦和哈尔科夫省。子弹、残酷的处决、强暴妇女和女孩（哈尔科夫法庭把这些措施归为"行政处罚"）、把部队驻扎在农民旁边，如此种种的确最终成功建立了"秩序"。但是，使成千上万的人起来造反的原因（一方面是饥饿和缺乏耕种的土地，另一方面是数百年来在农民中形成的把土地视为共有财产的习惯），如同在俄国有农民存在的任何地方一样在这些省份依然存在，并且仍会继续造成性质或轻或重的农村动乱。在波尔塔瓦和哈尔科夫，起来反抗的农民从自己村庄的乡绅地主那里，非常典型的是从富裕的农民那里偷走谷物、干草，有时候甚至是牲口。于是，在分完自己的劳动成果之后，他们开始采取措施以同样的方式分土地。虽然并不被允许这么做，但他们对周围地主和当权者的敌意常常通过各地不断发生的或多或少的小偷小摸行为表现出来。农民们时不时破坏乡村房屋，殴打警察代表，抵制某些地主；但他们更常做的是火烧建筑物和农场。农村的恐怖行动有时也会表现为暗杀地主或当权者。

最近，农民对秘密革命书刊的需求极大地增加了。社会主义思想更容易深入群众的心中。警察和政治宪警的经常到访教会了农民很多他们从前不知道的密谋的做法。在当局看来，农民已经非常善于掩护待在他们中间的友好的宣传员了；他们经常告诉我们的朋友他们是如何掩藏书刊的。农民们非常积极地传播我们的书刊，非常积极地在村社大会上大声朗读这些书刊，并且非常积极地把书刊送到周围村庄。现在经常可以看到政治犯中有农民。当他们与宪警打交道时，他们表现得非常有尊严，他们平静地走进监狱或者被流放，而没有对他们所支持的事业的正义失去信心。

农村地区的宣传工作是十分复杂的，一段时间以来，我们觉得必须在农村宣传员之间建立某种更为紧密的联系。以此为目标，俄国社会革命党农民协会得以建立，它把党自身的行动集中到农村地区，同时领导在党的行动的激励下由农民自己组织起来的革命团体及其成员。为了与党中央保持持久的联系，农民协会各委员会与社会革命党地方委员会（它们是党的组成部分）有直接的、不间断的联系。中央委员会设立了一个特殊小组，它的专门任务就是起到农民协会各委员会中心的作用。

正如我们已经说过的那样，一个名叫教师协会的新组织于1903年加入了社会革命党，该组织与农村居民直接联系，获得农村居民的信任，它比其他任何组织更了解这些农村居民的需要和使他们感到焦虑的重大问题；因此，这些小学教师是我们非常宝贵的工作伙伴。我们希望这个协会可以帮助工作人员互相交流经验，在我们的旗帜下为斗争招收新战士。尽管1903年才成立，但教师协会到11月时就已经在10个省辖区里建立了众多联系。

现在，当转向事实的时候，我们必须简单介绍一下社会革命党自其建立伊始，或者自其经历15年的中断（这使得农村地区在这段时间里没有任何革命社会主义的宣传）进行重组后的行动。

1900年，一个小组把所有革命的社会党人团结起来并把他们组成了一个党；同样是这个小组，实际上对吸引农民加入社会党人的革命运动的必要性问题作出了决定。仅一年之后，以《农民事业》①为名的杂

---

① 该杂志继续以《人民事业》为名出版。已经出版了五期，如果不再出版，那是因为警察施压的环境阻挠了小册子的大量发行。在小册子中，农民经常能够找到基于他们自己利益的解释，以及俄国和外国工人社会主义运动的最新消息。这是一份大开本的杂志，包含丰富的信息，它非常清楚地阐明了农民在经济和政治方面的需要，刊登的都是革命的社会主义者的宣传文章；在几乎所有的文章中，农民都能够找到只有社会主义政权才能为全体被压迫阶级带来福祉的令人信服的证据。同时，也就是说在1901年春，农业社会主义同盟在国外出版了极少量的社会主义论著，正如我们已经说过的那样，这个同盟目前与俄国社会革命党联合起来了。这份杂志和小册子很快就产生了非常显著的效果，因此各方都要求订阅。过去俄国秘密出版物的数量比现在少得多，国外出版的书刊的分发没有得到好的组织。因此，党在一段时间内不得不致力于或许可以称之为国内分发的问题，投入数百名"知识分子"来印刷小册子和通俗易懂的传单。（年轻人使用胶版很好地把书刊印刷出来，他们成功地印出非常棒的版本，以至于他们的读者常常不相信这些书刊是手工印制的）这些以如此落后的印刷方法印出的书刊在伏尔加河沿岸各省的发行量数以千计，

志的第一号就在萨拉托夫出版了。

  农民接受我们宣传的令人欣喜的方式成功地在俄国年轻人的思想和心灵上激起了一定的反应,很长一段时间以来,由于广为流传的对马克思理论的错误解释,这些年轻人不参加本国的运动。我们所说的这些年轻人包括年轻的学习法律、医学的大学生,小学的男女教师,以及农村地区的其他知识分子;他们在这项新工作中显示出极大的热情。作者在其中说明了在农民中开展工作的必要性的小册子《今天的工作》受到人们接受,它被视为人们期盼已久的消息,被视为对长期以来在革命的中心地区成长起来的那些热望、情感和信念的明确承认,但是,受到许多伪科学论述的迷惑,这些热望、情感和信念至今仍不敢在正当的诉求中表现出来。前几年(革命的平静期),知识分子在一些地方致力于在黑暗中传播光明;在这些地区,农村的行动受到促进。一些地区、村社和村庄足够幸运,因此拥有好教师,有小图书馆,农民们已经习惯常常在晚上集会,举办公共讲座、组织小游戏或进行较为文明的消遣活动;在这些地方,我们肯定会在农民中发现这样的人,他们不仅赞同和欣赏我们社会主义学说的目标,而且赞同和欣赏我们在斗争中使用的方法,即我们在革命社会主义书刊中推荐的方法。

(续前注)

并且被分发到更远的彼尔姆、乌法和维亚特卡;各地的需求这么大,因此在一些城市(萨拉托夫、彼尔姆、萨马拉,以及波尔塔瓦和下诺夫哥罗德),农民从自己的村庄来到城里要求学习胶版印刷,从而使自己能印刷那些他们得到的数量不足的社会主义书刊。人们看到,在萨拉托夫和萨马拉省的村庄,某些专门针对农民的文章已经有了多个版本:"邪恶的计划,或者说内政大臣是如何对待农民的"、"论土地"、"匈牙利与匈牙利人"、"公正与不公正"、"尼古拉斯·帕尔金",等等。不久之后,萨马拉省巴拉绍夫和彼得罗夫斯克地区、奔萨和坦波夫的很多人因散发大量受到禁止的书刊而遭到逮捕。

萨拉托夫市是农村宣传的一个地理上的目标。第一年，这种宣传在北方深入到卡马和维亚特卡；在南方则传播到沃罗涅日省，直至波尔塔瓦。在波尔塔瓦和哈尔科夫省发生的著名动乱确实是在饥荒期间爆发的，但我们请大家注意这样一个事实，即这些动乱首先发生于来自小俄罗斯①的社会党人工作过的地方以及革命社会主义开始行动的地方。

第一起骚乱发生在利泽特的农村，在那里，年轻地主（阿列克先科）与当地年轻农民有书信往来，并在他们中间散发社会主义书刊。②

在这些以社会主义学为指导的农民中，许多人对于职业以及集体耕种土地等问题所持的看法是一致的，渴望他们的经济理论能够实现，其中一些决定努力在看起来有可能的地方去应用这些理论。在决定平分商店和谷仓里找到的所有商品后，他们就成群结队地涌进庄园，不仅分完贮存的谷物、牲畜、工具等，而且在哈尔科夫省，他们还常常分光土地，在分配的时候还给地主留下根据他们的计算他应得的部分。

这些动乱，或者说是发生在哈尔科夫和波尔塔瓦的农民起义，在两个方面具有重要意义。一方面，起义造成了大土地所有者对农民行为的真正的恐慌——事实上，所有对俄国农民有完全错误的看法的特权阶级都有这样的恐慌，因为他们把这归咎于农民残忍的本能和破坏的激情，而实际上俄国农民既不是不友善的，也不是具有报复性的，只有在受到政府暗示或者主教（牧师）说教刺激的情况下，他们才变得能去攻击、掠夺异教的邻居。至于像发生在基希纳乌那样的暴行，它们不是农民，而是沙皇花钱收买的人渣犯下的。

但另一方面，波尔塔瓦和哈尔科夫的农民起义对民众的运动起到不小的鼓舞作用；我们从切尔尼戈夫、赫尔松、萨拉托夫、坦波夫省随后

---

① 指乌克兰。——编者注
② 大约在1902年2月19日，乌克兰革命党的有力宣言在同一地区受到散发。

立即发生的混乱中看到了证明，这些混乱导致政府调动军队，并且以数种语言发布了许多部门和行政通报，详细指出了革命宣传的危害和阻止革命宣传的手段。1903年，因农村动乱而进行的搜查、逮捕、审判的数量是其他年份的四倍，其结果是在村庄任命和布置了农村警察，换句话说就是特务，他们戴着类似于士兵的灰帽子，其工作就是严密监视，不仅监视农村的农民中发生了什么事情，而且监视地主的农村住所里发生了什么事情。尼古拉二世拨出取自人民口袋的1300万卢布来养活这群特务，并赋予他们正式的权力。然而，无论是由士兵、宪警和警察执行的残酷的处决，由众多官员陪同的总督的到访，还是高级主教劝诫农民依旧忠于当局、继续停留在这种持续饥饿的状态下的说教，甚至沙皇本人向库尔斯克村社头所作的演讲，都无法使头脑已经觉醒的农民重新回到以前的那种冷漠状态。我们看到，1903—1904年间，社会革命党人的学说不仅没有在农村消失，反而每天都在取得进展；的确，它每天都在取得进一步的胜利。在短时间内（大约一年半的时间），党的书刊以及工作人员成功地进入北方和南方，甚至进入俄国的中心——沙皇皇位的著名堡垒。

莫斯科省连同其他八个同它一起组成众所周知的大俄罗斯的省，不再是专制主义大本营；这些地区的农民不仅阅读社会主义书刊，而且他们中的许多人积极参加了农业社会主义同盟的建立，目前这个同盟在奥廖尔省以南的几个省有了牢固而有力的立足点。

我们是积极的，只是缺乏有效的力量，因为很大一部分有效的力量沦为政府迫害的牺牲品，在他们有时间成为熟练的工作人员之前就被关进监狱或者流放了；因此，在各地建立我们的组织并维持其运转也成为不可能的事情，这就阻碍了我们社会革命党人将俄国农民群众团结在我们周围。他们对我们革命社会主义的思想表现出来的同情非常强烈，对这种思想的宣传者抱有的信任非常明显，因此经常邀请宣传者来到他们中间，自己也组织会议来讨论和交流思想。在我们在农民中开展工作的四年中，我们还从未遇到过故意背叛革命的人，也没有碰到过拒绝接受在其他人中传播革命社会主义书刊的情况。几乎无需补充说明的是，我们的宣传员经常向那些用自己的信任来激励他们的农民发表演讲，这样的情况在任何一个村庄都有，单单这一事实就足以证明俄国农民能够理解我们的思想，他们是无所畏惧的。因此，人们应该记住，社会革命党每出版一本小册子，政府就要出版数以百万计的以"爱国"和"君主政体"为主题的小册子和传单。

应农民协会的请求，两份专门面向农民需要的报纸开始出版；其中一份于1903—1904年在波尔塔瓦省出版了胶版印刷出来的三期；另一期在敖德萨印刷时被没收了；另一份报纸在叶卡捷琳诺斯拉夫甫一出现就被停刊了。此外，应农民协会的要求并且在他们的财政援助下，我们最近发送了一系列受委托印刷的农民协会专用书刊；预计在不久的将来，不仅孤立的个人，而且构成农民组织的所有小组都会参加我们党的密谋活动，这当然会对我们农村宣传的作用产生重要影响，这种作用以后将得到较大程度的加强。

恢复在俄国农民中进行革命社会主义宣传被党视为它所能承担的最好工作，因为党完全相信，只有获得所有工人群众包括农业劳动者的帮助，革命运动才能成功扫除耻辱，消除当前专制政府的所作所为使俄国陷入的苦痛，这个政府失去了所有的人性，似乎因可以逃脱惩罚和完全丧失良知而感到得意。

注：社会党国际局拥有俄国社会革命党定期出版物及宣传册的目录。

俄国社会革命党

俄国社会革命党成立于1901年底，由俄国众多积极的社会革命团体——北方社会革命联盟、南方社会革命党——合并组成。

1902年，本党在俄国欧洲部分的16个城市建立了委员会及众多组织。在这些地方机构之上设立了中央委员会。此外，本党还组织了：（1）战斗组织，其目标是惩处施行暴力专制运动的政府代表。（2）农民协会，以在农村地区进行革命宣传及运动。

1901—1902年间，本党出版了：

1.《革命俄国报》，党的正式机关刊物，月刊。

	印数
第1号、第2号、第3号	1000册
第4号	2000册
第5号	3000册
第6号	5000册
第7、第8、第9、第10号	6000册
第11号	7000册
第12号（即将出版）	10000册

2.《革命俄国传单》。

	印数
第 1 号、第 2 号	1000 册
第 3 号	5000 册

3.《俄国革命通报》。

杂志，党的理论机关刊物，400 页左右，已出版：

	印数
第 1 号，两个版本	1000 册
第 2 号，两个版本	2000 册
第 3 号，即将发行	3000 册

4.《人民事业》，面向城乡工人的刊物。

	印数
第 1 号、第 2 号	5000 册

5.《红旗》1902 年五一合集。

出版的小册子：	5000 册
6.《万诺夫斯基改革》	2000 册
7.《2 月 19 日》	2000 册
8.《第二自由》	2000 册
9.《打倒专制制度》	5000 册
10.《税务》	2000 册
11.《学生为什么造反？》	1000 册

12. 《农民为何走向贫困?》　　　　　　　　　500 册
13. 《卡·马克思的主要理论》　　　　　　　10000 册
14. 《致俄国全体社会革命战士》　　　　　　5000 册
15. 《致俄国全体农民》　　　　　　　　　　10000 册
16. 《我们行动纲领中的恐怖主义因素》　　　5000 册
17. 《纪念巴尔马晓夫》　　　　　　　　　　5000 册
18. 《人民英雄》（Th. K. 卡丘夫）　　　　15000 册
19. 《巴库大屠杀》　　　　　　　　　　　　10000 册
20. 《俄国社会主义思想的发展》　　　　　　2000 册
21. 《利珀契卡》（小说）　　　　　　　　　20000 册
22. 《S. M. 克拉夫琴斯基与柴可夫斯基》　　2000 册
23. 《农民事业》　　　　　　　　　　　　　300 册
24. 《要塞生活》　　　　　　　　　　　　　1000 册

党的流动地下印刷所出版了一系列关于国家政治问题（在2月19日、在征兵时以及进行恐怖主义活动时）及关于地方发生的事件的公告及传单。

战斗组织在以下时间发布了一系列公告。

1. 该组织成员斯·瓦·巴尔马晓夫刺杀内务大臣西皮亚金时。

2. 该组织成员 Th. K. 卡丘夫刺杀哈尔科夫政府官员奥博连斯基伯爵时。

党以法语发表了如下声明：

1. 对埃·卢贝俄国之行的声明。

2. 对刺杀内务大臣西皮亚金事件的"答复"。

由党的机关报公布的党的财政报告表明，来自刊物的征订和销售的收入总额达6万法郎。

1902年,社会革命党与社会主义农业同盟共同成立了一个联邦制的联盟,并出版了《人民革命丛书》。(见农业同盟报告)

最后,工人社会主义组织"俄国政治解放工人党"于1902年加入了社会革命党。

关于社会革命党的情况,可参见《革命俄国报》和《俄国革命通报》,新出版社,巴黎屈雅斯路17号。

俄国社会主义农业同盟

社会主义农业同盟是一个面向农村劳动者、旨在促进俄国社会主义革命工人运动的组织。社会主义农业同盟将每一个社会主义革命派别的代表都作为其组织成员。以下为该组织的基本原则：

1. 国际社会主义的基本原则。

2. 农村劳动群众有能力积极参加革命运动，这与国际社会主义原则一致。

3. 在群众中有开展社会主义宣传鼓动的必要性和机会，以对经济剥削及政治压迫进行有计划的斗争。

社会主义农业同盟有一个中央机关，目前该机关有22名成员。它面向全体人民出版各种社会革命文献（宣传册及书籍）。这些印刷品被秘密运进俄国。该协会与俄国社会革命党联系密切。通过党的组织和委员会，社会主义农业同盟成功地在城市无产阶级及农民中散发其宣传刊物。

社会主义农业同盟成立于1899年，到目前（1902年10月20日）为止，协会印发了10种小册子，印数达68000册。另有两种小册子正在印刷，计划每本印刷10000册。

对于被运送到俄国散发的印刷品的总数，我们无法给出具体的数字。平均起来，其中有60%是从国外运入的。

社会主义农业同盟出版的文献

1. 《议程上的问题》，理论读物　　　　　　2000 册
2. 《一名部长如何"处理好"农民问题》　　4000 册
3. 《匈牙利农民如何捍卫自己的权利》　　　1000 册
4. 《西西里农民协会》　　　　　　　　　 12000 册
5. 《关于土地问题的讨论》　　　　　　　 12000 册
6. 《俄国历史概要》　　　　　　　　　　　7000 册
7. 《打倒警察！》　　　　　　　　　　　　4000 册
8. 《沙皇意志与人民意志》　　　　　　　　4000 册
9. 《饥荒与专制制度》　　　　　　　　　　4000 册
10. 《沙皇政府与工人阶级》　　　　　　 10000 册
11. 《论"宗教"、"沙皇"和"祖国"》　　10000 册
12. 《沙皇的不公正史》　　　　　　　　 10000 册
13. 《宗教的奴隶》　　　　　　　　　　 10000 册

立陶宛、波兰和俄国犹太工人总联盟（崩得）在第四次代表大会后的活动

本报告只是对第四次（1901年）至第五次（1903年）代表大会这两年间崩得活动的简短概述。

这期间最突出的特点就是崩得活动区域的扩大、政治斗争的加剧以及宣传活动的快速发展。

在立陶宛，犹太工人运动在小村庄取得了胜利。即使是最小的城市也成为地方革命斗争中重要的战略中心。

小村庄运动的连锁反应、革命甘雨的滋润是崩得生活中最令人振奋的事情。它为革命运动注入了极为重要的新鲜血液。在本报告中，我们着重区别莫吉廖夫、明斯克和科夫诺①三个省的情况。

我们在莫吉廖夫设立了一个委员会，在奥尔沙、什克洛夫、平斯克、博布鲁伊斯克、沙夫利、潘涅维日等地建立了多个组织。在波兰，革命运动深入到华沙和罗兹。在谢德尔采、普沃茨克地区成立了崩得组织。华沙和罗兹委员会成为它们在小城市（例如帕比亚尼茨、斯古尔格、比亚拉等）拓展其影响的中心地点。在苏瓦乌基行政区，革命运动已深入到制刷业，并赢得了其他行业工人的支持。在苏瓦乌基和马里乌波尔②成立了多个革命组织。另一方面，在崩得的领导下，犹太工人运

---

① 现考纳斯。——编者注
② 现日丹诺夫。——编者注

动逐渐深入俄国西南部。在日托米尔和别尔季切夫设立了崩得委员会。敖德萨也建立了一个崩得组织。一些从属于崩得的组织在基辅、切尔尼戈夫、沃林斯克、波多尔斯克、波尔塔瓦行政区也扎下了根。

在利夫兰、库尔兰、里加、利巴瓦和米塔瓦，崩得活动如火如荼地进行。因为这一区域已超出了犹太人居住的范围，所以在这一地区崩得的发展受到限制。组织起来的犹太工人遇到了被驱逐的威胁。

革命运动的发展在其广度和深度上都取得了很大的成效。在这份报告中，政治斗争的加剧需要我们格外注意。政治抗议愈演愈烈，这反映出革命者已学会运用公共生活中的各种事件来激起工人阶级的革命斗志。游行示威越来越频繁。新旧斗争方式结合了起来：人们在剧院、犹太教堂举行抗议活动，进行政治罢工（罗兹，2 次；斯莫尔贡，1 次；戈梅利，2 次；维亚特卡、维尔纳也发生过政治罢工）。

革命运动宣传力度越来越大，这已成为在崩得成员中的一个普遍现象。5 月 1 日、2 月 19 日，在各个城市都举行了无产阶级纪念仪式。此外，人们在各个政治集会举行了崩得成立五周年的纪念活动。

口头宣传取得了重大的进步，涉及了一系列问题，主要是热点的时政话题：专制主义、社会主义、犹太复国主义、民族主义、恐怖主义、祖巴托夫政策，等等。

同时，反应公共政治生活事件与现象的声明也越来越多：芬兰的破坏活动、罗斯托夫事件、兹拉托乌斯特大屠杀、2 月 26 日沙皇宣言、基希纳乌大屠杀、学生暴动、对于犹太人受教育权的限制、强制监督的实行、"无产阶级"小组成员遇难纪念日、"独立机构"、犹太复国主义败落。同时，声明活动提高了的质量反映出社会问题的增加及复杂性的加大，这也带来了活动数量上的增加，这是声明阅读者数量增加的结果；例如 1903 年 5 月 1 日中央委员会的声明书已散发出了 70000 份，去年该数量只达到 20000 份。

随着革命运动在人民群众中的发展，一方面，组织起来的工人阶级已不再是革命宣传的唯一对象；另一方面，组织中对于接受能力的标准也已经改变。以前我们只把加入社会保险金管理机构的工人算入被组织者的行列中，如今随着革命运动涉及对象范围的扩大，这已成为次要标准。根据各个地方的不同情况，我们引入了其他判断标准：非法读物的定期阅读、会议出席率、对于革命运动的贡献、参加政治保险金管理机构、参加红十字会、参加宣传队，等等。受宣传员影响的工人数量不断增加。不管组织的规模多大，口头宣传活动一刻也没有停止。大量组织外工人受邀参加各种集会。对于这些工人，我们只记录他们在政治上的忠诚程度及对本组织的信任程度。

革命运动的迅速发展是显而易见的事情。培养一大批宣传员和吸引知识分子加入就成为当务之急。为了培养宣传员，我们扩大了宣传队伍的规模，但是知识分子的匮乏阻碍了这一行动的切实进行。我们印发了一系列俄语、波兰语的宣传册，一方面让知识分子了解崩得的活动和目标，另一方面改变其犹太复国主义倾向。在争取知识分子支持的过程中，如下宣传册起到了重要作用：《致犹太知识分子的呼吁书》（3个版本）、《崩得第四次代表大会报告》（2个版本）。涉及民族独立及联盟组织的定期刊物有：《最新消息》、《工人之声》第25期及其译本，它们都涉及俄国国内外战略、纲领及各类会议相关问题。在基辅、圣彼得堡、莫斯科和里加成立了知识分子组织。

由崩得领导的一场大规模运动在波兰知识分子，尤其是学生中开展。在设有崩得组织的各个城市中，我们在中学生中进行了积极的宣传活动。我们组建了社团组织，印发了宣传单，进行了募捐。

同时，崩得努力成为犹太人民受压迫阶级的先锋队，在反对派中不断激起革命情绪。因此，崩得呼吁犹太人民为了自己的利益行动起来，共同反对专制主义。向犹太社会发出呼吁书，其中就包括关于争取犹太人民受教育的合法权益的呼吁。一方面由于俄国资产阶级政治思想的狭隘性以及犹太资产阶级的特殊性,另一方面由于犹太复国主义思想流派给人们灌输了对政治麻木不仁、必须顺从讨好专制政府的观念,这场活动并没有取得很大成功。崩得必须与这些思想进行不懈的斗争,不仅因为这些思想使得犹太知识分子脱离社会主义民主运动,而且因为犹太复国主义极力在犹太工人阶级中寻求支持。

犹太复国主义这一趋势今年以来表现得越来越明显。犹太工人阶级运动的发展向犹太复国主义证明,犹太无产阶级已成为一股重要的社会力量。对于复国主义而言,这是一箭双雕的好时机:一方面彻底镇压犹太人民的阶级斗争,或者至少将其演变为争取经济条件改善的无足轻重的斗争;另一方面组建一支农民军队。在锡安工人组织中,工人阶级的犹太复国主义思想被表现得淋漓尽致,尤其是基希纳乌大屠杀之后。一定程度上来说,联合锡安工人组织的抗争只是联合"独立者"组织抗争的延续。二者有一定共同之处,它们都将经济斗争的基本形式置于其保护之下。根据祖巴托夫政策,锡安工人组织只是犹太复国主义思想的另一种合法形式。

我们刚刚提到基希纳乌大屠杀激发了犹太复国主义的又一轮扩张。但是另一方面,它也促进了革命运动的发展,打消了政府消灭革命运动的企图。在政府掀起的"十字军东征"中,一部分反对社会主义的犹太资产阶级的可耻态度激起了犹太人民的阶级对立。政府官员加入复国主义组织,进行了基希纳乌大屠杀,在许多城市散播大屠杀消息,以此来引起思想上的恐慌,进而破坏革命示威活动,所有这一切都体现了独裁统治的恶劣性。基希纳乌大屠杀引发了大规模的政治动乱。中央委员会向工人阶级和知识分子发出了呼吁,此外,它也成为地方委员会抗议的对象:戈梅利、科夫诺、维尔纳、别尔季切夫、日托米尔、敖德萨等地的崩得组织都举行了抗议活动。

几乎在每个城市以及崩得开展活动的每一个地方，都组织了抗议基希纳乌事件的集会。同时，运动的进展情况显示出革命仍保持着旺盛的生命力。

让我们来说说别尔季切夫、华沙和罗兹的示威活动吧。基希纳乌大屠杀之后，配合崩得活动区域的罢工运动，我们在5月1日和莱克尔特遇难周年纪念日举行了活动。反对维尔纳示威者的历史充斥着各种屠杀的阴影。维尔纳犹太工人运动走上了恐怖主义道路，有人说这使工人运动失去了其生命力，也有人认为这为工人运动注入了新的力量。革命运动并没有给这种期望一个合理的解释。革命运动仍在如火如荼地开展。几个月后，在充斥政府残酷镇压气氛的维尔纳的街头，我们能看到犹太工人组织游行活动来哀悼其革命同志的死亡（在施拉奥乌姆的葬礼进行了示威活动）。

和以前一样，犹太无产阶级多次抓住适当的机会来表明他们与俄国其他无产者的一致立场。例如：别尔季切夫委员会向罗斯托夫工人发函对罗斯托夫事件致敬。科夫诺委员会组织剧院示威活动以抗议兹拉托乌斯特大屠杀。戈梅利与科夫诺委员会对兹拉托乌斯特大屠杀发表声明。戈梅利和维亚特卡委员会组织了抗议罗斯托夫事件和兹拉托乌斯特大屠杀的罢工运动，还组织游行示威，群众参加了罢工运动；我们委员会中的一些基督教工人也发起了宣传活动。

随着运动的不断深入，必须服兵役的工人人数也同样在增加。这样一来，就促进了我们的组织在军队当中的革命宣传。

每年临近抽签的时候，中央委员会都会向应征入伍者发布声明。我们会组织成年士兵大会，在每个大会召开的地方广泛散发声明。我们还在新兵中发起示威运动，以增强在军队中的革命宣传力度。同时，为了实现这一目的，我们散发"军事革命小组"声明并给该小组提供服务，向士兵发表呼吁书（例如：戈梅利委员会的呼吁书）或进行直接的口头宣传。

经济上的斗争也愈演愈烈。例如，我们在戈梅利和比亚韦斯托克进行了抵制活动，举行了2500人参加的织袜厂工人大罢工。特别是后者更值得我们注意，工人分散以及织袜业通行的足不出户工作模式都给革命宣传造成了不小的困难。

崩得组织在适应社会条件方面取得了很大进步。作为崩得活动的基础，革命党人团体的建设不断深入、完善。西伯利亚发生的越狱事件在很大程度上促进了革命党组织的建立。尽管政府进行了强制监管，政治环境不容乐观，但我们仍定期举行革命党人大会：罗兹，3000人参加；华沙，1200人参加；格罗德诺，2000人参加；比亚韦斯托克，1500人参加，等等。这表明了我们组织极强的适应性。

再说说我们的书刊吧。《工人呼声报》定期出版，采用大开本。其内容非常广泛，经常发表各类文章，涉及运动纲领及战略战术、俄国各类社会事件、有关犹太民族的各种问题。为了让大家更好地了解这类刊物，我们对最近发表的文章进行了编目：关于政治公平的行政新秩序、戒严令、游行示威、社会主义与行业运动、组织问题、崩得在党组织中的地位、有组织的复仇活动、国内农业委员会、锡安人民、波兰社会党（P.P.S）、基希纳乌大屠杀、犹太合法出版物，等等。几乎在刊物的每一期中，都有关于俄国生活的专栏。刊物发行量为2500册。近来，地方刊物发行的比较少，除了《华沙工人》，我们还印发了许传单来解释革命宣传和策略的有关问题。宣传资料中还包括了许多其他重要著作（如《爱尔福特纲领》、考茨基《社会革命》、《宗教与阶级对立》，等等）。

以下为主要事件综述，不够完整之处敬请原谅。

崩得的活动区域

1. 维尔纳（斯文茨亚尼等），科夫诺（潘涅维日、韦尔科米尔、沙夫利、奥尼克什蒂、凯达尼、伊万诺沃、沙蒂、乌提亚尼等），格罗德诺（卡托乌兹-贝雷萨等），比亚韦斯托克（格罗多克等），德文斯克（里吉特萨等），明斯克（鲍里索夫、平斯克、莫西尔、博布鲁伊斯克、帕里齐等），维捷布斯克（比恩岑克、里窝斯诺、里亚蒂等），华沙，罗兹，谢德尔采，普沃茨克，苏瓦乌基，马里乌波尔，戈梅利（多布里亚卡、维亚特卡等），莫吉廖夫（什克洛夫、奥尔沙、比科夫、科皮斯等），日托米尔，别尔季切夫，敖德萨，涅基尼，比亚拉亚，契尔科夫，波多尔斯克（文尼扎、布拉茨拉夫、图尔契诺、涅米罗夫），卢特斯克（沃林斯克）。

2. 制刷工人联合会活动区域：纽维尔，克列斯拉夫卡，维乌科维斯基，卡尔瓦里亚，弗拉基斯拉沃沃，维尔巴伦，威斯蒂涅茨，梅希雷切耶，弗罗斯蒂亚尼，克尼辛；等等。

3. 制革工人联合会活动区域：斯莫尔贡，奥施米亚尼，克林齐，萨布卢多沃，日施洛维奇；等等。

政治斗争

在大街上举行了 30 次游行示威；其中 25 次游行示威参加人数为 7520 名，其他 5 次参加人数不详。在犹太教堂和剧院举行了 14 次示威活动。政治罢工 6 次，其中 5 次在维尔纳举行，参加人数达 6500 名。还有一场示威在莱克尔特遇难纪念日时举行，参加人数为 1500 名。在罗兹举行了 2 次抗议警察专断的示威，每次参加人数都达到 1500 名；

戈梅利在发生罗斯托夫事件和兹拉托乌斯特大屠杀时举行了两次示威游行，参加人数为 1000 名。在维亚特卡也举行了抗议兹拉托乌斯特大屠杀的示威游行。我们举行了 260 次会议，其中 224 次会议参加人数总计达 36900 名。

参加人数达 50 名	46 次会议
参加人数达 100 名	74 次会议
参加人数达 500 名	72 次会议
参加人数达 1000 名	8 次会议
参加人数达 1200 名	1 次会议
参加人数达 2000 名	2 次会议
参加人数达 3000 名	1 次会议

除 5 月 1 日当天，我们组织了 10 次劳动节庆祝活动，参加人数不计其数；我们只能大概统计出主要参加者人数。以下是部分数据：华沙（1903 年），1000 人；德文斯克（1902 年），700 人；明斯克（1902 年），500 人。我们组织了 11 次会议，19 次罢工，其中 12 次罢工参加者人数总计为 10550 名。

经济斗争

共举行了 172 次罢工：其中 127 次罢工共有 8632 人参加。制鞋工人罢工参加者人数达到 2500 名。我们知晓结果的共有 95 次罢工：80 次罢工取得了胜利，其参加人数达到 4745 名。12 次罢工以失败告终，其参加人数达 1760 名。3 次罢工取得了局部胜利，参加人数达 195 名。在革命运动起源较早的城市，罢工运动偏向防御；在那些运动刚刚兴起的城市（别尔季切夫、日托米尔等），罢工运动更为激进。工人要求：提高工资水平、缩短工作时间、失业人员再就业、开除工头。值得注意的是两次抵制运动：比亚韦斯托克、伊万诺夫斯克的抵制烟草制品运动和戈梅利的抵制土耳其面包业运动。第一场抵制运动获得了胜利。崩得活动区域的大规模抵制运动采取了多种形式：例如，禁止工人在一些工厂工作。

书刊

《工人呼声报》出版了10期，21000份。地区性刊物（报纸、传单）32种，共印发40650份。出版了5种小册子（在俄国）：犹太语3种，5500册；俄语2种，4000册。地区委员会宣言83个，143150份。中央委员会宣言9个，173000份；俄文9个，31800份。共计101个宣言，共印发347150份。崩得国外委员会的宣传活动表现为：编辑《犹太工人》第7、9、11期，《最新消息》137期（近来发行量为3500册），小册子（犹太27种、波兰语6种、俄语8种）。同时，出版了5期制刷工人联合会机关刊物《闹钟》（第9—13期），在俄国出版了前4期，最后1期在国外出版。

组织形式

在每个城市都设立了领导周围地区革命运动的委员会。委员会下设立鼓动员大会以执行委员会的决议。在一些地方，鼓动员大会在一些实际问题上拥有决定权。城市中除了领导革命运动的机构以外，在特殊工种的工人阶级中还存在一些拥有相同目标的行业中心。此外，还有其他工人行业组织，在尚未组织起来的工人中开展宣传。而政治犯及流放者救济团体（红十字会）是最有觉悟的工人的组织。

组织起来的具体工人数量很难确定。但根据一些较为保守统计数据，总人数不会低于30000人。

根据不完整统计，被监禁者达到2180名。

有两个社会民主党工会联合会属于崩得：制刷工人联合会及制革业工人联合会。

因为党①的组织总体而言处于涣散状况，党组织中各个机构的关系并不正常，这在各个机构对于独立委员会的不同作用中体现出现。崩得在尝试重建党（它在组织1902年3月的代表会议中发挥了重要作用，并参加了组织委员会），对此我们不再赘述。

我们与波兰社会民主党共同参加示威活动，共同举行大会，发表宣言，并组织了多项互利共赢的服务活动，以上这些都体现出我们之间良好的关系。

此外，我们与波兰社会党也有了进一步的接触："无产阶级"组织与波兰社会党举行了会晤。

我们与社会革命党没有任何关系。

---

① 这里指的是俄国社会民主工党。——编者注

立陶宛、波兰和俄国犹太工人总联盟（崩得）

一、崩得的组织和代表大会

立陶宛、波兰和俄国犹太工人总联盟成立于 1897 年 9 月。有 5 个城市——维尔纳、华沙、比亚韦斯托克、明斯克和维捷布斯克——的社会民主党组织的代表参加了**第一次代表大会**。1898 年年初，立陶宛和波兰犹太制刷工人联合会加入崩得。

崩得**第二次代表大会**于 1898 年 9 月举行。5 个委员会出席了这次大会：科夫诺、华沙、比亚韦斯托克、维尔纳和明斯克委员会。

第三次代表大会于 1900 年 1 月举行。12 个组织的 20 名代表出席了这次大会：中央委员会，国外委员会，立陶宛和波兰制刷工人联合会中央委员会，华沙、罗兹、比亚韦斯托克、格罗德诺、明斯克、维尔纳、科夫诺、德文斯克和维捷布斯克社会民主党委员会。

第四次代表大会于 1901 年 4 月举行。多个社会团体及城市代表出席了这次大会。其中包括 11 个委员会、制刷工人联合会和制革工人社会民主联盟的犹太支部。

除了这四次大会，在崩得中央委员会的组织下还举行了 5 次代表会议，参加者都是由委员会从地区委员会和其他组织成员中选拔出来的。这些会议的目的都是对下次崩得代表大会打算处理的问题做前期准备工作。

第五届代表大会于 1902 年 9 月举行，共有 15 位代表出席。

制刷工人联合会和制革工人联合会举行了非常代表大会。第一次制刷工人代表大会于 1895 年举行。在 1898 年年初举行的第六次代表大会上，制刷工人团体联合起来成立了立陶宛和波兰犹太制刷工人联合会，并于 1898 年 4 月宣布成立协会的中央委员会。最近的一次代表大会，也就是第十一次大会于 1902 年 10 月举行。

1901 年年底，制革工人社会民主联盟在其第一次代表大会上宣告成立。1902 年秋，联盟犹太支部第二次代表大会举行。

除了这两个地区性工会组织以外，崩得还有商店雇员协会。

自从崩得第四次代表大会以来，建立了一些新的地区委员会，其中包括里加、莫吉廖夫、别尔季切夫委员会以及基希纳乌组织。

崩得每一个地方委员会下都设立了地方组织，包括各个工会组织。

二、崩得的财政状况

崩得各地方委员会都有自己的财政预算，其中一部分上缴中央委员会。这部分的数据很不完整。我们只能收集到崩得活动四年来国外委员会和中央委员会的财政状况数据（没有后者成立以来的所有数据）。

1. 中央委员会财政收入

1898 年 4 个月	1350 卢布
1900 年 8 个月	1718 卢布
1901 年	3558 卢布
1902 年 9 个月零 10 天	5175 卢布

在以上时间，收支基本保持平衡。

2. 国外委员会收支

年度	收入（法郎）	支出（法郎）
1898 年下半年	2588.59	2168
1899 年	9311.60	9403
1900 年	11803.87	10485.32
1901 年	16110.13	15694.28
1902 年	22563.62	21603.75

该表中不包括对罢工工人及被捕者捐赠的资金。国外委员会在 1901 年 5 月 1 日至 1902 年 2 月 15 日这 9 个半月中募集了 1392 法郎，用于援助罢工者，同一时间为被捕募集了 2364 法郎。在 1902 年 10 个月间，该委员会为罢工者募集了 190.90 法郎，为被捕者募集了 1939 法郎。

国外委员会收入余额都捐给了崩得地区的红十字会。

3. 地方委员会财政

我们无法给出详细数据，只给出了收入的部分数据。

比亚韦斯托克委员会：1901 年 10 个月　　　　725 卢布
　　　　　　　　　　1902 年 7 个月　　　　560.5 卢布

维尔纳委员会：1900 年 8 个月　　　　1150 卢布
　　　　　　　1901 年 4 个月　　　　600 卢布

制革工人联合会：1899 年 8 个月　　　　　　　500 卢布
　　　　　　　　1900 年 12 个月　　　　　　　2500 卢布
　　　　　　　　1900—1901 年 9 个月零 10 天　2630 卢布
　　　　　　　　1901 年最后 7 个月　　　　　　1370 卢布

明斯克委员会：1901 年 5 个月零 10 天　　　　247 卢布 10 戈比
　　　　　　　1902 年 6 个月　　　　　　　　913 卢布

收支基本保持平衡。

三、报刊

在俄国，崩得没有定期出版物。在国外，崩得国外委员会出版了俄文周报：《最新消息》，该周报已经出版了两年，101 期。一开始，周报发行 300 册，接着发行 1000 册、1500 册、2000 册。目前发行量已达 2750—3000 册。

《工人呼声报》为崩得的中央机关报，在俄国每年出版 5 期，4—9 页，小开本。近 4 个月内，该报几乎每月都出版。自 1897 年夏天创刊开始至 1902 年 12 月共出版了 30 期。

此外，崩得 9 个地方委员会不定期出版自己的机关刊物；其中两个刊物还出版了《传单》（增刊）。

在国外，每年出版 2—3 期崩得的第二份机关刊物《犹太工人》，这是一本社会民主主义的通俗科学杂志。1896 年年初，它出版了 2—3 个活页册；到现在（1902 年），已出版了 9—11 个活页册。

四、每年出版物统计数据

（不定期出版物）

1897 年

1. 《犹太工人》，第 2 期、第 3 期两期。
2. 《工人呼声报》，7 期。

1898 年

1. 《犹太工人》，第 4 期、第 5 期两期。
2. 《工人呼声报》，第 8、第 9—10（已被完全没收）以及第 11 期。
3. 《闹钟》，制刷工人联合机关刊物，1100 册。

1899 年

1. 《闹钟》第 2 期，1000 册。
2. 《比亚韦斯托克工人》，第 1 期，1000 册。
3. 《阶级斗争》，维尔纳委员会机关刊物，第 1 期。
4. 《华沙工人》，华沙委员会机关刊物，第 1 期。
5. 《犹太工人》，第 6、7、8 期。
6. 《工人呼声报》，第 12、13、14、15 期。

1900 年

1. 《工人呼声报》，第 16、17、18、19、20 期。
2. 《犹太工人》，第 9、10 期。
3. 《阶级斗争》，第 2、3 期。
4. 《闹钟》，第 3、4、5、6、7 期。
5. 《明斯克工人》第 1 期，650 册。
6. 《阶级斗争》戈梅利委员会机关刊物，第 1、2 期。
7. 《华沙工人》，第 2、3、4、5 期。
8. 《比亚韦斯托克工人》，第 2、3 期，每期 1000 册。
9. 《明斯克传单》，第 1 期、第 2 期两期。

注：《工人呼声报》一开始每期印发了 1500 册，现在每期印发 2500 册，其五一专刊印发了 5000 册。

1901 年

1. 《自由之钟》，罗兹委员会机关刊物，第 1 期，2000 册。
2. 《阶级斗争》，第 4、5 期。
3. 《华沙工人》，第 6、7、8、9 期。
4. 《比亚韦斯托克工人》，第 4、5、6 期和两期《传单》。
5. 《斗争》，第 3 期。
6. 《明斯克工人》，第 2、3、4 期，每期 700 册，第 3 期出版了增刊。
7. 《闹钟》，第 8、9、10 期。
8. 《格罗德诺工厂报》，第 1 期。

9. 《明斯克传单》，第 1、2、3 期。

10. 《工人呼声报》，第 21、22、23、24、25 期，每期 2500 册。

11. 《犹太工人》，第 11、12 期，每期 1500 册。

1902 年

1. 《工人呼声报》，第 26、27、28、29、30 期，每期约 2000 册。

2. 《犹太工人》，第 13、14 期。

3. 《闹钟》，第 11 期。

4. 《华沙工人》，第 10、11 期。

5. 《自由之钟》，第 2 期。

6. 《阶级斗争》，第 6 期。

7. 《德文斯克传单》，第 1、2 期。

8. 《比亚韦斯托克工人》，第 7 期。

9. 《科夫诺传单》，第 1 期。

10. 《维尔纳传单》，第 1 期。

五、宣言和呼吁书

自从 1897 年年底起，直到 1902 年 4 月，已经发表了 130 个宣言和呼吁书。1901 年 11 月至 1902 年 11 月的记录很完整。在这期间，发表了 92 个宣言和呼吁书。40 种出版物的已知印数只有 123950 册。

每个宣言和呼吁书的印数从 500 册、1000 册、4000 册、10000 册到 20000 册不等。

注：以上发行的所有出版物，除了在国外出版的《犹太工人》杂志、《闹钟》前 6 期、《比亚韦斯托克工人》第 1 期和《自由之钟》第

2期，其他都是在俄国秘密出版的。

六、犹太语小册子

（标有 * 的是在俄国出版，其他在国外出版）

1895 年年底和 1896 年

1. 《致亚历山大三世的悼词》
2. 《五一劳动节》
3. 《劳动日》第一版
4. 《工资》

1897 年

1. 《在普珥节上的讲话》
2. 《在五一节的讲话》
3. 《城市布道者》，2000 册
4. 《罢工》 *
5. 《1897 年内务大臣的秘密通告。附序言》 *

1898 年

1. 《五一》宣传册 *　　　　　　　　　　　　3000 册
2. 《五一节前夜之梦》 *　　　　　　　　　　3000 册
3. 《俄国社会民主工党宣言》 *　　　　　　　2000 册

4. 《波兰社会党与崩得之争》 *　　　　　　　1000 册
5. 《立陶宛和波兰犹太制刷工人联合会宣言》 *　　1000 册
6. 《1848 年德国革命》　　　　　　　　　　1500 册
7. 《比利时工人争取自由的斗争》　　　　　　3000 册
8. 《四兄弟的故事》　　　　　　　　　　　　5000 册
9. 《日出之前》，短篇小说集　　　　　　　　2000 册
10. 《论宪法的实质》，拉萨尔著　　　　　　　<u>2000 册</u>
　　　　　　　　　　　　　　　　　　共计 23500 册

1899 年

1. 《犹太复国主义与社会主义》　　　　　　1000 册
2. 《工人必须知道和千万不能忘记的事情》　　5000 册
3. 《俄国社会民主党人的追求》　　　　　　3000 册
4. 《共产党宣言》，马克思和恩格斯著　　　　3000 册
5. 《工资》第二版　　　　　　　　　　　　<u>2000 册</u>
　　　　　　　　　　　　　　　　　　共计 14000 册

1900 年

1. 《工作日》第 3 版　　　　　　　　　　　5000 册
2. 《生计》　　　　　　　　　　　　　　　5000 册
3. 《斗争中》，短篇小说集　　　　　　　　3000 册
4. 《帕沙传说》　　　　　　　　　　　　　10000 册
5. 《英国工联史》　　　　　　　　　　　　3000 册
6. 《犹太工人运动史》　　　　　　　　　　4000 册

7. 《犹太工人运动的历史转折点》　　　　　　　1000 册

共计 31000 册

1901 年

1. 《自由》,革命诗集　　　　　　　　　　　　3000 册
2. 《社会主义的本质》　　　　　　　　　　　　5000 册
3. 《致犹太知识分子的呼吁书》
   (波兰语和俄语两个版本)　　　　　　　　　各 1000 册
4. 《崩得第四次代表大会》(俄语和犹太语)　　　2000 册

共计 12000 册

1902 年

1. 《崩得第四次代表大会》(俄语和犹太语)　　　2000 册
2. 《工人呼声报》第 25 期(波兰语和俄语)　　　2000 册
3. 《工资》(俄语)　　　　　　　　　　　　　　2000 册
4. 《制革工人联合会宣言》(犹太语、波兰语和俄语)* 1000 册
5. 《无产阶级的弃儿》,考茨基著　　　　　　　　2000 册
   《工人呼声报》第 25 期节选(俄语和犹太语)
6. 《灰暗的一夜》(俄语和犹太语)　　　　　　　2000 册
7. 《希尔施·莱克尔特及其审判案》(犹太语及俄语)* 2000 册
8. 《攻占巴士底狱》　　　　　　　　　　　　　　5000 册
9. 《消费合作社》,考茨基著　　　　　　　　　　3000 册
10. 《国民公会。8 月 4 日晚》　　　　　　　　　5000 册
11. 《致亚历山大二世的悼词》　　　　　　　　　5000 册

欧洲、美洲和亚洲的社会主义组织和工人组织　　　　　　　　　　61

12. 《女工与妇女问题》，考茨基著　　　　　　3000 册
13. 《国民公会的贡献（1789 年革命）》　　　　5000 册
14. 《合法的工人运动》，《工人呼声报》节选＊　 500 册
15. 《索菲·佩罗夫斯卡娅》，俄国革命者传记　 5000 册
16. 《俄国射手皮埃尔·阿列克谢耶夫》，
　　俄国革命者传记　　　　　　　　　　　　5000 册
17. 《亚历山大·米哈伊洛夫》，俄国革命者传记　5000 册
18. 《安德烈·谢里亚波夫》，俄国革命者传记　　5000 册
19. 《尼古拉·基巴利契奇》，俄国革命者传记　　5000 册
20. 《斯蒂芬·恰尔图林讷》，俄国革命者传记　　5000 册
21. 《中国人在布拉戈维申斯克制造的爆炸》　　 3000 册
22. 《社会改革与社会革命》，考茨基著　　　　 3000 册
23. 《革命的未来》，考茨基著　　　　　　　　 3000 册
24. 《爱尔福特纲领》，考茨基著　　　　　　　 3000 册
25. 《民族自治问题和以联邦制为基础
　　重组俄国社会民主工党》（俄语）　　　　 3000 册
　　　　　　　　　　　　　　　　共计 87500 册①

1898—1901 年共计出版 79000 册小册子，1902 年出版了 87500 册。

七、拘捕令

1. 从 1898 年下半年至 1901 年，在这两年半期间，当局针对涉及崩得的运动一共签发了 773 个拘捕令。实际上，被捕者的人数绝不低于

---

① 原文如此。数字有误，应为 84500 册。——编者注

1000人，因为很多拘捕令并未签发。

这773个拘捕令涉及的拘役时间从3个月直到2年不等。许多犯人都被流放到东、西西伯利亚，服役3—5年。我们缺乏这方面的确切数据。

从1901年11月至1902年11月，共781人（工人和知识分子）因犹太工人运动被捕。

崩得国外委员会

1902年12月24日于伦敦

俄国社会民主工党

（于1898年成立）

组 织

该党在各地由委员会、战斗组织、各地下属组织以及地方组织构成。

在俄国欧洲部分的30多个城市都设立了**委员会**或**组织**（不包括西部地区、波兰和芬兰）。

地区组织：北方协会、伏尔加河流域协会、南方协会。

此外，自成立之日起，立陶宛、波兰和俄国（西部地区）犹太工人总联盟作为自治组织加入了该党。

注：该组织通过设于伦敦的国外委员会向社会党国际局提交报告。

在**西伯利亚**，西伯利亚社会民主党人联合会于1901年成立。

最后，自1901年起，在党内形成了《**火星报**》组织，创办了以它命名的月刊《火星报》。

在国外，有党的两个组织：

1. 俄国社会民主党人联合会。俄国社会民主党成立大会（1898年3月）承认该联合会为党的国外正式代表机关。联合会于1895年成立，根据最新形势于1898年重组。

2. 俄国革命社会民主党人同盟，于1901年10月建立，支持《火星报》组织。

出版物

在俄国

秘密印刷的不定期刊物：

1902 年 9 月前出版：

1.《工人思想报》，彼得堡	16 期	1897 年年底—1902 年
2.《前进报》，基辅	11 期	1897 年—1901 年
3.《南方工人报》	8 期	1900 年—1902 年
4.《叶卡捷琳诺斯拉夫活页书》	7 期	1902 年
5.《萨拉托夫工人报》（胶版印刷）	6 期	1901—1902 年

停止出版的秘密刊物：

1.《工人报》，基辅　　　　　2 期
2.《彼得堡工人活页书》　　　2 期
3.《萨拉托夫工人报》　　　　2 期
4.《我们的事业报》（胶版印刷），
　尼古拉耶夫　　　　　　　3 期

宣传和鼓动的主要武器就是各个组织利用种种政治社会事件、政府活动、罢工示威发出的声明、呼吁书、宣言或传单。在俄国，我们党在工人群众中不断散发这些刊物，它们是我们党真正的刊物，而发行间隔期较长的都是一些小杂志。

在国外

一、俄国社会民主党人联合会编辑的出版物（1899 年 4 月—1902 年 11 月）

（一）不定期出版物

《工人事业报》，12 期，总发行量	19000 册
《工人事业报活页册》，8 期	19000 册
《工人事业报》1899 年五一专号	2000 册
《工人事业报》1900 年五一专号	3000 册
1901 年五一小册子	10000 册
1902 年五一小册子	5000 册
	共计 58000 册

（二）通俗刊物

《红旗》第 1 期　　　　　　　　　　　　　5000 册

（三）小册子

1. 《致莫斯科排字工人的信》　　　　　　2000 册
2. 《尼科利斯克罢工的教训》　　　　　　5000 册
3. 《维捷布斯克工人罢工》　　　　　　　5000 册
4. 《俄国大学骚动》　　　　　　　　　　2000 册
5. 《俄国工人的事业》　　　　　　　　　5000 册
6. 《特维尔工人状况》　　　　　　　　　5000 册
7. 《罢工》，三幕剧　　　　　　　　　　2000 册
8. 《俄国社会民主党人的抗议书》　　　　2000 册

9. 帕·阿克雪里罗得《〈致工人事业报〉编辑部的信》

    2000 册
10. 《什么是政治犯、革命党人和社会主义者》 5000 册
11. 《英国工联简史》 2000 册
12. 工人事业编辑部对帕·阿克雪里罗得
    《〈致工人事业报〉编辑部的信》的答复 2000 册
13. 《犹太工人运动的历史转折点》 2000 册
14. 《叶卡捷琳诺斯拉夫工人运动》 5000 册
15. 《沙皇的财政》 2000 册
16. 《矿工》，三幕悲剧，波兰语译本 2000 册
17. 《伊万诺沃－沃兹涅先斯克工人运动》 5000 册
18. 《敖德萨和尼古拉耶夫工人运动》 5000 册
19. 《如何应对审讯》 2000 册
20. 《同样的宣传册》第 2 版 3000 册
21. 《萌发》，短篇小说 2000 册
22. 《福堡－纽斯基工人运动》 5000 册
23. 《哈尔科夫工人运动》 5000 册
24. 《提交 1900 年巴黎国际社会党代表大会的报告》：
    （1）《关于俄国社会民主主义运动的情况》，
        由《工人事业》杂志编辑部提交；
    （2）《关于犹太工人社会民主主义运动的情况》，
        由犹太工人总联盟委员会提交。 5000 册
25. 《俄国政治制度和工人阶级》 5000 册
26. 《布良斯克工人审判案》 5000 册
27. 《对卡尔波维奇和罗戈夫斯基的审判》 2000 册
28. 马尔丁诺夫《俄国制度历史研究》 2000 册

29. 《两次代表大会》 2000 册
30. 马尔丁诺夫《社会民主党与工人阶级》 2000 册
31. 《奥布乔夫工人暴动。由波·克里切夫斯基作序》 5000 册
32. 《奥布乔夫工人审判案》,彼得堡委员会编 5000 册
33. 《革命诗集》 5000 册
34. 《威·白拉克。一名低调的社会民主主义者》,
    德文译本 5000 册
35. 《维也纳 1848 年革命》 5000 册
36. 《为什么俄国工人想争取政治自由?》,
    莫斯科委员会编 2000 册
37. 德·亚米契斯《学生与社会问题》,
    意大利语译本 5000 册
38. 《俄国市政》 5000 册
39. 《科斯特罗马工人运动》 2000 册
40. 奥·倍倍尔《社会主义社会》,德文译本 5000 册
41. 马尔丁诺夫《工人阶级和革命》 5000 册
42. 卡尔·马克思《法兰西阶级斗争》,德文译本 2000 册

共计:42 种小册子 151000 册

(四)宣言

1. 《被放逐的罢工者。致俄国社会民主主义组织的呼吁书》,
   俄语,1900 年 11 月 6000 册
2. 《致俄国全体工人的宣言》,1901 年 3 月 10000 册
3. 《历史的转折点》,1901 年 4 月 3000 册

4. 《党组织代表会议关于 1902 年五一节的宣言》，

　　1902 年 4 月　　　　　　　　　　　　　　　25000 册

　　　　　　　　　　　　　　　　　　　共计 44000 册

注：此外，同样的宣言在俄国 3 个秘密印刷点印刷，总计 25000 册。

（五）庆祝五一的凹版画

1899 年，街头示威的呼吁，彩色小凹版画　　　2000 册
1900 年，古斯塔夫·达夫的"马赛曲"　　　　　3000 册
1901 年，俄国的社会金字塔　　　　　　　　　10000 册
1902 年，社会民主主义与专制主义　　　　　　5000 册
　　　　　　　　　　　　　　　　　　　共计 20000 册

俄国社会民主党人联合会编辑的出版物概述

不定期出版物　　　　　　　　　　　　　　58000 册
通俗刊物　　　　　　　　　　　　　　　　 5000 册
小册子 42 种　　　　　　　　　　　　　　151000 册
宣言　　　　　　　　　　　　　　　　　　44000 册
庆祝五一的凹版画　　　　　　　　　　　　20000 册

俄国社会民主党人联合会的财务状况

注：联合会的收入来自秘密运输到俄国的出版物的销售、党的委员会上缴的款项及俄国国内外同志的捐赠。

1898 年 12 月—1899 年 12 月　　　　　　　16910.00 法郎
1899 年 12 月—1900 年 11 月 25 日　　　　　24726.99 法郎

1900年11月25日—1901年6月25日　　　19450.51法郎
1901年6月25日—1902年2月1日　　　<u>15463.67法郎</u>
共计3年又2个月　　　　　　　　　共计76551.17法郎

除党在国外的上述两个组织外，1902年又在国外成立了两个新的社会民主党出版机构。

1."生活"，与月刊杂志同名，已出版5期。此外，出版了11期《生活活页册》和许多小册子。

2."斗争"，出版了许多小册子和《斗争活页册》。

俄国社会民主工党驻社会党国际局代表
波·克里切夫斯基
1902年11月中旬于巴黎

澳大利亚社会主义运动

与欧洲大陆相比，澳大利亚孤立、遥远的地理环境是造成其社会主义当前的落后状况和社会主义运动在数量上远远不如欧洲的主要原因。第二个原因是经济上的压迫使其人口在近 20 年间只有少量增加。同样，我们还要考虑到其他因素：各工业中心之间相距甚远、居民分散，最后，还有容易获得土地、广阔肥沃的牧场和耕地的便利条件。就是这些原因使澳大利亚人民自然而然地选择了畜牧业和种植业，而不是选择制造业。

澳大利亚的经济状况与欧洲的一些老国相比也要富裕很多。贫富之间差距不大，更确切地说，总体生活水平较高而且安逸。

在近 20 年间，资本主义剥削日益严重，因此澳大利亚工人现在受到的经济压迫并不比英国工人少。

就在 1880 年到 1890 年这段各种情况相对而言并不复杂的时期，产生了社会主义运动。1880 年前后，一些意大利和法国移民试着建立了"国际"支部，但它很快就不复存在。接着，1886 年到 1887 年间，德意志总同盟在澳大利亚南部的阿德莱德市成立，"前进"同盟在墨尔本、维多利亚成立，会员均为德国人。第一个成员说英语的卓有成效的组织是新南威尔士州悉尼的澳大利亚社会主义同盟。同盟于 1887 年 5 月由几个来自欧洲的社会主义者建立。当时的报纸这样报道：一些对社会主义感兴趣的人在悉尼乔治大街 533 号举行会议。听众只有六七个人和五个报社记者，还有组织者。组织者并不因为对他们号召的微弱回应而感到气馁，他们成立了澳大利亚社会主义同盟，由六名成员组成。他们商定每周日下午在政府区域或者公园集会，每周日晚在城市的公共大厅举行会议。

在这些会议刚举行的时候，甚至是"社会主义"这个词都似乎对这里的居民而言都是完全陌生的，同盟的成立引起了震惊和嘲讽等多种反应，冷笑和诽谤也接踵而来，这些都是反对派的旧武器。在这种情况下，社会主义思想被公众和报刊打败，但人们对我们的学说留下了深刻的印象。在近两年半的时间里，所有积极的宣传工作都由三到四个成员圆满完成，有时还要借助别人的帮忙。

同一时期，在纽卡斯尔（南威尔士）哈密尔顿发行了一份名为《激进的奥地利人》的报纸。刚开始版面很小，但后来版面和发行量都很快扩大了。这份报纸对同盟的发展有很大帮助，并且作为同盟的机关报发行。报纸的编辑工作大多数都是由同盟盟员完成的。然而，它的所有者突然被一位美国的蒲鲁东信徒本·塔克变成了一个个人主义的无政府主义者，他自称为"个人主义的社会主义者"，开始攻击科学社会主义。同盟被迫切断与报纸所有者的一切联系。一个月后，报纸停刊，但宣传并没有削弱，并且效果十分鼓舞人心。

在1890年，沿海的大罢工爆发。同盟因此利用报纸、大会和示威游行获得了有效的宣传。罢工最终失败。而后似乎所有的曾经只代表工会要求的行业工会现在都突然转向社会主义，罢工委员会也如此。大家都加入了社会主义同盟，而同盟盟员人数也超过了250人，还有许多郊区支部拥有不少盟员。

同盟中央委员会就在这时在一个更大的地方成立。在1891年间，社会主义是公众讨论的主要话题；在悉尼，所有人或多或少都要谈论它。

贝拉米的著作《向后看（2000—1887）》和亨利·乔治推动的土地

单一税运动大大加强了公众对社会主义的关注。

大约在这个世纪,同盟总共有400名盟员。1891年大选是劳动者第一次有资格作为国会候选人参加选举的大选。结果震惊了世界:36位劳动者当选,他们通过了一个明确的工人纲领。这是人民对于野蛮的行政管理机构和去年沿海大罢工压制性立法的投票回答。

这次胜利,有觉悟的社会主义者在很大程度上建立了工党选举联盟,以组织工人投票给每一位候选人。然而,议会工党的团结并没有长久,因为它没有工人代表成功所必不可少的一致性。议会工党马上由于税务问题分裂成自由贸易者和保护贸易主义者;而且,更糟糕的是,它并不在筹备会议进行协商。退党在队伍中爆发。大量的成员,最不激进的所谓工党组成了一个分裂的队伍。

工党选举联盟的社会主义被那些登记在册却对社会主义毫不理解的盟员削弱,他们的加入仅仅是由于意识到工业带来的一系列模糊和不确定的过渡性措施,他们并没有认识到任何革命理想和作为"工作"纠纷基础的经济原因。此后,这种情况变得非常严重,以致社会主义者认为有必要退出工党选举联盟,建立一个以"阶级斗争"的清晰理念为基本战略方针的社会主义工人党;同时,他们认为有必要建立一个工人阶级的政治组织,以实现废除生产资料私有制的目标。

在一段时间里,社会主义同盟盟员数量稀少——总共50个。但是不久,它马上重获生机,在1892年到1893年,它的盟员中有了一些优秀演说员,他们宣传自己的社会主义思想,名字广为人知。

同盟的宣传在整个澳大利亚进行。

大量的社会主义组织出现。

1892年,一个国际会议,或者更确切地说殖民地社会主义者的会议在悉尼召开。澳大利亚所有社会主义组织的联盟在此成立。昆士兰和维多利亚组织的代表也出席了会议。此次会议投票通过了成立联盟的提议，此外，联盟还包括了墨尔本的"前进"同盟和澳大利亚南部的德意志总同盟。联盟执行委员会于1893年成立，它发表了一个宣言。1892年，F. 斯犹沙代表联盟出席了在苏黎世召开的大会。[①] 大家商定澳大利亚社会主义者代表大会每两年召开一次。第一次本应于1895年由社会主义同盟委员会召集；但是由于某些原因，该委员会没有履行其职责。在社会主义同盟（新南威尔士州的主要组织）和联盟内部之间产生了纠纷。一些联盟盟员离开了社会主义同盟，并加入了社会民主联盟。

宣传的规模缩小了。宣传在1896年停滞的原因有许多，在这之中，有一条是大量盟员向澳大利亚西部的金矿移民，还有一些去了德兰士瓦。一些盟员重回社会主义同盟，但冲突纠纷在1896年依然出现，这个组织于是就消失了。

社会主义同盟曾经在1895年4月发行了一份名为《社会主义者》的小周刊；这份周刊一直发行到1896年11月。此后，它被并入《北方人民的社会主义报》，作为社会主义同盟的机关刊物在纽卡斯尔出版。

在此之前，一个由一些无政府主义分子组成的自称"积极服务大队"的团体出现在舞台上。它制造动乱，企图从政府那里获得工作和救助等。一份名为《公平报》的报纸在其支持下于1894年1月27日问世，但没能挺到1895年。

这个队员人数大量减少的大队至今（1903年）仍然存在，但它没有进行任何有用的宣传；他们的领导对人群发表讲话，投票支持一些空洞的提议，派代表团去政府请愿。

这种情况仍旧持续了一段时间。然而，一些不屈不挠的人并没有被打败。在清除了被机会主义分子和改良分子败坏了的"渣滓"的同盟

[①] 见本书第16卷。——编者注

后，他们开始以一种全新的面貌来宣传同盟。此外，即使在十分恶劣的日子里，他们也没有停止工作；官方机关刊物也在1896年以来每周定时出版，这份由工人独立撰写、编辑和出版的刊物是一个巨大的进步。该报于1898年改名为《人民和集体主义者报》，并一直在纽卡斯尔市发行到1900年。纽卡斯尔位于悉尼北部一个很大的煤矿里，同盟希望社会主义理论能被矿工广泛接受，但这个愿望没能实现。

自1898年到1900年，同盟在艰难和不稳定的环境中挣扎生存，但同盟已故秘书长，永远忠诚、不知疲倦而且才华洋溢的查·M.巴罗姆将永远活在澳大利亚社会主义运动的历史上，也继续为联盟起着强有力的宣传作用。

1897—1899年间许多工会会员叛变之后，在同盟出现了一股对工会的强大仇恨和厌恶之情；盟员在会议和报纸上严厉地揭露了它所犯的错误和阴谋。

1900年，同盟决定搬迁其机关报的所在地。该报到目前为止在悉尼的纽卡斯尔这个大城市里发行。这从许多方面看都是一种好转变。《集体主义者报》销量激增，在不久后扩大版面并改名为《人民报》；但是从经济效益的角度来看，我们应该把报纸版面缩小到当前的形式。不过，报纸的文字风格大有改善，而且印刷相比之前也更为细致。

1898年，一小部分欧洲社会主义者成立了悉尼国际社会主义俱乐部，这些人大部分是意大利人，其中一些人在米兰的面包暴动之后认为最好彼此间保持距离。后来不少来自斯堪的纳维亚国家的社会主义者加入俱乐部。不久之后的1900年，30名德国人来到澳大利亚，并在悉尼的一个雪茄厂工作。他们大多数是德国社会民主党党员。刚一抵达工厂，他们就直奔工会大厅，加入雪茄工人工会，不久后便成为了国际社会主义俱乐部的会员。

我们也许会因为他们没有成为社会主义同盟盟员而感到奇怪。原因是因为他们中任何一个都不会讲英语，而且，他们希望加入一个能为他们提供社会福利和娱乐的俱乐部；与此同时，他们负责宣传和教育，希望通过加入俱乐部能够更好地了解英语和现在的生活环境。使用不同的语言举行会议或者协助盟员一起进行宣传是一件十分困难的事情，但是国际社会主义俱乐部尽最大努力在经济上和精神上给社会主义同盟提供帮助，双方和谐共事了一段时间。

后来，俱乐部和同盟中思想进步的人开始努力合并这两个组织，但是未获成功。国际社会主义俱乐部反对社会主义同盟的一个原因是，社会主义同盟纲领中有一条要求开除所有可能降低澳大利亚工人生活标准的人。这项规定被国际社会主义俱乐部的会员认为是对社会主义最基本原则的亵渎。庆幸的是，这项规定不久后就被同盟取消了。然而两个组织间又产生了其他不同看法。那些为了合并所做的努力全部付之东流；现在两个组织都认为为了社会主义运动的成功，最好是不要合并。国际社会主义俱乐部目前共有 150 名会员。俱乐部善于宣传，通过组织烧烤、音乐会和表演等活动筹集资金。它有一个非常好的合唱团，一架钢琴和会议厅；它为了社会主义的利益而奋斗，但是由于会说英语的会员很少，俱乐部开展的口头宣传活动并不多。

在 1901 年第一次联邦参议院选举中，社会主义同盟提出 6 名候选人。所有党派一共有 50 位候选人。各州选出 6 名参议员。选举在各州于同一天举行。所有说英语或入籍的年满 21 岁的人都是选民。这 6 名候选人共得到 27407 票，而其他 46 名候选人共得到 1103561 票。在这次选举中，澳大利亚的大城市悉尼（新南威尔士州）被分为四个选区，我们的 6 名候选人在这里共得到 5730 票。其中他们得票最多的选区的票数为 1244 票。人们不能认为这些得票数反映了有觉悟的社会主义者的实际力量，因为不少社会主义的支持者无法参加选举。

1900 年，在悉尼每年一次的澳大利亚社会主义同盟代表大会上，盟员们对其组织结构、章程和纲领进行了讨论，通过了对它们的大幅修改。我们可以看出新通过的组织结构和规章都制定得很严格，以防止同盟被改良主义者和工联主义分子带离社会主义。有一些社会主义者认为同盟在规章上太过严厉，在策略上，特别是在其盟员作为代表参加工联理事会的问题上也太过于寸步不让，因此有关于此的决议很晚才获得通过。从前许多盟员作为同盟代表加入工联理事会，一些人认为这可以为社会主义作最佳宣传，但似乎社会主义同盟大部分盟员都认为这会给社会主义造成危害。因此，他们认为最好不以同盟身份参加理事会。

社会主义同盟值得大家给予最高的评价。现在，它是澳大利亚组织最好、最守纪律和最有效率的组织，它以"阶级斗争"为清楚的理论基础，它有现今在澳大利亚最好的关于社会主义的机关刊物。当我们知道这个组织的存在主要是由于12个工人在相互帮助学习中付出的努力、牺牲和百折不挠的毅力时，我们必须承认，即使他们在方法和策略上有分歧，这样的成果也是十分值得我们骄傲的，这证明了社会主义的魅力使得人们甘愿全身心为之奉献。

在维多利亚州有两个社会主义组织：维多利亚州社会主义同盟和维多利亚州社会民主党。

首先值得一提的是，1897年，我们组织了庆祝五一的游行，有10000—12000人聚集在墨尔本的亚拉码头，倾听关于社会主义纲领的演讲。一些演讲者是议会议员、完全的个人主义者，但他们对工人阶层十分友好；一些演讲者是工会会员，仅仅把五一庆典看做是有利于缩减工作日的证明。演讲者讲述的社会主义思想很少，并没有对社会主义运动作出有效的宣传。

维多利亚社会民主党由6个剩下的维多利亚社会主义同盟盟员于1902年成立，这个同盟现在已经消失。在墨尔本一共有100名交纳会费的盟员。它在市郊和地方成立了不少支部。

欧洲、美洲和亚洲的社会主义组织和工人组织

在维多利亚州的州府墨尔本，社会民主党经常举行露天集会。它在每个星期天，在一个又一个的公共大厅举行会议；这些会议大概有500—600名听众。社会民主党大量散发英文版的社会主义宣传品，并打算不久后开放一个带有寄存处的阅览室，用于出售关于社会主义学说的著作。社会民主党现在的活动模式更像一个教育团体，而不是一个政治斗争组织。

它在工人组织和工会中采用这种办法来推动工人阶级思想进步，并逐步使他们接受社会主义思想。在党的领导下，宝贵的初步工作已经完成。

在阿德莱德（南澳大利亚），存在一些自称民主联盟、但不具有任何社会主义思想并且与社会主义运动没有任何关系的人。

卡尔古利是澳大利亚西部一个巨大的金矿中心，在那里有一个名为社会主义同盟的非常活跃的小组织，散发小册子和《西澳大利亚工人报》——一份在这个地方十分畅销的工人组织机关刊物。

在昆士兰，有一个组织得非常好的名为社会民主主义先锋队的协会。它由革命运动中最具社会主义思想的人士于五六年前建立。总部在布里斯班。这个组织经常举办露天集会，在公共大厅召开会议，但它的主要工作是分发关于社会主义的小册子和大致与社会主义趋向相关的文学作品。在这个组织中有许多流动工人，比如剪毛工、车站职员和农业工人；因此，其出版物的发行量也很大。《工人报》是昆士兰工人运动的机关刊物，也为宣传社会主义思想提供了巨大的便利。

与英国的工人和工会运动相比，澳大利亚社会主义运动总体而言十分薄弱；工会会员认为应该避开社会主义，因为它会造成自我封闭和危险的局面。据说在工人运动的领导中也有了解社会主义思想的人，他们一开始也参加社会主义运动，但最后当他们发现这不是通向议会和权力的道路后，就抛弃了他们的原则。这些人受到议会同事爱面子的态度的

影响，变得不问世事，也不再接受或宣传社会主义学说了。

经济上的压力以及资本主义组织在政治上的作用，都对变节者有不可否认的影响。我们希望在未来几年内，工党的策略能以阶级斗争为基础，这种基础对于遵循明确地界定的工人阶级的革命政策是必要的。

查尔斯·艾尔

澳大利亚社会主义运动

——第二份报告

社会主义运动的历史和澳大利亚工人阶级的历史在近三年不断进步，没有遇到什么政治、社会危机。对于社会主义的信奉者而言，这个运动尽管或多或少有些进展，但进步相对缓慢。在各个共和政体的州，社会主义都有一个激进、但总体而言规模较小的组织为代表，这些组织通过出版报纸、散发小册子和演讲尽可能地宣传社会主义。激进的宣传只是一个开始，它主要局限于在工人阶级内部宣传社会主义理论。

直到今天，这些组织的活动都是分散的，虽然最近几个月人们为了改变组织分散的情况、最终建立澳大利亚的统一组织而作了一些努力。近两年，工党迅速壮大，并且在立法上的影响也越来越大。工党本质上是由工人阶级组成的党，在1890年沿海大罢工后的社会动荡中诞生。

就像其纲领所说的那样，它的目标不外乎是实现社会主义。工党提出的许多直接的改革措施引起了社会主义者的同情和支持。在被选入共和政府——联邦议会和各州议会——的工党党员中，有许多社会主义的信奉者。然而大多数工人运动的支持者并不是社会主义者，这与其说是由于澳大利亚工人本身的原因，不如说是由于澳大利亚与世隔绝的政治和其他因素。

在去年12月的大选后，工党现在有了联邦众议院的议员，在总计75个议席中占据了24席；而且，工党同时在上院或者说参议院也有参议员。根据不完全统计，在36名全民投票选出的参议员中有14名是工党候选人。众议院和参议院的其他议员有的支持自由贸易，有的支持贸易保护，在关税政策上分歧很大。

最近几周的政治局势表明，工党正在联邦众议院中组阁。现在的情况是，这个政府很难在行政方面采纳一些突出的社会主义纲领，因为人们不会希望这样的政府长期存在，因为它威胁到两个资产阶级政党的联盟。由于大部分资产阶级、政治上的保守派和那些毫不犹豫就把工人运动和工人政策认为就是"社会主义"的人，公众对于社会主义问题的认识还有待提高。近三年的政治事件也表明社会主义思想正在工人阶级中广泛传播。

我们应该认识到有必要对工人运动尽可能持客观的态度进行评论，认识到纯粹的社会主义观念对于现行立法并没有任何实质性的影响。首先，人们在现实政治中趋向于不加区别地放弃工人运动的目标和纲领，因为这一运动是由将"不妥协政策"推向极致的澳大利亚社会主义同盟奉行的一系列策略的结果。

在北昆士兰州，工党在议会72个席位中占据了20席，党相信与一个温和的政党暂时结成同盟是最好的组合，不管政策会不会导致两种政党——一个代表工人阶级利益的党和一个与之对立的党——形成。

在新南威尔士州的议会中，在125名议员中有24名工人议员，因此它能够通过一些比较重要的改革，比如说关于工厂的法律、关于商店的法律和关于其歇业时间的提案、关于老年人养老金和妇女选举权的提案。这就是近三年来工人议员们所做的主要工作。

在维多利亚州，由于州铁路员工罢工事件糟糕的结局和反动派在政治上的暂时胜利，公共舆论被有效地激起。这对于激进党来说是下次选举成功的好预兆。工党也在一定程度上将在8月举行的选举中获得更多的席位。

在澳大利亚西部和南部，在近期的大选中，工党获得了绝大成功。

这实际上是工人阶级一致把票投给它的结果。

即使澳大利亚西部工人队伍的分裂使保守派在下一次选举中取得优势，社会主义的未来在这两个地方也是充满希望的。

创办捍卫工人要求报刊的提议已经受到研究。几个月后，借助全国大城市中发行的报刊的影响，工人运动将拥有一个强有力和有效的武器。

澳大利亚争取政治自由和经济自由的运动取得了显著成就。应该说近三年我们看到了全体工人阶级的觉醒，看到了对社会主义理论和原则感兴趣的人的增加。在支持工人政治斗争的工人阶级大军中，发生了一些对于形成一种统一的社会主义运动有突出影响的事件。未来的任务是要给向社会主义道路进军的力量提供稳定的环境，指出明确的方向。未来对于澳大利亚所有的社会主义组织而言是令人向往的，但它们发现在开展了几年的工作之后仍需要通过简单的宣传来向工党的支持者解释什么是工联主义、什么不是工联主义，使他们了解以对工人的剥削为基础的社会经济状况，并使他们清楚地认识到，只要生产资料是用来剥削人的工具，我们就不可能指望群众的状况会获得改善。

悉尼国际社会主义者俱乐部

于 1904 年

澳大利亚工会运动

于1902年11月14日在新南威尔士州悉尼举行的澳大利亚共和国第一次工会代表大会是对澳大利亚工会运动最重要、最具指导意义的历史事件。

来自新南威尔士州、维多利亚州、昆士兰州、南澳大利亚州和西澳大利亚州的代表出席了大会。塔斯马尼亚州没有代表出席，因为在那里的工会寥寥可数。这些代表代表了14.9万名加入中央组织的工会会员。另外还有一些组织严密的大团体没有参加中央组织，因此没有直接代表。

我们可以肯定地说这次代表大会代表了25万名工人。

大会的目标是确定在议会中有关工人的所有行动。

以下决议获得通过。

实行海运联盟法以保护澳大利亚海运，使它能在澳大利亚共和国沿海贸易中与外国轮船进行竞争，不许美拉尼西亚人在澳大利亚港口停泊的轮船和在南海岛屿航行的澳大利亚轮船上工作。

大会要求实行共和政体的各州加快一切矿藏国有和开发的步伐，并坚决表示所有采矿工业必须国有，不能出让给他人。

应立法规定各种工作的最长工作时间为8小时。

会议还要求通过一项有关工厂的法律，对下列事项作出规定：（1）有害健康和危险职业的工作时间和工作环境；（2）制糖业的工作环境；（3）所有亚洲生产的产品都应贴上标签；（4）更好地解决学徒问题的做法；（5）给青年工人以恰当的工资报酬；（6）使工厂法适用范围扩大到在酒店、饭馆工作的人员。

大会还宣布要设计一个代表整个共和国工会的标记；要求政府着手制造火车、电车、客车以及建造其他公共必要设施；要求联邦政府、州政府和地方政府将所有关于固定工资的合同写入法律条文，规定如果雇主无视"血汗制"，未来将不与他签订其他任何合同。大会要求各州通过立法来应对所有由于工作原因引起的意外事故；要求各州通过州强制仲裁法，并要求联邦通过联邦仲裁法，以解决由于各州因情况不同而超出各州管辖范围的问题。大会希望废除对成年人受雇和开除的年龄限制，所有政府工作都在工作日内进行。大会确信公民所有权利理应被雇员熟知，反对政府给劳动者指派与其毫无关系的代表；关于建立职业介绍所的工作应继续进行。大会意识到土地价值税的合法性，要求各州以此为基础实施单一税。大会还认为塔夫河谷罢工案的判决侵犯了工会的权利，要求各州议会的工人议员和其他议员尽快通过一项法令，使工会、工会会员和职员免受这样的判决。大会认为酒类贸易应该国有化，并强烈建议共和国的工会会员根据纯粹的合作原则购买一切生活必需品。

这些措施的目的都是为了建立一个常设的委员会，是为了在代表大会召开间隙保持各州委员会之间的联系。

* * *

就在近几年，工联主义者开始关注政治活动，工会越来越关心政治。这种情况有利于社会主义者。

悉尼国际社会主义者俱乐部

于 1904 年

亚美尼亚社会民主党

1900年8月,在日内瓦出版了第一份亚美尼亚社会主义刊物《手》;那时,我们已经把自己的报告寄给了在巴黎举行的国际社会党第五次代表大会。

自此,在10个月间,杂志编辑部出版了5期《手》(大开本,共300页)、一份纲领(小开本,32页)、一本36页的评论小册子以及一本原理大纲。1901年6月,《手》编辑部由于资金困难而停止出版工作。

在杂志停刊的这段时间成立了一个组织,该组织现在的6名成员建立了"欧洲亚美尼亚人社会民主党"。最近在保加利亚又成立了一个名为"保加利亚亚美尼亚人社会民主党"的组织,同样是6名成员。尽管诸多困难和种种障碍阻碍着组织的建立,现在类似组织仍在高加索、美国或土耳其亚美尼亚建立。

在1903年9月27日举行的会议上,第一个组织决定重新开展中断的工作,并且着手出版一个名为《工人》的新机关刊物。杂志第一期于1903年底出版,是一本64页的小册子。

亚美尼亚社会民主党的目标是:发展自己的机关刊物,出版报刊和亚美尼亚语社会主义文献;把科学社会主义运用于亚美尼亚的实际生活中,并举行针对社会、经济问题的示威游行;明确在不同国家生活的所有亚美尼亚人的阶级利益和历史任务。此外,它的目标是在每个国家都建立组织,推动它们采取主动行动,在自己内部开展教育,并把本国的亚美尼亚无产阶级组织起来。每个组织都建立自己坚定的政党，同时与全国和其他国家的政党成立一个共同的、唯一的社会主义政党。亚美尼亚社会民主党清楚自己现在与其他组织——无论是高加索、土耳其亚美尼亚还是其他地方的组织——都没有任何组织上的联系的。

最后，由于身处各国的情况不同的亚美尼亚裔无产阶级和亚美尼亚的无产阶级处于不同的历史处境，我们没有在所有国家只建立一个亚美尼亚社会党，也没有只用一个同样的纲领，更不是只有一个同样的领导委员会，这就是为什么我们没有在各国建立一个独立的亚美尼亚社会党的原因。但另一方面，我们也认为无法在每个国家都建立政党。例如在俄罗斯，只有一个无产阶级政党在那里占据主导地位。其他民族的无产阶级加入了这个政党，它并不是以共同体或者代表的身份存在，而是以特殊个体的身份存在，因此被称为俄国社会民主工党（我们不知道为什么叫"俄国社会民主工党"）的组织是一个处于专制主义制度下的组织，它对国际无产阶级的团结和党的集中组织作出了错误的诠释。这种形式的组织无疑是所有无产阶级的坟墓，对其他民族的无产阶级的危害更是双重的。

相反，亚美尼亚无产阶级同其他民族的无产阶级一样，应该在每个国家都有它自己的组织，有省或地区委员会，有总委员会，有自己的检查委员会和出版委员会，有代表大会和代表，对内部问题有自治的权利；此外，这种组织作为司令部和决策部门，与其他民族的无产阶级在组织上保持联系，共同建立全国的社会党。它必须服从由大家制定的总纲领和领导委员会，并在领导委员会中有自己的代表。因此在俄国应该建立真正的俄国社会民主工党。这是唯一能保证亚美尼亚无产阶级不受束缚发展的方法，这是唯一能用亚美尼亚语宣传社会主义的方法，因为只有这样，我们才能在实践中有效地与资本主义和民族主义倾向对抗。

通过这种方法，我们能更好地在党内开展工作，并发展报刊和社会主义文献。这也是激发亚美尼亚无产阶级宣传员、理论家和组织人员不同能力和天赋的唯一方法。只有这样的组织才是合理的，它符合政党发展的所有要求和现实的需要；它激励所有民族的人民，特别是俄国人民以社会自由发展的名义来反对合并的企图和专制政府强制实行的俄罗斯化。

很明显，各国亚美尼亚人居住中心的无产阶级是亚美尼亚社会主义政党的基础。在土耳其亚美尼亚，佃农组成了农民无产阶级，他们和数百名工人分散在不同的地方。在美国，亚美尼亚无产阶级由3万名产业无产阶级组成；在埃及、保加利亚、罗马尼亚同样有许多亚美尼亚工人。在高加索山脉，亚美尼亚无产阶级在不断发展壮大，英勇地与可恨的、成千上万人深受其害的专制主义制度作斗争。每个国家的亚美尼亚无产阶级都应该建立一个反对资产阶级政党、国家和资本主义秩序的党，它应该以社会主义的名义制定处于这种环境下的无产阶级的政治和经济要求，它的唯一目标是以民主政治的方式把资本主义私有制、生产方式和交换方式改造为集体所有制。为了实现这个目标，就需要反对这个国家和这个国家的资产阶级。实现无产阶级的要求，不是通过"阶级合作"的方法，而是始终站在资产阶级的对立面，最终夺取政权，进行改革和实行无产阶级专政，这是实现社会主义制度的唯一方法。我们实行民族自决，特别是提出建立"高加索联邦"作为无产阶级的政治要求。无产阶级对于把时间和精力花在资产阶级的民族自决上没有任何兴趣，因为这只是一个空想。

随着无产阶级要求的逐步实现（特别是通过普选权实现），亚美尼亚无产阶级与其他民族无产阶级团结在一起，同所有对其政治、经济和文化上的自治所不可或缺的力量团结在一起。在未来，人们将根据生产需要将俄罗斯划分为不同的经济区。对于土耳其亚美尼亚，我们以同样的纲领为指导。土耳其亚美尼亚社会党不应该像亚美尼亚革命党那样发起社会暴动。它的任务是用它自己的无产阶级力量发动阶级斗争反对资产阶级和政府,以实现它的政治和经济改革纲领,这个纲领在我们于1900年提交的报告中早已提到。

我们的组织忠于科学社会主义,把其原则应用于亚美尼亚现实,建立形式与其他政党不同的组织。由于土耳其的苏丹制度、俄罗斯的沙皇统治以及沟通上的困难,我们的进展十分缓慢,但我们坚信会有一个美好的未来。

国际社会主义万岁!

《工人》编辑部代表

E. 帕里安

1903年12月10日于日内瓦

卢森堡大公国的工人运动和社会主义运动

从经济角度看,卢森堡大公国分为两个部分:一部分是超过领土十分之九的农业区,另一部分是由一条一公里宽、最多两公里长的狭长地带构成的工业区。它位于国界线西南角,即埃施区西南角。

但如果不停留在政治上的国界线上,我们就能看到这条狭长地带是从德国洛林的摩泽尔河一直延伸到比利时阿蒂斯边界的条状地带的一部分。这一地带长为25—30公里,最宽为5—8公里。

在这块面积为150—200平方公里的土地上聚集了全世界最重要的工业。

我们在那里能看到阿阳日、罗姆巴赫、欧梅斯、奥唐日、欧丹、黑当日和其他德国洛林的工厂,看到迪德朗日、吕姆朗日、阿尔泽特河畔埃施、迪弗当日、大公国的罗当日、威尔普特、侯塞尼、蒙圣·马丁和其他法国隆维的工厂,最后还能看到阿蒂斯、阿朗西的比利时工厂。在这些工厂旁边有无数地下或露天矿藏在开采。

在这块狭长的土地上到底有多少名工人呢?这是无法统计的。根据最近的不完全统计,1899年在大公国埃施区共有12600名工人;1900年为15800名;在1901年年初,只有11000名;到1901年年底,又增长到13165名。

因此,我们可以说在人数最多的中心地段,仅仅在冶金业就有超过10万名工人。

而数量众多的工人——我们应该遗憾地承认——几乎都没有工会

组织。

用最严格的术语来说,他们都是典型的无产阶级。

虽然他们中有一些人有小房子,有一小块地,有小花园,但确切地说,他们大多数人确实是无产阶级的组成者。

为什么这些工人没有建立组织呢?

原因在于他们生活的环境。

首先,使他们分割开来的政治上的国界线使他们在政治和经济方面都不能较好地相互理解。

工人们来自不同的国家,并不是每个工人都在自己国家的工厂里工作。比如说,在德国的工厂并不是只雇用德国人,卢森堡的工厂也不是只雇用卢森堡人,因此不同国家的工人在不同的工厂里相遇。

德国、法国、比利时、卢森堡和意大利这四个国家提供了鱼龙混杂的劳动者,他们在同样的工厂、同样的加工台相遇,一起工作劳碌,但完全孤立地生活。法国人和德国人一起工作,这两个国家的人又和意大利人、卢森堡人一起工作,等等。

但他们生活在一起更像是敌人,而不是一起工作竞争的同伴。通常本地人和外来者之间有明显的敌意。在同样受奴役的两个群体间,经常有无声的、残酷的战争。

挤得像鲱鱼一样、仇恨黑奴贩子的奴隶,把行走在西伯利亚的一群被束缚的奴隶当做残酷的敌人。

最近,我们可以看到人们在大公国和洛林的冶金业中组织工会,以保卫工人的利益。但是想要捍卫主要利益的工人又是孤立的。

如果分析一下埃施区工人的构成,我们就能解释这种令人忧伤的现象。

如前所述,1902 年有 13165 名工人在冶金业工作。这些人是这样组成的:6996 名卢森堡人,514 名法国人,770 名比利时人,2262 名德国人，3382名意大利人和141名其他国家的工人。

由此我们可以得知，在洛林、威尔普特和阿蒂斯的工厂里，情况也大致如此。

这样的组成形式给出了谜语的关键。不同的国家间难以逾越的问题使人们不可能建立统一的组织。

但是我们自问：与这些被不同国家、不同政体分割的工人建立的组织相比，国际社会党是不是能更好、更有效地解决问题呢？五个国家，几乎整个欧洲大陆的工人都对无产阶级组织很感兴趣，但到现在他们几乎什么都没有做。虽然有一些组织的雏形，但可以说需要做的工作还有很多。

我们已经看到在大公国的矿区有几名意大利的宣传员，其中包括议员摩尔加里召开的一些会议；然而宣传并没有得到继续。

但国际社会党能够找到一种更好的办法来解决这种重大的分歧吗？卡尔·马克思说过："**全世界无产者，联合起来！**"是的，我们相信国际社会党会很高兴地——以正确的方式——发出支持国际博爱愿望的或多或少柏拉图式的誓言，国际社会党会拥有全世界最广阔、最富饶的空间。

任务是艰巨的，或许还是徒劳的，但为了吸引那些等待着国际社会党和世界新生以及劳动者解放的人们，我们还是要努力去完成它。

这就是为什么我们把这个重要的问题交给了社会党国际局，希望它予以重视的原因。

* * *

最近，确切地说是1902年第一个社会民主主义协会在卢森堡市成立的时候，卢森堡大公国的社会主义工人运动才开始出现。

第一个著名的社会主义议员于1896年进入众议院。自1902年大选以来，社会党党团共有5名议员。

十多年来，社会问题在大公国提上了日程。人们于1876年立法解决女工和童工问题，1895年通过反对实物工资制的法令，还制定了一项禁止扣押工资的法律，但都收效甚微。

1898年，议会对反对侵犯劳动自由（法国和比利时刑法第310条）的法律进行表决。这项法律是比利时版本的复制，但至今还没有获得实施，我们可以预见它将变成一纸空文。

最重要的社会立法于1902年通过。这一年投票通过了针对工人生病问题的强制保险法（1901年7月31日），还通过了针对意外事故的强制保险法（1902年4月5日）。它们照搬了德国同样的法律。唯一的大改变是引入资本化制度（奥地利的制度），取代分摊制度（德国的制度）。第一项法律于1902年12月1日生效，第二项于1903年4月1日生效。

显然我们还不能判断这两项法律的成效，但结果似乎很令人满意。现在，养老保险和伤残保险问题被提上了日程。教会发言人歌颂这条依赖国家的比利时法律。这种体制就像我们所想的那样，得到我们的朋友的支持。

在政治问题上，我们的社会主义议员同在其他问题上一样发挥了十分积极的作用。他们在其他议员的协助下，已经成功降低了宪法规定的选民普查界限，而且他们再次提出了议员的讨论报告免费寄给所有选举人等提案。

近来工人们采取重大行动来影响立法机关，特别是开展了争取普选权的声势浩大的运动。

第一个社会主义协会于1902年1月26日在卢森堡市成立。现在一共有393个会员。每月最后一个星期天举行一次大会。最近协会有了一个适合的活动场所。

这两年成立的社会主义协会有：阿尔泽特河畔埃施社会主义协会，于1903年6月7日成立，有300名会员；西弗朗日社会主义协会，于1902年9月19日成立，有106名会员；贝当日社会主义协会，于1902年6月21日成立，有66名会员；佩唐日社会主义协会，于1902年6月14日成立，有80名会员；罗当日社会主义协会，于1902年6月14日成立，有40名会员；贝勒沃社会主义协会，于1903年10月18日成立，有47名会员。

所有的协会都致力于政治宣传。

近来，工会运动在卢森堡市兴起，现有工会如下：矿工工会，于1903年7月19日成立，有51名会员；木工工会，于1903年7月19日成立，有37名会员；建筑工人工会，于1903年7月19日成立，有60名会员；还有鞋匠工会，于1903年3月22日成立，有15名会员。

最后，恰好在一年前，第一个合作组织在阿尔泽特河畔埃施成立。它包括一个人民之家，里面有会议厅、餐厅、配有极好的和面机和烤炉的面包店，还有一个印刷厂。

卢森堡市的手套制作工人——共150人——加入了国际手套制作工人组织。

卢森堡大公国的社会民主党于1896年成立。它有一个每星期发行1800份的周报。

在议会有5名社会主义议员在埃施区当选，他们是：布拉瑟尔、迪德里克、梅茨勒、思博和韦尔特。

最后，随社会主义纲领的制定和党章的通过，社会党于今年最终成立。

代表卢森堡社会民主党办公室

书记　雅克·蒂尔曼斯　　主席　韦尔特博士

匈牙利社会民主党

请原谅我们未能及时给您回复,由于为了普选而举行的众多重要罢工和斗争使我们的工作骤增,所以未能及时给您回复。另外,对于您提出的很多问题,从前我们也都给出过答案。

匈牙利社会民主主义组织与其他文明国家的组织有很大不同:没有全国性的、集中的政治组织,经济组织也只是近几年才得以发展。只是近几个月以来,才允许建立全国性经济组织——然而并不是所有工会都得到许可。

投票权只限于纳税极高(21克朗直接税)的公民,因此绝大部分工人没有投票权;甚至很多小业主都被剥夺了这项权利。匈牙利1900万居民中只有90万居民是选民,比例为4.6%。

政治联合组织的建立受到禁止,因此我们无法统计出党员的具体人数。我们只能给出工会中工人的大概人数,因为不幸的是,只有50%的工会给我们寄回了统计表。

我们很少向您寄送问卷,因为对于您来说,可能无法根据这些情报形成对运动较为清晰的印象。因此,我们倾向于对运动的现有情况作一个大致的介绍。

第一个协会即印刷工人教育协会于1867年成立。一部分会员支持舒尔采-德里奇思想,而另一部则支持拉萨尔思想。

1867年,这两种思想的支持者分别建立了两个协会。支持舒尔采-德里奇思想的协会维持不久就解散了。

1869年3月，民主派第一次大会召开。1870年4月8日出版了第一期日报，名为《工人日报》。

1880年5月16日举行了第一次党代会。大会上通过的纲领直到1890年才正式成为党的纲领。

1890年，统一的社会民主主义运动开始。运动渐渐有意识地向原定目标发展。直到今年，政府采取了许多残酷手段来镇压革命运动。许多党员都受到长时间的关押。但是为了实现社会主义，他们一刻也没有停止斗争。不过斗争的成效却并不明显，并且对经济发展造成了一定的障碍。匈牙利工人阶级热情地接受了1889年在巴黎举行的国际代表大会提出的五一举行国际性庆祝活动的决议，3万名工人参加了党组织的大规模示威活动。

党的第二次代表大会于1890年举行，采纳了《海恩费尔德纲领》（奥地利）。按照1902年举行的第九次代表大会的决议，我们设立了一个委员会来负责新纲领的制定。

有机的政治运动和经济运动是从1890年开始发展的。

* * *

如上所述，党的成立日期定于1869年。由于缺少政治组织（成立这样的组织受到禁止），我们无法向您提供党员的总人数。

党的收入如下：

1891年：2450克朗54赫勒

1892年：4467克朗26赫勒

1893年：12897克朗12赫勒

1894年4月25日至1896年5月24日：55809克朗76赫勒

1896年5月24日至1897年5月15日：23475克朗34赫勒

1897年5月15日至1899年3月15日：82616克朗68赫勒

1900年4月1日至1901年5月15日：50697克朗23赫勒

1901年5月15日至1902年3月15日：43914克朗24赫勒

党组织开支与收入始终保持平衡，以致对于运动和党组织而言，不存在任何结余。

党的报纸《人民言论》（Népszava）① 每周出版3期，共计11000份。德文版《人民言论》（Volksstimme）每周四出版，共3000份。

到1903年1月1日，我们可能会把《人民言论》（Népszava）改为日报。

除了这两个刊物，我们还以匈牙利文出版了如下刊物：

《工人》，2000份。

《格罗里工人报》，1200份。

《松博特海伊工人报》每月出版一期，发行量达到1500份。

以德文出版了如下刊物：

《西匈牙利人民言论报》，1500份，每周出版一期。

《人民意志报》，2000份，每周出版一期。

由于较高的纳税标准，党组织无法完全介入竞选。在最近举行的选举中，我们在20个省获得了800票。我们在市镇的支持率很高，在41个市镇拥有217位议员，尽管这些市镇完全没有自治权。

关于被监禁者的具体人数及罚款数目，我们只有1897年以来的数据。在这段时间，我们很多党员都遭到逮捕。1897年5月25日至1899年4月14日，109名党员被强行逮捕；51名工人由于参加运动而遭到**杀害**；114名工人受伤。270名党员被抄家，295名工人被**监禁**，285名工人遭到**流放**，34名工人狱中受到了暴力对待。**拘留**时间总计为47645

---

① 即匈牙利文版《人民言论》。——编者注

天。监禁时间总计达 14120 天。在国家监狱中服刑的时间长达 3320 天。总计 65085 天，即 178 年零 115 天。罚款总数达 34624 克朗。28 个团体遭到取缔。29 个章程未获批准。

党代会举行的时间和地点如下：

1880 年 5 月 16—17 日	布达佩斯
1890 年 12 月 7—8 日	布达佩斯
1893 年 1 月 6—7 日	布达佩斯
1894 年 5 月 13—15 日	布达佩斯
1896 年 5 月 24—25 日	布达佩斯
1897 年 6 月 6—7 日	布达佩斯
1898 年 4 月 15—16 日	布达佩斯
1901 年 5 月 26—27 日	布达佩斯
1902 年 3 月 30—31 日	布达佩斯

我们已经寄出了党组织的刊物：小册子、书、章程、记录，等等。但由于这些刊物是以匈牙利语出版的，所以同志们也许不能看懂。

工会运动

在 1889 年，有 7 个团体。第一次工会代表大会于 1889 年 5 月 21—22 日举行。根据 1899 年的有关数据，当年共有 126 个团体，23603 名会员。现在，在首都共有 44 个团体，在外省共有 147 个团体。由于我们目前正在收集数据调查问卷，所以暂时无法获得这些团体总收入的数据。

工会出版的刊物如下：

《木材工人》，每月 2 期，1500 册。
《泥水匠》，每月 1 期，1500 册。
《石匠》，每月 1 期，600 册。
《装订工人》，每月 2 期，1000 册。
《店员》，每月 1 期，1600 册。
《缝纫工人》，每月 1 期，1600 册。
《钢铁和冶金工人》，每月 2 期，2800 册。
《平版印刷工人》，每周 1 期，3400 册。

* * *

匈牙利社会主义运动始于 1869 年。匈牙利社会民主党成立于 1880 年 5 月 16 日。党的代表大会于如下日期在布达佩斯举行：1880 年 5 月 16—17 日，1890 年 12 月 7—8 日，1893 年 1 月 6—8 日，1894 年 5 月 13—15 日，1896 年 5 月 24—25 日，1897 年 6 月 6—7 日，1899 年 4 月 15—16 日，1901 年 5 月 26—27 日，1902 年 3 月 30—31 日。在 1902 年，有一份报纸每周出版 3 期，每周发行量达到 3300 份；有 6 种期刊，其中 3 种以德文出版，每年发行量达到 506200 册。工会期刊数量达到 8 种。在 1901 年大选中，党获得了人们投给社会主义者的 800 张选票，在 41 个市镇中有 217 名议员。1899 年工会为 126 个，1902 年达到 191 个。1899 年共计有 23603 名工会会员。——**书记处**[①]注

[①] 即社会党国际局书记处，下同。——编者注

芬兰社会民主党

(1900—1902年)

芬兰社会民主党由赞同党的纲领并履行相应义务的协会、工会和联合会组成。党员只是某个协会的会员,而不以私人身份加入党。党的协会要给管理机关交纳党费,每名会员每年60芬尼。管理机关设立在奥布①,由7名经常举行会议的执行委员会委员和其他12名地方委员构成。这些委员每年至少要举行一次会议。在此期间关于党的领导和策略的问题可以提交联合协会审议。社会民主党代表大会每两年召开一次。上面提到的协会每一百名会员选出一个代表参加。

党于1899年在奥布举行的工人协会代表大会上成立,当时称为"芬兰工党"。随后我们以《爱尔福特纲领》为基础制定了一个特别纲领。接着我们分别于1901年7月17—20日在维堡、1903年8月17—20日在福尔萨举行了代表大会,并在此期间制定出新的、完整的社会民主党纲领。党被命名为芬兰社会民主党。1900年底,党拥有25个工人协会和7054名党员;在1901年底,拥有30个协会和7100名党员。这个年轻的党不断成长,在1902年拥有41个协会和8251名党员。现在,党共有60个协会和1万多名党员。所有重要协会都加入了社会民主党。

我们党的力量与上述数字并不相符,因为在整个国家有太多的人由于找不到协会或其他原因未加入任何组织,但那些已经准备好在关键时

---

① 即图尔库。——编者注

刻采取行动的人已经加入了党。

大量发行的报纸和小册子证实了上述看法。赫尔辛基《工人报》每周出版6期，发行量达1万份；奥布《芬兰西部工人报》每周出版3期，发行量达4000份；法默福斯《人民报》每周出版3期，发行量达4000份；赫尔辛基《晚报》和瑞典语的《工人报》每周出版1期，《晚报》发行量达2000份，而《工人报》达到1500份。为庆祝五一，我们出版了《春天》画报，发行量达到5000份，而《新时代的门槛》有96页，并且发行量达到8000份；《前卫》于圣诞节出版，发行量达到9000份。其他机关刊物编辑部每年都出版一些小册子和一些国外社会主义文献的译著。

至于社会主义鼓动，党给鼓动员支付工资，在夏天根据情况雇用五六名同志。最重要的协会会把演讲员派到乡村。在一个人口稀少（每平方公里7人）、天气寒冷的国家进行演讲是很困难的。集会自由并不真实。由于缺乏演讲员，党每年都会组织理论和实践相结合的特别演讲课程，在圣诞节前夕举办；这个课程持续3—4周。课程常常由来自各方的人参加，它按以下内容开展：社会主义史，各国劳工保护立法，工会运动和合作运动，对实践与党的纲领的详细解释。这些课程将给芬兰社会民主主义书刊的发展带来可喜的成果。

在5月1日，社会民主党在白天组织了一次示威游行，在晚上举行了大会。

* * *

芬兰的等级代表制度是有很多问题的。这些等级每5年召开一次会议，并且每次会议的时间不能超过4个月。他们代表了民众的4个阶级：贵族由每个贵族家庭代表组成；神职人员包括32名主教和神父，还有5—10名高级和中级神父代表；资产阶级作为城市的代表，是一个有财产的享乐阶级；最后是地主阶级。大多数问题都由这四个等级在议会中以三比一的票数决定。当出现二比二的情况时，提案被驳回。在这样的情况下，我们自然而然要谈到无产阶级代表。唯一与工人阶级有关的等级是资产阶级，但在这个等级中，工人阶级的选举权被剥夺了。工人或许是长工，或许是临时工，他们都不停工作，为资产阶级服务。农业工人也完全没有选举权。但这还不是最糟糕的。如果有人每年纳税400—800马克，那么根据以财产为基础的选举资格，他的选票可以多达25票。市镇有权降低资产阶级的投票资格限制，而社会民主党带头试图在选举全国议会时实施。现在只有两个城市降低了投票资格限制，但政府还没有批准这个决议。如果决议得到批准，社会民主党就能有2到3名议员。在一些城市，议员选举的投票资格降低到了10马克，但工人阶级并没有从中获利，因为资产阶级一人就有8—10票。

工人阶级几乎不可能参与市政管理，因为选举市镇议员要求每年纳税400—800马克，才可以获得25票的投票资格。近来，社会民主党竭尽全力反对这种主要针对底层阶级的明显的不公正现象，举行了多次会议，并出版了许多小册子（有一本发行量超过了4万册）。

为了改变这种状况，社会民主党给政府呈交了许多请愿书。

这项斗争耗费了我们这个年青的党的许多精力和时间。资产阶级只提议采用类似比利时那样的选举投票机制。社会民主党会尽最大努力来争取平等的普选权，废除四个等级的代表制度。

* * *

芬兰工人阶级现在还没有任何专门的组织。整个国家一共有160个工会；有一些已组成全国性的联合会，例如印刷工人和钢铁冶金工人协会；然而，他们缺少联合管理机构。

在这样一个部门建立之前，社会民主党的管理机构只能限于管理工会事宜，特别是因老板威胁要开除试图团结在一起的工人而引起的大量频繁的罢工。

社会民主党的新纲领在福尔萨代表大会上得以制定。除了不能在芬兰公开的那些原则，纲领同其他国家社会民主党的纲领一样要求选举权、代表权、自由集会权、表达权和出版权等。我们要求社会责任和义务教育，要求宗教信仰自由，要求废除所有间接税和个人税，还要求提供免费的司法机构。纲领还包括许多劳动保护立法（这种立法在芬兰几乎没有任何进展）的做法，并加入了一个专门的市镇纲领和农村经济纲领。农村经济纲领中最重要的要求就是："土地由国家或集体所有（芬兰政府在全国 3600 万公顷的土地中拥有几乎 1400 万公顷的土地），既不能买卖也不能转让，而应用于耕种。如果非要买卖，就由国家出价赎回，原则上转让给合作社。"

就芬兰社会民主党目前所处的严峻形势来看，在去年它已经迅速取得了巨大的成就。党遇到越来越多的困难和障碍，但它同时也使下层群众越来越强大。社会主义运动在远离西方生活的苦难的人民中立住了脚。它再也不会离开。

芬兰社会民主党行政管理机关
书记　J. K. 卡里

* * *

芬兰工党于 1890 年 7 月 17 日成立。该党两次代表大会分别于 1899 年 7 月 17 日和 1901 年 7 月 17 日在图尔库（奥布）举行。

1899年，工党有13个团体，4000名党员；1900年，有25个团体，7054名党员；而到1901年，有29个团体，5488名党员。它在芬兰拥有4名市镇议员。

1902年，工党开始出版机关报，发行量达每天7000份，而3种期刊的发行量达每年350万册。它还有3种行业报。工人工会数量从1899年的14个增加到1902年的63个，并有9000名会员。——**书记处**注

芬兰社会民主党所属协会相关数据表

（1902年）

	会员人数			会费		报纸和刊物（阅览室）		图书馆		财政状况（马克）			利润（马克）	代表大会				群众娱乐及远足	工会	市镇补贴	私营代表	独立机构	医疗基金	合唱团	管弦乐队	辩论协会	手工业协会	储蓄金	体育协会		
	男	女	总数	男	女	本地人	外地人	藏书数量	价值	收入	支出	利润		协会	管理机关	工人组织	晚会	博彩													
此列显示党组织各个行业协会、政治组织及其他团体的名称。我们未收到其译文。	40	6	46	1:–	–:50	—	—	—	—	162	109	53	—	9	6	—	4	—	—	—	13	—	—	—	—	—	—	—	—	—	—
	86	11	97	1:–	1:–	7	1	554	1555	4313	3491	822	246	13	30	4	15	1	1	1	200	—	1	1	—	—	1	—	—	—	—
	59	24	83	2:–	3:–	11	1	280	400	1509	1588	–79	4849	14	22	1	27	—	—	1	—	—	—	—	—	—	—	—	—	—	—
	29	13	42	3:–	1	1	?	22	740	735	5	185	10	12	—	24	—	—	—	—	—	—	—	—	1	1	—	—	—	—	
	60	—	60	3:–	–:–	—	—	—	?	?	4442	44	9	2	19	1	—	—	100	—	—	—	—	—	—	—	—	4	—		
	—	—	—	–:–	–:–	—	—	—	—	—	—	—	—	—	—	—	—	—	—	—	—	—	—	1	—	—	—	—	—	—	
	855	238	1093	6:–	–:–	24	3	2165	3000	22590	18841	3749	57744	14	26	2	39	—	1	20	271	1	—	1	—	—	—	—	—	—	—
	151	—	151	6:–	–:–	—	5	110	2283	1917	366	3355	15	17	—	6	—	—	1	—	—	—	—	—	—	—	—	—	—	—	
	219	39	258	3:–	–:–	10	1	18	25	6224	4809	1415	1080	15	31	1	45	—	2	—	64	1	—	—	—	—	—	—	—	—	—
	25	4	29	–:25	–:25	2	—	—	—	251	203	48	4	5	—	4	—	—	—	—	—	—	—	—	—	—	—	—	—	—	
	30	3	39	1:–	–:50	—	—	—	—	107	107	—	1700	13	5	—	2	1	—	—	—	—	—	—	—	—	—	1	—	—	
	142	90	230	3:–	3:–	16	—	470	3373	671	1099	–428	3690	10	13	—	2	—	—	8	—	—	—	—	1	1	1	—	—	—	
	27	3	30	3:25	3:25	1	—	25	60	328	123	205	425	12	17	2	6	—	—	—	10	1	—	—	—	—	—	—	—	—	—
	214	63	277	3:–	–:–	—	—	—	—	1766	1451	312	?	21	16	—	11	—	1	—	—	—	—	—	—	—	—	—	—	—	
	101	35	136	1:–	1:50	7	—	—	—	5134	5014	120	814	5	6	—	4	—	—	—	469	1	—	1	1	—	1	2	2	—	—

（续表）

会员人数			会费		报纸和刊物（阅览室）	图书馆			财政状况（马克）			利润（马克）	代表大会					群众娱乐及远足	工会	市镇补贴	私营代表	独立机构	医疗基金	合唱团	管弦乐队	辩论协会	手工业协会	储蓄金	体育协会	
男	女	总数	男	女	本地人 外地人	藏书数量	价值	收入	支出	利润	协会	管理机关	工人组织	晚会	博彩															
59	7	66	1:—	1:—	2	—	—	1976	1436	540	500	8	11	1	6	1	1	4	1000	—	1	1	1	—	1	—	—			
85	40	125	3:—	3:—	1	20	40	530	325	205	355	12	11	3	4		1			6	1			2	1	1	2			
56	4	60	3:—	3:—				757	559	198	20	16	8		3					15										
60	20	80	1:—	1:—				1604	1664		1500	17	?		18		1													
10	—	10	?	?				83	10	73	50	3	1																	
87	31	118	1:50		3	134	280	3163	5671	2508	485	14	16		29		7			407			1							
120	20	142	3:—	1:50	9	2	655	1500	3670	1472	2198	2477	17	26	3	13	1	3	7		10	1	2	1	1		1			
?	?	287	1:50	1:50		—	241	396	?	?	?	?			8						1	1	1	1	1	1				
107	20	127	2:—	2:—		38	75	?	?	?	?	14	22	2	5		3	9		75										
149	49	198	1:—	-:50		86	156	884	791	93	1478	10	10	3	5		1				1				1					
88	12	100	3:—	3:—				804	690	114	325	6	8	3	5															
72	39	11	1:—	-:50	5	74	100	1440	1350	90	2089	11	18		56					71					1					
245	55	300	2:—	1:—	23	1	1782	5000	2929	2118	811	2790	12	12	10	4		2	9	300		1	1			1	1			
59	4	133	1:—	-:50	8		143	188	9225	8972	253	7496	15	29		9	1			100	100	1	1		1	1	2	0		
160	—	160	3:—					1076	505	571	798	18	12		5															
37	20	57	4:—	2:—	3			1272	601	671	250	34	1		5															
60	20	80	1:80	1:20	3	67	302	675	308	367	1659	15	10		33	1														
370	170	540	6:—	3:—	30	4	1545	3163	4722	14691	278	56783	11	34	3	2	3		12	300										
87	2	89	3:—	-:—				827	619	208	5408	6	7																	
80	20	100	1:—	1	11	194	500	2889	2506	383	800	17	12						3	200		1								
871	247	1118	4:—	2:—	11	590	1305	15691	5616	43	34007	13	15				2	22		913		1	1		1		75			
15	5	20	1:—	1:—	13	38	64	223	207	16		9	5	1	47															
299	57	356	4:—	3:—	24	1	483	1050	6951	6621	330	6610	17	23	1	10	1	6	9	2085			4			1				
?	?	870	3:—	28		566	1800	10263	9446	817	7296	17	27	5	11		1	23	2700	65	2	1	1	1	1					
190	46	242	1:—	-:50				4217	3978	239	2903	18	27	1	4	1		7		1000	1		1			1				
82	9	91	1:—	-:50		50	75	332	300	32	630	9		130						40		1								
5498	1498	1851	-:—	-:—	217	17	10223	34591	164748	152381	13117	28917	141	587	50	555	14	46	150	6985	3529	16	17	18	10	21	16	9	8	18	75	—

此列显示党组织各个行业协会、政治组织及其他团体的名称。我们未收到其译文。

德国社会民主党

德国社会民主党的力量、影响和发展是以它的组织和纪律为基础的,地方组织、邦组织和农村组织凝聚在一起,组成了社会民主党这块有棱角的坚固的磐石。

党总的领导和管理工作都交付给一个由 7 人组成的党的执行委员会。

而对党的执行委员会的领导和管理承担监督责任的是由 9 名委员组成的检查委员会。

这两个委员会——党的执行委员会和检查委员会——都是在每年于 9 月的第三个星期举行的社会民主党代表大会上选举产生的。

所有社会民主党的党员都有权利在代表大会那天向检查委员会上诉对于党的行政、领导、规定和决议的不满。

党组织的集中领导应在它的统一领导中体现出来。

组织集中领导的必要性一直以来都为党员清楚地认识到,并始终放在首位。社会民主党一直努力向代表大会提出各种建议来加强集中,而且这些努力都是出于良好的目的的。

一直到现在,我们都还不可能把德国分散在各地的有组织的拥护者集中在一起。

现在的主要障碍是:禁止政治团体之间建立稳定联系的措施确实已经不复存在,因为这项禁令已经于 1899 年 12 月 7 日在普鲁士废除了。但是,党员的加入和开除都要向警察机关报告的要求几乎是不可能实现的，对此的疏忽又会对许多党员造成经济方面的困难。

这种考虑使许多党员支持1890年在哈雷代表大会上采纳的"受托人"做法，受托人可以独立委任，也可以经当地大会选举产生。

在大城市和工业中心，资本家不得不习惯社会主义的存在，也就是说在那里工人政党和支持社会主义思想，党员负责关于党的选举会议的所有事项。

在这些城市，党员既不害怕警察的权威也不害怕老板的恐吓，由于党员不害怕这两者中任何一方的力量，它们会尽量避免找工人的麻烦，因为一旦向工人找麻烦，他们只会受到嘲笑。

统一的领导和与各地情况相适应的斗争手段，最终像我们之前所说的那样构成了党组织集中的基础。

因此这个组织的特征就是只能在大方向上给地方予指导，而在不那么重要的地方问题上由党员自己解决，这种方式给予地方组织、邦组织和农村组织足够的自由发展空间，实施起来也就更有效，这一切都是在符合党章的规定和组织集中的状态下实行的。

成千上万的工作不可能全都交到党手中，而党也不可能控制所有宣传社会主义的渠道；这些事情应该交给地方组织处理；如果形势要求，地方组织还应尽可能同时开展它们的宣传工作和组织工作。

区组织、邦组织和农村组织就是因此建立的。

在德国社会民主党内既有集中也有分权，它受益于这两者带来的好处，这些相互作用都是因实际需要而产生的，为党内每个党员所熟知。

除了上西里西亚、东普鲁士和萨尔河流域的几个地区，地区选举会议和省级组织的协会是完整的，它们的工作地点延伸到德意志帝国国会整个选区。

党员在各邦成立了邦组织，这些组织很好地反映了集中的特点，但由于上述原因,他们不准备在各地都设立这样的组织。

他们建立了选举会议,每一个都包含一个选区。

所有这些组织都有自己的年度代表大会,这些大会都于全党代表大会之前召开,它们尽可能拟订出提案、希望和要求讨论的事宜,以便提交全党代表大会。

召开这些区一级和农村代表大会也是为了开展鼓动委员会的工作,委员会的任期一直持续到下次代表大会召开。现在一共有 52 个这样的委员会,由于它们代理着党的执行委员会的工作,所以它们现在正在完成的任务是十分重要的。鼓动委员会成为领导党的工作不可或缺的组织,它们简化了党领导的工作,并且与党员存在紧密联系,这使它们能够准确地判断党内的所有事宜,同时又能减少领导的误解。

党的活动和斗争是以组织的壮大和发展为基础的,它们能防止所有意外事件。所有组织成员都完成他们自己的工作;在政治安宁的时候,这些工作仅仅是为了鼓励工人,举行募捐以加强财政。

这清楚地表明了党的集中和分权之间的相互作用。

将必要资金少的选区和那些必要资金多的选区的资金拉平是邦鼓动委员会的首要任务,当自己的资金不够的时候,资金少的选区委员会可以从党的总基金中领取资金。这笔基金受到像德意志帝国国会这样的组织审查。

党的总基金并不用于市政选举或邦议会选举,而是用于地方组织或农村组织。

因此,总基金的收入和支出部分表明了党的财力。党的财政报告表明,党员人数随着党活动支出的增长而不断增长。

党的执行委员会的财政报告列出了 1901 年 8 月 1 日—1902 年 7 月 31 日的财政状况:

| 收入 | 共计 338500 马克 |
| 支出 | 共计 323372 马克 |

随后是 1902 年 8 月 1 日—1903 年 7 月 31 日的情况，在此期间举行了德意志帝国国会大选，数据如下：

| 收入 | 共计 628247 马克 |

可以看出，几乎所有大城市的选区不但自己支付费用，还会资助相邻的选区。鉴于其他选区的花费，总收入仍需提高。

下表列出了去年的总收入和不同项目的支出（见第 108 页）：

1902 年 3 月，为了反对关税，党组织必须把帝国国会内外的所有力量团结在一起。这一斗争的过程非常激烈，对帝国国会的新选举产生了决定性的影响。

这次选举于 1903 年 6 月 16 日举行，6 月 25 日宣布首轮投票结果，无一候选人获得过半数选票。

最后，党获得 58 个席位，这个数字同 1898—1903 年间的数字持平。

党提出的候选人获得 3010472 张选票；1896 年，党提出的候选人获得的选票仅为 2107076 票。因此，我们在这次选举中获得的选票增加了 903396 票。

我们按照不同的邦列出了一张表格，说明了党在这些邦获得的议席的发展情况。

月份	总计	一般鼓动工作	政治行动	税	审判或监禁诉讼费用	帝国国会费用	党领导成员工资及预付款	账户存款	出版税	其他
	马克	马克	马克	马克	马克	马克	马克	马克	马克	马克
1902										
8月	7778.07	1695.00	—	554.88	130.00	525.50	1463.69	3000.00	—	419.90
9月	10024.84	8842.15	—	540.50	—	—	411.00	—	200.00	31.19
10月	40735.10	10802.35	—	1182.00	31.80	4126.00	2482.45	17500.00	4534.25	76.25
11月	27302.82	3151.35	500.00	710.50	116.00	7000.00	1192.07	12000.00	2620.00	12.90
12月	17221.05	4086.00	2200.00	1216.00	327.45	4500.00	1391.10	1000.00	2450.00	50.50
1903										
1月	2876.36	6216.20	1215.20	1613.00	320.00	4500.00	1427.22	—	5530.00	54.74
2月	30175.02	8947.20	—	600.00	136.60	4700.00	1204.42	12000.00	2570.00	16.80
3月	21167.70	4092.10	—	1312.85	170.00	4200.00	1012.00	5046.17	5290.18	44.40
4月	113791.45	8924.65	64652.85	680.00	168.00	3900.00	2175.85	29000.00	4263.00	27.10
5月	122383.85	2826.30	96176.65	5807.25	461.75	—	1335.55	14000.00	1620.00	156.35
6月	106425.22	3924.27	94149.80	515.00	122.50	—	1072.90	6000.00	620.00	20.75
7月	36310.50	4442.00	23163.55	1520.50	140.00	—	1861.40	3500.00	1589.15	102.90
共计	55421188	67949571	28205805	6252482	212410	33451503	17029654	10304617	31286585	101378

选区	1867	1871	1874	1877	1878	1881	1884	1887	1890	1893	1898	1903	议员
普鲁士													
柯尼斯堡	—	303	1365	2066	1108	248	4351	7987	12370	10968	13522	14042	1
选举	—	—	—	—	—	—	6426	10280	13138	13136	—	16569	
复选	—	—	—	—	—	—	—	—	—	11914	—	—	
柏林第二区	—	180	1143	3988	7583	3159	9282	14751	20225	26667	26269	34995	2
选举	—	—	—	—	—	—	—	—	23381	29359	28547	—	
复选	—	—	—	—	7474	—	—	—	—	—	24320	—	

（续表）

选区	1867	1871	1874	1877	1878	1881	1884	1887	1890	1893	1898	1903	议员
柏林第三区	—	—	—	—	2639	—	—	—	—	—	—	—	3
选举	—	519	1607	3991	6914	2452	6344	9088	12287	12732	11411	15124	
复选	—	—	—	6070	—	—	—	10558	12945	14068	12766	—	
柏林第四区	—	—	1533	5765	—	3691	—	—	—	—	—	—	4
选举	—	1104	3860	10769	20224	13573	25386	32064	40709	46356	45293	68758	
复选	—	—	—	—	22020	18979	—	—	—	—	—	—	
柏林第五区	—	—	1041	2032	3615	160	2444	4803	7234	9729	10025	14568	5
选举	—	—	—	—	—	—	—	—	8701	11245	10899	—	
复选	—	—	—	3217	204	1709	2520	—	—	—	—	—	
柏林第六区	—	—	3161	9569	15707	10629	24258	30453	42274	51569	58778	79478	6
选举	—	—	6019	—	—	17378	24465	—	—	—	—	—	
复选	—	—	5149	12751	—	—	20327	26067	—	—	53895	—	
下巴尔尼姆	—	—	2142	2855	2775	935	2893	5680	13362	17044	23017	38364	7
选举	—	—	—	—	—	—	—	—	15411	18710	—	—	
泰尔托-贝斯科	—	—	1453	2608	4763	1265	4543	8668	19169	31424	42699	73854	8
选举	—	—	—	—	—	—	—	—	22839	36330	51967	—	
复选	—	—	—	—	—	—	4515	—	—	—	—	—	
威斯特伐利亚	—	1602	2900	2337	1257	1415	3141	4385	6285	7712	9263	11228	9
选举	—	—	3914	—	—	—	—	—	7051	8951	10542	—	
复选	—	—	—	—	—	—	—	—	6320	7864	9509	—	
选举	—	—	—	—	—	—	—	—	6154	9720	10991	—	
奥得河畔法兰克福	136	259	2511	2335	1325	692	318	2262	6941	9122	9902	12817	10
选举	—	—	—	—	—	—	—	—	10089	11158	11567	14685	
复选	136	—	—	—	—	—	—	—	—	—	—	—	
兰道	—	—	2123	1592	833	159	770	3786	8422	10508	10552	17145	11
选举	—	—	—	—	—	—	—	—	10065	10969	—	—	
复选	—	—	—	—	—	—	—	—	—	11756	—	—	

（续表）

选区	1867	1871	1874	1877	1878	1881	1884	1887	1890	1893	1898	1903	议员
斯德丁市	—	284	2166	2102	914	910	1139	4276	7759	9586	10145	13111	12
选举	—	—	—	—	—	—	—	8468	10772	12590	16637		
复选	—	—	—	—	719	—	—	—	—	—	—		
东布雷斯劳	—	175	1148	4273	6593	5243	6019	7781	10044	12736	12505	14831	13
选举	—	—	—	7826	9771	8455	8808	10069	12766	—	15594	17624	
复选	—	—	—	7815	5415	—	—	—	—	—	—	—	
选举	—	—	—	—	7589	—	—	—	—	—	—	—	
西布雷斯劳	—	134	1814	4347	6412	4955	6221	8032	11511	13507	14820	17545	14
选举	—	—	—	7276	8819	8313	8936	10779	13283	—	—	—	
复选	—	—	—	7439	5184	—	—	7800	—	—	14689	—	
选举	—	—	—	—	7544	—	—	—	9949	—	—	—	
瓦尔登堡	—	—	846	3168	3912	1552	1244	—	6334	11386	11403	16377	15
选举	—	—	—	7476	—	—	—	—	—	12299	13043	—	
复选	—	—	—	—	—	—	—	—	—	—	13166	—	
赖兴巴赫	1668	1689	4633	5829	2892	2987	3783	5831	8556	8668	9647	11619	16
选举	2332	—	—	6657	—	—	—	—	9748	10106	—	—	
马格德堡	—	265	1208	2724	6253	5541	8112	11438	17261	16633	20125	20871	17
选举	—	—	—	6471	—	6931	12301	13465	—	19074	—	24191	
复选	—	—	—	—	4721	—	—	—	18455	—	—	—	
选举	—	—	—	—	7308	—	—	—	—	—	—	—	
卡尔伯	—	227	5069	4475	1016	298	2204	4837	12514	13630	17090	20261	18
选举	—	—	—	—	—	—	—	—	16387	—	18300	—	
复选	—	—	—	—	—	—	—	—	—	—	17929	—	
萨尔河畔哈雷	1908	—	1250	2323	1046	1137	3535	6590	12808	12991	17840	20439	19
选举	—	—	—	—	—	—	—	—	15109	14127	19511	—	
复选	—	—	—	—	—	—	—	—	—	15687	—	—	
魏森费尔斯	—	904	1889	2542	2142	1449	3520	5591	10563	11716	13622	18235	20
选举	—	—	—	—	—	—	—	—	13602	13120	15794	—	

欧洲、美洲和亚洲的社会主义组织和工人组织

(续表)

选区	1867	1871	1874	1877	1878	1881	1884	1887	1890	1893	1898	1903	议员
弗伦斯堡	—	—	1216	954	—	353	920	2711	3890	4073	4016	6316	21
选举	—	—	—	—	—	—	—	—	4994	4525	5451	10082	
复选	—	995	—	—	—	—	2286	—	—	—	—	—	
奥滕森	—	1815	6769	7923	5452	1157	3593	6520	10820	13097	15928	19144	22
选举	—	—	—	8354	6753	—	—	9895	12993	13731	—	—	
复选	—	—	—	—	—	—	—	—	—	12231	—	—	
选举	—	—	—	—	—	—	—	—	—	13814	—	—	
基尔—伦茨堡	—	2891	7303	8610	7160	4725	7851	9599	14443	18119	19419	30836	23
选举	—	—	9539	—	—	—	9166	10576	16264	—	21168	—	
复选	—	—	—	—	—	8830	—	—	—	—	—	—	
阿尔托纳	—	3875	11782	11355	11662	6971	10770	15120	19533	20448	22589	25565	24
选举	—	6062	—	—	13224	9060	—	—	—	—	—	—	
复选	—	—	—	13256	—	—	—	—	—	—	—	—	
选举	—	—	—	12815	—	—	—	—	—	—	—	—	
劳恩堡	—	—	—	1710	374	—	47	967	2077	3272	4056	4148	25
选举	—	—	—	—	—	—	—	—	—	3885	4710	5341	
复选	—	—	—	—	304	—	656	—	—	—	—	—	
汉诺威	—	1986	3853	5604	6588	5515	8839	12210	15789	19538	25045	29381	26
选举	—	—	—	—	6082	5890	12352	16577	18940	22014	—	—	
复选	2387	—	—	—	—	—	—	—	—	—	—	—	
波鸿	—	—	339	1648	840	—	—	1110	8388	19585	22379	39135	27
选举	—	—	—	—	—	—	—	—	—	—	—	50063	
复选	—	—	—	—	—	—	—	—	9770	—	—	—	
多特蒙德	—	—	1227	3563	2057	890	1812	2141	10422	17170	19864	33305	28
选举	—	—	—	—	—	—	—	—	17014	21525	26962	39384	
复选	—	—	812	—	—	696	—	—	—	17182	—	—	
选举	—	—	—	—	—	—	—	—	—	24632	—	—	
美因河畔法兰克福	—	447	2363	3448	4080	4704	7965	8640	12653	13482	20019	20178	29
选举	—	—	—	—	—	8602	12166	12876	18088	17180	—	23581	

（续表）

选区	1867	1871	1874	1877	1878	1881	1884	1887	1890	1893	1898	1903	议员
伦内普	3012	2324	3012	3657	2473	2337	5407	8402	12333	13861	16096	21802	30
选举	7832	—	—	—	—	—	—	—	13091	1500	17934	23469	
复选	2896	—	—	—	—	—	—	—	—	13148	—	—	
选举	4367	—	—	—	—	—	—	—	—	15138	—	—	
埃尔伯费尔德	6111	5605	9606	11435	11325	7949	13031	15655	18473	19005	24145	27056	31
选举	8915	8478	12948	14246	15220	12126	17256	18424	—	22605	—	—	
索林根	756	—	3700	6123	5067	5565	6217	8629	9896	9902	11760	17225	32
选举	—	—	—	10641	7230	9013	8734	10474	—	11761	10240	—	
巴伐利亚慕尼黑	—	812	1486	1672	1997	1970	3462	4563	7624	8097	7733	10178	33
选举	—	—	—	—	—	—	—	—	10430	9738	9804	12102	
两名候选人													
慕尼黑第二选区	—	—	1709	2568	3252	2972	6399	11335	20594	21876	23116	40046	34
选举	—	—	—	—	—	13552	12494	—	—	—	—	—	
施派尔	—	—	752	1708	1679	2912	4822	4052	5993	7433	12008	16567	35
选举	—	—	—	—	—	7259	—	—	8134	15471	14777		
纽伦堡	—	340	5355	10025	10162	9669	12582	14857	17045	18015	22598	28812	36
选举	—	—	—	12090	—	12338	14412	—	—	—	—	—	
复选	—	—	—	—	—	—	—	—	—	20173	22045	—	
萨克森													
齐陶	—	826	1518	1202	1921	2475	1904	1703	4898	5659	7814	11265	37
选举	—	—	—	—	—	—	—	—	—	10344	—	—	
勒包	—	—	—	—	—	—	550	3458	4466	5745	11334		38
选举	—	—	—	—	—	—	—	—	—	9653	—	—	
德累斯顿 r.E.	—	1132	3632	5411	7433	6231	6514	6942	11670	14420	18094	28379	39
选举	—	—	—	—	—	—	—	—	—	15190	21729	—	
东德累斯顿一区	—	1317	3582	6940	9879	9079	8620	9175	13427	15035	17113	21569	40
选举	—	—	6469	10835	11619	10827	11106	10077	—	16189	19647	—	

欧洲、美洲和亚洲的社会主义组织和工人组织   113

（续表）

选区	1867	1871	1874	1877	1878	1881	1884	1887	1890	1893	1898	1903	议员
德累斯顿农村	—	748	3743	3880	5007	3789	6214	7958	12737	15650	22335	33781	41
选举	—	—	—	—	—	—	—	—	—	16943	—	—	
复选	—	—	—	—	—	—	—	—	—	16512	—	—	
迈森	—	—	1957	5241	4008	2677	5132	5247	796	8410	10332	15191	42
选举	—	—	—	—	—	—	—	—	—	8889	11567	—	
复选	—	—	—	—	—	2519	—	—	—	—	—	—	
皮尔纳—塞布尼茨	—	157	1596	715	694	562	2227	17111	3922	7989	10007	15905	43
选举	—	—	—	—	—	—	—	—	—	9728	12607	—	
复选	1509	—	—	—	—	—	—	—	—	—	11571	—	
弗赖堡	—	—	5942	5157	6127	4890	5670	5604	8063	7693	7523	10848	44
选举	—	—	—	6987	8098	7957	—	—	—	8917	—	11835	
复选	4993	—	—	—	—	—	—	—	—	—	—	—	
选举	5615	—	—	—	—	—	—	—	—	—	—	—	
德伯尔恩	—	1230	3300	4504	5028	342	2388	3325	7349	7818	9758	13162	45
选举	—	—	—	—	—	—	—	—	—	9023	10681	—	
复选	—	—	—	—	4344	—	—	—	—	—	11874	—	
奥沙茨	—	—	845	3331	1542	821	2582	3832	2596	7164	5861	10060	46
选举	—	—	—	—	—	—	—	—	—	—	—	11697	
复选	—	—	—	—	—	—	2354	—	—	—	—	—	
莱比锡市	—	2477	3651	5250	5822	6482	9676	10087	12921	11784	11739	16140	47
选举	—	—	—	—	—	9821	—	—	—	14681	14223	14407	19839
复选	—	—	4018	—	—	—	—	—	—	—	—	—	
莱比锡	—	—	4627	9420	11253	10503	15233	19327	30127	33349	38933	54819	48
选举	—	—	7577	—	—	—	—	—	—	—	—	—	
复选	—	—	5676	—	—	—	—	—	—	—	—	—	
博尔纳—佩高	—	823	3844	3868	4954	1083	1945	3355	5747	6341	6640	10403	49
选举	—	—	6319	6824	5938	—	—	—	—	—	—	12698	
复选	—	—	3235	—	—	—	—	—	—	—	—	—	
米特韦达	—	3224	7180	7328	6018	4283	7001	7634	12665	12817	11898	19270	50
选举	—	4017	—	—	8711	7603	—	—	—	—	—	—	
开姆尼茨	5512	3959	10084	12117	9899	10256	14512	15356	24641	23296	24772	34266	51
选举	—	—	—	—	—	14567	—	—	—	—	—	—	
格劳豪	5256	7344	7777	11041	11579	6692	9513	9886	15666	15234	13437	18349	52
选举	—	10470	—	10761	8225	—	—	—	—	—	—	—	

（续表）

选区	1867	1871	1874	1877	1878	1881	1884	1887	1890	1893	1898	1903	议员
茨维考	5416	5875	8941	10971	10135	7327	11590	12913	17424	17971	18362	25335	53
选举	—	—	—	—	—	12546	—	—	—	—	—	—	
施托尔贝格	1918	3981	8141	7256	7906	4653	6065	7106	13264	14385	13730	20096	54
选举	4296	—	—	—	—	—	—	—	—	—	—	—	
复选	—	—	—	—	—	—	8420	—	—	—	—	—	
乔保	—	1959	1982	4928	4725	2149	3029	2768	6181	8144	8999	13616	55
选举	—	—	—	5886	7070	—	—	—	—	—	10262	—	
安娜贝格	—	—	310	800	2437	1072	1547	1476	3486	6918	8394	13273	56
选举	—	—	—	—	—	—	—	—	—	8760	—	—	
奥尔巴赫	—	3477	6515	8164	7011	2154	4064	6802	11301	13212	13154	19106	57
选举	—	—	—	—	7979	—	9041	—	11799	—	—	—	
复选	—	—	—	—	3986	—	—	—	11803	—	—	—	
普劳恩	—	597	2020	4923	3747	—	2312	4954	8257	9277	9744	16406	58
选举	—	—	—	5793	—	—	—	—	10583	12052	13840	—	
复选	—	—	—	—	—	—	—	—	9918	—	—	—	
复选	—	—	—	—	—	—	—	—	12587	—	—	—	
符腾堡													
斯图加特	—	491	2411	4646	4136	4131	3346	4496	10446	13340	17954	22757	59
选举	—	—	—	—	—	—	—	—	13456	15837	—	—	
复选	—	—	3847	—	—	—	—	—	—	—	—	—	
伯布林根	—	—	—	—	—	—	157	155	641	1817	2528	5539	60
选举	—	—	—	—	—	—	—	—	—	—	—	9514	
埃斯林根	—	—	3860	1775	932	1065	2448	1935	2011	3705	6249	10168	61
选举	—	—	—	—	—	—	—	—	—	—	—	12146	
复选	—	—	—	—	—	—	1344	—	—	—	7087	—	
复选	—	—	—	—	—	—	—	—	—	—	11585	—	
格平根	—	—	2683	1150	104	214	738	547	3390	8624	5321	8903	62
选举	—	—	—	—	—	—	—	—	—	—	9503	11533	
巴登													
普福尔茨海姆	—	—	1599	954	—	470	1338	2312	5208	7148	10380	13231	63
选举	—	—	—	—	—	—	—	—	—	9738	12972	14790	
复选	—	—	—	—	489	—	—	—	—	—	—	—	
卡尔斯鲁厄	—	—	627	618	758	1383	3010	2736	5476	5881	9031	11429	64
选举	—	—	—	—	—	—	—	—	—	—	12821	15063	
复选	—	—	—	—	758	—	—	—	—	—	—	—	

（续表）

选区	1867	1871	1874	1877	1878	1881	1884	1887	1890	1893	1898	1903	议员
曼海姆	—	—	1056	1689	2376	2517	4846	5128	8701	10114	15244	20037	65
选举	—	—	—	—	—	—	—	—	14550	13062	19052	23182	
黑森													
达姆施塔特	—	340	1224	2909	2190	1360	4892	4043	6069	5997	9013	14144	66
选举	—	—	—	—	—	7535	—	8817	7521	12471	—		
美因茨	—	—	1348	1884	3264	5983	6496	5526	7910	8965	10064	13027	67
选举	—	—	—	—	—	8149	7880	—	9569	10684	12004	15481	
复选	—	—	—	—	—	5503	—	—	—	7358	—	—	
选举	—	—	—	—	—	8385	—	—	—	10112	—	—	
梅克伦堡													
罗斯托克	—	433	1456	2742	815	380	744	1996	6974	7304	11338	13393	68
选举	—	—	—	—	—	—	—	—	7116	9184	12609	—	
魏玛													
魏玛第一选区	—	—	2731	3383	895	445	1452	1988	5323	6081	8620	10865	69
选举	—	—	—	—	—	—	—	—	—	9791	11114	12826	
复选	—	—	—	—	373	—	—	—	—	5742	—	—	
选举	—	—	—	—	—	—	—	—	—	9440	—	—	
不伦瑞克													
不伦瑞克	—	2022	7747	9212	7870	5703	6764	10659	13621	15470	14657	18945	70
选举	—	—	—	—	—	—	10994	—	15665	—	16981	—	
图林根													
松讷贝格	—	—	1001	4842	809	—	3490	4659	7215	8686	8845	11924	71
选举	—	—	—	—	—	—	—	—	8496	—	—	—	
复选	—	—	—	—	—	3482	—	—	7103	—	—	—	
复选	—	—	—	—	—	4839	—	—	7650	—	—	—	
阿尔滕堡	—	—	3947	4489	3652	968	1976	4078	10393	12429	14143	18695	72
选举	—	—	—	—	1524	—	—	—	—	—	—	—	
科堡—哥达													
哥达	—	—	1436	6154	3513	1558	7440	8765	11205	12362	13235	15327	73
选举	—	—	—	8935	—	—	10754	11033	12769	—	—	—	
施瓦茨堡—鲁道尔施塔特	—	444	—	364	219	—	825	1167	3098	6340	6638	8742	74
选举	—	—	—	—	—	—	—	—	—	7086	7409	—	

（续表）

选区	1867	1871	1874	1877	1878	1881	1884	1887	1890	1893	1898	1903	议员
罗伊斯													
罗伊斯（老系）	—	—	2654	4051	3082	2215	3890	4079	5885	6041	6339	6840	75
选举	—	—	3257	—	—	4711	—	4284	—	—	—	—	
复选	—	—	—	—	—	—	3848	—	—	—	—	—	
罗伊斯（新系）	—	1173	1097	1847	1896	2758	5539	6455	9955	11539	12044	13261	76
选举	—	—	—	—	—	—	6923	—	—	—	—	—	
吕贝克	—	543	2230	2514	1588	877	2432	4254	6394	7389	9729	11155	77
选举	—	—	—	—	—	—	—	5168	7319	7871	—	—	
复选	—	—	—	—	1324	—	—	—	—	—	—	—	
不来梅	—	1506	3135	6760	6304	4616	4880	7743	14843	14572	18636	25076	78
选举	—	—	—	—	—	—	—	16403	—	—	—	—	
汉堡													
汉堡第一选区	1758	1886	4554	8962	10491	7563	12282	14497	17857	16935	18500	22046	79
选举	—	—	6262	—	—	—	—	—	—	—	—	—	
复选	—	1474	—	—	—	9078	—	—	—	16476	—	—	
复选	—	—	—	—	—	11715	—	—	—	—	—	—	
汉堡第二选区	1461	2893	6127	10779	12447	9439	14278	18672	22518	20681	21791	25713	80
选举	—	—	8247	—	—	12315	—	—	—	—	—	—	
复选	—	—	—	—	13155	—	—	—	—	—	—	—	
汉堡第三选区	—	292	3185	6133	6691	6691	10922	17803	26928	32936	41804	52353	81
选举	—	—	—	—	—	—	14644	19324	—	—	—	—	

当选者名单如下：

1. 哈阿兹；2. 费舍，贝尔林；3. 海涅；4. 辛格尔；5. R. 施米特；6. 累德堡；7. 施塔特哈根；8. 祖拜尔；9. 波伊斯；10. 布劳恩；11. 科尔斯腾12；赫伯特；13. 福特劳耶尔；14. 伯恩施坦；15. 萨克塞；16. 屈恩；17. 普凡库赫；18. A. 施米特；19. 库奈特；20. 席勒；21. 马尔克；22. 埃尔姆；23. 列金；24. 弗洛姆；25. 莱歇；26. 麦斯特；27. 胡伊；28. 伯梅尔贝格；29. 施米特，法兰克福；30. 迈斯特；31. 莫尔肯布尔；32. 绍伊尔曼；33. 比尔克；34. 福尔马**；35. 埃尔哈特；36. 休特古姆；37. 费舍，萨克森；38. 辛德曼；39. 卡登；40. 格拉德瑙尔；41. 霍恩；42. 尼茨克；43. 弗莱斯多夫；44. 舒尔采；45. 格律贝格；46. 利平斯基；47. 莫特莱尔；48. 盖耶尔；49. 雪普弗林；50. 戈尔；51. 席佩尔；52. 奥尔；53. 施托尔；54. 戈尔德施泰因；55. 罗斯诺；56. 格伦茨；57. 霍夫曼斯，萨克森；58. 格利希；59. 希尔登布兰德；60. 施佩尔卡；61. 施勒格尔；62. 林德曼；63. 埃希赫恩；64. 盖克；65. 德累斯巴赫；66. 克拉默；67. 大卫；68. 赫茨费尔德；69. 鲍德尔特；70. 布罗斯；71. 赖茨汉斯；72. 布赫瓦尔特；73. 博尔克；74. 霍夫曼，鲁道夫施塔特；75. 福尔斯特；76. 武尔姆；77. 施瓦茨；78. 施马尔费尔特；79. 倍倍尔；80. 迪茨；81. 梅茨格尔。

名字前的序号与上表的序号相同，并表明当选的地区。

萨克森第二十选区的议席因罗斯诺议员的去世而于2月7日空缺，党在3月18日的选举和3月25日的复选中失利。

现在，越来越多的党员参加邦议会选举。

如下选举于1902年10—11月间举行。在奥尔登堡邦议会选举中，党有6名支持者当选，其中3名来自农民党。

在施瓦茨堡—鲁道施塔特，我们获得7个席位，而以前我们只有1个席位。

党员温特在那里被选举为邦议会的副议长。

在萨尔堡的选举中，党员齐茨当选，这次选举给迈宁根邦议会带来了7名我们的议员。由于海尔布隆区的复选，符腾堡邦议会的社会民主党议员从5名增加到6名。

在黑森邦的选举中我们有7名党员当选。为了竞争奥芬巴赫的席位，我们作出了许多努力，但在那里竞选失利；党员奥尔布再次当选；在毕贝尔选区，6名社会民主党候选人凭借70票中的多数票当选。

社会民主党在去年进入了安哈尔特邦议会，有4名党员当选。在不来梅市的选举中有9名党员当选，因此那里的社会民主党议员人数上升到20名。

定于去年12月17日在阿尔萨斯选区举行的选举被取消，但是在上个月即4月20日举行了复选。

现在，社会民主党在各邦议会中获得的席位数如下：巴伐利亚，11席；符腾堡，6席；巴登，5席；黑森，7席；奥尔登堡，6席；萨克森—魏玛，2席；萨克森—阿尔滕堡，3席；阿尔滕堡，4席；萨克森—科堡—哥达，10席；萨克森—迈宁根，7席；利珀—代特莫尔德，3席；罗伊斯（老系），1席；罗伊斯（新系），5席；施瓦茨堡—鲁道施塔特，7席；不来梅，20席；汉堡，13席；阿尔萨斯—洛林，1席。

因此，社会民主党在普鲁士、萨克森、不伦瑞克、绍姆堡、施瓦茨堡—松德斯豪森、瓦尔代克和吕贝克的立法机关中没有代表。

根据代表大会决议，社会民主党参加了普鲁士邦议会于1903年11月12日举行的选举，那里的情形使当选的可能性较大。

现在的投票制度是三个等级的间接选举。这个制度是由俾斯麦确定为最终的选举制度的。

尽管社会民主党在市镇选举中失利，在行业法庭中也没有获胜，但它一直在进步。

我们对手的座右铭是：尽量阻止社会党人建立机构，它们能让工人以秘密和直接的投票权为基础参加选举，这样会给社会党人提供扩大对公共立法机构影响的机会，就像之前针对保险、工人生活和工会的立法那样。这表明我们的对手处于持续的恐慌之中。

我们很满意地看到社会主义刊物的成功和发展，这主要得益于一年前的选举。德国社会民主党有79种机关刊物——还不包括工会的刊物，其中有53种刊物每星期出版6期，7种刊物每星期出版3期，4种刊物每星期出版2期。此外，还有7种周报，3种日报和1种半月刊。这些刊物中有2种讽刺类报纸，2种娱乐报纸，还有1种科学周刊。

党的机关报《前进报》在柏林出版，去年订阅量达到78500份；现在发行量已达到80000份。

党的其他报纸的订阅量也同样在增加。例如，《汉堡回声报》发行量上升到了40000份，《莱比锡人民报》也超过了30000份。党的所有机关刊物的发行量总数上升到了600000份，订阅数量的增加使报纸质量获得显著改善——无论是报纸的编辑还是排版。

少数几家报纸的领导机关拥有印刷厂，报纸一编辑完成即可付印。其他报纸将向这个方向发展。在城市中许多党员都放弃在私人印刷厂中工作，自己成立印刷厂。

去年下列报刊给党交纳了如下款项：

《前进报》	72338马克
《正直的雅科布》	24666马克
《汉堡回声报》	80000马克

此外，《前进报》出版社交纳了22000马克。

多亏党拨出资金援助，党报的建立和发展才成为可能，而现在这笔资金已经在逐渐回收。现在我们机关刊物发展所需要的援助资金比例已经是微不足道的了。

在德国，出版自由、言论自由、集会自由是靠无数社会民主党人不断斗争和牺牲换来的。

1901年8月1日—1902年7月31日，被判刑的总人数，不算那些暂时受到监禁的同志，上升到48人，一般监禁共计8个月，苦刑3年，罚款17659马克。1902年8月1日—1903年7月31日，党员共计被判处14年苦刑、36年零5个月一般监禁，罚款16707马克。

我们只能大致列举已经判决的诉讼案件的情况，可以肯定的是罚金至少是翻倍的。

德国的一些邦允许妇女参加政治组织。像在汉堡和萨克森这样的地方，她们获得了参与政治生活的合法权利。选举会议的女会员在汉堡有1100名，在莱比锡有700名，在德累斯顿有500名，在赖兴巴赫有350名。

在其他禁止妇女参加政治组织的邦，我们在积极寻找解决之道。在这种情况下，我们建立了妇女鼓动组织。该组织同其他妇女组织一样，由"女受托人"领导。现在在这个组织中有60名"女受托人"，其德国社民主党的女领袖在柏林。现任领导人是奥蒂莉·巴德尔小姐，地址为：柏林布吕歇尔大街49号。

从1902年的反海关关税事件到去年的选举，这个妇女组织在所有斗争中都表现得非常出色。

在妇女运动中涌现了许多女演说员，她们不停地参加演讲。我们可以通过增加发行妇女协会的机关刊物《平等报》来提高妇女社会主义运动的重要性，不断扩大影响。1902—1903年，《平等报》每半个月出版1期，发行量达到4000份。在选举期间，该数字达到9500份。订户总数达到1100名左右。为了加强会员的凝聚力，确定总的鼓动原则，妇女组织每两年举行一次代表大会，德国各个地区的议员都会出席这一大会。

因实际需要，妇女代表大会在党的代表大会之前举行，举办地与党代会相同。第一次妇女代表大会于1901年慕尼黑举行，今年将在不来梅召开。

回顾我们之前的革命斗争成果,它激励我们为争取工人政党的胜利、实现社会主义纲领而不断努力,我们相信胜利就在前方。

德国社会民主党执行委员会

德国工会运动

关于德国工会运动我们已经向1896年于伦敦和1900年于巴黎举行的国际社会党代表大会提交过报告。在报告中，我们描述了1868—1899年这些组织的发展情况。反社会党人非常法对工会组织造成了很大的困难和不利影响。1890年这一法令被废除后，我们才得以重建组织。我们指出了不利于工会发展的法律——结社法，它的种种规定限制了工人组织的正常发展。

随后我们写到，在德国不存在所有工会的统一联合会，但是有四个分离的集团，此外还有不属于这些集团的工会。首先我们有支持社会民主党的中央联合会，而党组织始终保持中立。其次是地方协会的联合会。这个联合会不愿意加入中央联合会，因为它认为工会应当采纳社会民主党的纲领。再次是同业公会联合会，它在自由党中坚持自己的政治主张。最后是基督教工会，其大部分会员为天主教徒，在中间党中坚持自己的政治主张。在这四个集团之外，还有一些具有工会特点、但不属于任何组织的协会，它们不能被视为真正的工会组织。

根据我们的叙述，对于重要组织的发展趋势和德国工会形势您应该有了一定认识。在本报告中，我们仅限于对德国工会运动的现状和自1899年起的组织发展作出介绍。

下表表明了上面提到的几个集团的会员人数和1891—1903年间中央联合会的财政状况。它是德国工会中委员会通过普查获得的数据。

欧洲、美洲和亚洲的社会主义组织和工人组织

年份	中央联合会组织	每年平均会员人数 总数	每年平均会员人数 女会员	地方协会	总数	中央联合会账户现金（马克）	希尔施—敦克尔同业公会联合会	基督教徒工会	中立工会	工会会员总数
1891	62	277659	—	10000	287659	425845	61653	—	—	—
1892	56	237094	4355	7640	244734	646415	57797	—	—	—
1893	51	223530	5384	6280	229810	800579	61153	—	—	—
1894	54	246494	5251	5550	252044	1319295	67058	—	—	—
1895	53	259175	6697	10781	269956	1640437	68717	—	—	—
1896	51	329230	15265	5855	335088	2323678	71767	—	—	—
1897	56	412359	14644	6803	419162	2951425	79553	—	—	—
1898	57	493742	13481	17500	511241	4373313	82755	—	—	—
1899	55	580473	19280	15946	596419	5577547	86777	112160	68994	864350
1900	58	680427	22844	9860	690287	7745902	91661	159770	54644	996362
1901	57	677510	23699	9360	686870	8798333	96765	175079	49651	1008365
1902	60	733206	28218	10090	743296	10253559	102851	189900	56595	1092642
1903	63	887698	40666	17577	905275	12973726	110215	192607	68724	1276821

通过这 5 个集团的对比，我们能看出中央联合会在现代工人运动中的重要性。工会日后的斗争将取决于这个组织的发展。

尤其是最近几年取得的重大进步让我们倍感欣慰。自 1893 年以来，工会会员人数从 223530 名增加到 887698 名，这不是指 1903 年年底的会员人数，是指 1903 年一年内的平均人数。1903 年年底，中央联合会共有会员 941529 名。1904 年这一数字还在继续增加。1904 年年中，这些工会的会员人数将突破 100 万。

1891—1903 年，联合会已经花费了 22485938 马克用于各种社会救助和补贴中。联合会在分发给会员的工会刊物上花费了 6375694 马克，在会员教育上投入了 28861.632 马克，在罢工上花费了 17576430 马克，斗争资金从 1893 年的 800579 马克增加到 1903 年的 12973726 马克。

下表显示了自1899年以来一些工会的发展状况，包括1899年工会会员人数、年收入、库存现金。

1899年，加入总委员会的工会拥有580473名会员，年收入7687155马克，库存现金5577547马克。

1903年，会员总人数达887698人，年收入16419991马克，库存现金12973726马克。德国工会取得的这些进步是前所未有的。会员超过100000人的工会有2个，会员为50000—100000人的工会有3个，会员为20000—50000人的工会有7个。

下表中列出了这些组织发动的争取提高工资和改善劳动环境的斗争的状况。表中只提及截至1902年进行的罢工。1903年的数据尚未公布。1903年罢工次数只稍稍低于1902年。今年以来，工会从其资金中拿出4529672马克投入到罢工运动中，远远超过了历年投入的资金。

年份	参与罢工的职业总数	罢工次数	罢工工人人数	罢工时间	总花费（马克）	结果已知的罢工次数	取得胜利的罢工数	
							总数	比例
1890—91	27	226	38536	1348	2094922	226	67	29.7
1892	21	73	3022	507	84638	73	25	34.2
1893	26	116	9356	568	172001	116	51	44.0
1894	27	131	7328	879	354297	129	36	27.8
1895	29	204	14032	1030	424231	194	87	45.0
1896	40	483	128808	1923	3042950	483	232	48.0
1897	37	578	63119	1921	1257298	578	272	47.1
1898	44	985	60162	4848	1345302	763	413	54.1
1899	40	976	100779	3976	2627119	976	524	53.7
1900	45	852	115711	3284	2936030	852	375	44.1
1901	49	727	48522	3283	2515888	727	267	36.8
1902	47	861	55713	3224	2237504	802	350	43.6
总计	432	6212	645088	26791	18892180	5919	2699	47.2

这个表格中引人注意的是，1890—1899 年这 10 年间，共举行了 3772 次罢工，参加人数达 425152 名，总花费 11402758 马克。近 3 年间（1900—1902 年），共举行了 2440 次罢工，参加人数达 219946 名，总花费 7689421 马克。这意味着企业主越来越倾向于动用武力来处理经济纷争。他们拒绝与工人谈判，这直接导致了大罢工的爆发和大公司的同盟歇业。尽管如此，工会还是在不断发展。

工会运动的普遍进步也体现在工会的其他活动，主要是地区独立的中央联合会分会和工人书记处的发展上。

行业联合会以争取单独的地区的工人利益为联合会目标。联合会成员只是工会中央联合会分会的成员。它们不是其会员人数在计算时需要排除在外的特殊组织。

行业联合会的第一个任务就是为外来劳工争取保护和救助，同时督促建立教育机构和阅览室。一些联合会还建立了为工会会员服务的机构，例如在柏林、斯图加特和美因河畔法兰克福。联合会还需要使工人与行业检查员建立联系，使工人能直接自由地与检查员沟通交流，而不是像过去那样由于害怕或其他原因与之缺乏联系。工人可以向检查员反映工作中的各种问题，再由检查员将问题反应给劳动检查部门。这种活动并没有受到所有检查机构的支持。

在德国南部的一些邦，官员很支持这样的活动，并在某些方面对这样的活动采取直接的保护措施。

联合会的目标就是在那些较缺乏组织的工人中推动鼓动工作的展开。如果联合会的活动搞得好，那么它将极大地促进组织的发展。这类机构的发展有助于促进工会的发展。1899 年，德国有 265 个行业联合会；1903 年，有 387 个。

工人书记处的建立是为了给工人提供关于其自身权利问题的相关建议。它主要负责处理工人根据劳动保护法提出的涉及工人工资方面的要求。作为组织机构的书记处要求有雄厚的经济实力。只有大城市的工会具有一定实力，可以设置书记处。其中37个书记处负责以各种合法手段保护劳工权益。

从1903年1月1日起，在柏林建立了中央工人书记处，以保护工人阶级根据法律规定获得合法工资的权利。帝国社会保险办公室是处理工人问题的最高机构，其总部在柏林。通过这些组织，工人自己无法争取到的权利得到了很好的保障，因为书记处可以有效利用其资源来保护工人权利。

在1902年斯图加特第四次德国工会代表大会上，总委员会宣布设立中央工人书记处。由于该书记处隶属于总委员会，其总部从汉堡迁到了柏林。在此之前，自1890年委员会建立以来，其总部一直都在汉堡。

另外值得注意的是，在总委员会的指导和鼓励下，工会国际运动自最近一次代表大会召开之后取得了实质性的进展。1901年在哥本哈根召开了斯堪的纳维亚工人代表大会，德国工会代表提议组织工会全国书记代表会议。鉴于工会利益是与生俱来的，并且可以通过国际大会实现这些利益，此项提议得以通过。与会者一致认为，全国工会书记需要定期聚集在一起，讨论各个国家组织结构的统一，寻找能使这些组织互相帮助的方法。

第二次代表会议于1902年在斯图加特召开，第三次代表会议于1903年在都柏林召开。这两次大会决定成立工会国际书记处，以协调各国的关系，编写工会的年度报告和相关数据，并用三种语言出版发行。按照每年每1000名会员交纳50生丁的标准，各加入该组织的国家都向国际书记处交纳会费。1903—1904年，交纳会费的国家有：澳大利亚、比利时、丹麦、德国、英国、法国、荷兰、挪威、奥地利、瑞典、西班牙和匈牙利。通过会员交纳会费，这些国家的工会书记声明所有国家的工人应享有共同的权利。

现在，我们无法对成员国的工会运动进行总结，因为第一次编写这类报告遇到了很多困难。德国工会总委员会主席在斯图加特选举产生，并同时在都柏林担任国际工会书记处书记。

我们希望看到各国工会运动作为国际运动的一部分发展得越来越壮大，并帮助工人阶级获得解放，使他们摆脱被剥削的境况。

我们知道，在工会强大到足以与国内和国际雇主联盟进行长期抗衡的程度之前，还有很多工作需要做。近年来我们在工会的发展方面取得了实质性的进步。我们看到阿姆斯特丹代表大会在工人运动方面取得了新的进展，我们即将接近我们为之奋斗的目标：自由、平等、博爱。

德国工会总委员会
卡·列金
1904 年 7 月 16 日于柏林

编号	组织	1899年				1903年			
		会员人数	女会员人数	年收入（马克）	账户现金（马克）	会员人数	女会员人数	年收入（马克）	账户现金（马克）
1	面包工	3596	—	45465	3230	5565	—	93834	43647
2	理发工	875	—	1900	—	458	—	13293	2152
3	建筑工人	11149	—	86423	44164	32635	—	390707	169363
4	矿工	33000	—	77046	22546	60127	—	631590	438952
5	雕刻工人	4098	—	103134	60216	3963	—	159537	64056
6	花工及羽笔工	—	—	—	—	304	—	941	604
7	箍桶工人	4920	—	43767	24238	5956	—	71312	39748
8	啤酒工	8681	—	137770	18688	15766	95	208111	166257
9	精装书装订工	7631	1581	115487	146293	12254	3823	174349	366109
10	印刷工	26344	—	1580099	2724101	35970	—	1964954	4031770
11	阿尔萨斯—洛林印刷工	—	—	—	—	805	—	37743	115494
12	印刷工辅工	1343	702	7474	4368	2848	1412	28880	37417
13	办公室职员	344	—	2185	382	377	14	4492	2067
14	乐师	—	—	—	—	682	—	6581	1825
15	屋面工	2469	—	10042	684	3273	—	35116	33
16	作坊工人	22592	2499	171518	92903	37055	3897	353291	217408
17	屠宰工	—	—	—	—	2028	—	9697	4386
18	翻砂工	344	—	3526	717	321	—	8284	7169
19	雕刻工及首饰工	1006	—	15289	10269	2048	—	37544	16358
20	园林工人	300	—	1863	1138	663	4	10487	1744
21	酒店服务员	1387	—	26399	10580	2471	—	49440	21259
22	市政工人	2574	—	19009	7388	8067	113	90981	30176
23	玻璃制品工	3628	94	38343	25601	5514	29	95628	26127
24	玻璃装配工	2300	—	40000	21167	3355	—	41797	36479
25	码头工人	8587	—	62506	45758	13879	—	150375	107319

129

（续表）

编号	组织	1899年				1903年			
		会员人数	女会员人数	年收入（马克）	账户现金（马克）	会员人数	女会员人数	年收入（马克）	账户现金（马克）
26	贸易及交通运输工	8730	—	77119	22205	26800	475	370896	99872
27	商店职员及仓库工人	500	65	8195	2289	2716	1400	23692	4452
28	手套制作工	334	5	3281	674	1063	25	12003	13667
29	林业工人	3241	116	64556	79821	3077	49	70584	36711
30	制帽工	62576	521	463173	252311	79732	447	1263415	1350434
31	糕点工	2545	90	83324	114737	3761	321	107665	208423
32	毛皮制品工	661	9	6094	4505	1293	166	22799	12123
33	锅炉工	—		—	—	1834	172	26739	24919
34	皮革工人	3314	—	59551	86052	3194	—	79974	24552
35	石印工人	5369		69256	11536	4711	—	80181	53009
36	油漆工	4621		80661	45942	9184		208128	175920
37	机械工及司炉工	9540	—	127894	83528	19037	—	319271	226616
38	仓库工人	4600		14981	10056	6927	—	62588	15058
39	按摩师	—		—		1260	132	1666	171
40	泥瓦工	74534	—	1060996	453563	101155	—	1960994	1718211
41	冶金工人	85013	2202	896685	385148	160135	5568	2814807	911635
42	磨坊工	1304		13025	4237	2092	—	39745	29586
43	乐谱雕刻师	—		—		328		21490	91193
44	瓷器制作工	8660	260	153887	168058	8174	291	189678	67537
45	鞍具制作工	2833	13	23690	17218	3635	39	55722	28842
46	轻革皮件制作工	—		—		2431	86	54843	37019
47	船舶木工	1588	—	12624	10014	2124	—	21516	37916
48	造船工人	2748	—	19776	12324	3628	—	41364	59974
49	钢铁工人	3350	—	34358	18226	8902	—	140269	46355
50	缝纫工人	12173	482	101217	74663	21011	897	315237	110551

（续表）

编号	组织	1899年				1903年			
		会员人数	女会员人数	年收入（马克）	账户现金（马克）	会员人数	女会员人数	年收入（马克）	账户现金（马克）
51	洗衣工	—	—	—	—	667	435	4609	5237
52	制鞋工	16922	1226	125741	54871	25566	2880	404393	175156
53	海员	2222	—	26693	17626	2944	—	47207	78467
54	石工	10000	—	186884	10061	8624	—	124224	170257
55	铺路工人	3337	—	37396	16275	4865	—	65691	71028
56	毛粉饰工	2750	—	16991	126003	3840	—	84667	54749
57	烟草工人	18401	3500	201359	47131	17540	5825	266156	93216
58	卷烟包装工人	857	60	19490	32924	1297	102	32906	28117
59	织毯工人	3525	—	18621	6364	4985	—	88497	25281
60	纺织工人	37617	5832	295519	31156	54556	12040	1399098	315043
61	陶瓷制作工	5765	—	75780	10227	9488	—	258406	27509
62	镀金工人	1145	23	11893	10022	1567	29	24744	36003
63	木工	23719	—	373492	194630	27265	—	655134	558046
64	模压工，加入冶金行业工会	8817		156705	12112	—		—	—
	总计	580473	19280	7687155	5577547	887698	40666	16419991	12973726

注：为了节省空间，金额中没有标明生丁。但是在总金额中包括了生丁。这就解释了实际总金额和加法运算后得出的总金额之间的差额。

比利时工人党

——1903 年 12 月 31 日的大致情况

我们所附的表格说明了比利时社会党的影响范围和组织，有关于此我们会在这个报告中一一解释：

与行政和政治区划相一致，我们共有 26 个地区联合会，其中卢森堡联合会的范围扩及全省。

1903 年 12 月 31 日，表格第一栏中的 808 个团体首先向工人党总委员会交纳了党费，还有 300 多个团体尚未交纳党费，而工人党共有 1110 个团体。

第二栏表明有 130978 名党员，如果所有加入工人党的团体的成员都是党员，那我们就有 160000 多名党员。但要考虑到有些地方的党员既可以登记为合作社社员，同时也可以登记为工会会员。

有 24479 名工会会员是工人党党员，与工人党党员人数相比，这个数字是很小的。但重要的是有 4 万多名会员的比利时全国矿工联合会没有给工人党交纳任何党费，也没有进行任何登记；同样，拥有 15 个工会的沙勒罗瓦冶金工人联合会也没有加入工人党，即使其会员都以个人名义在合作社登记。

再算上韦尔维耶、安特卫普和布鲁塞尔那些中立的工会，我们毫不夸大地说比利时工会会员大约有 9 万多名。

合作社社员的党费只要 126 生丁，有 209 个合作协会加入由比利时工人党支持建立的全国合作社联合会。

很难给出工会的确切数量，因为存在许多虽然受工人党影响、但在工人党的管辖范围之外的矿工工会、纺织工人工会。这样的工会根据表格显示有 201 个，而政治团体有 274 个。自然还有一些不为人所知、在工业中心间接成立的工会组织。

169 个互助会只是最近，也就是在社会主义工人党成立之后才建立的组织。在布鲁塞尔、列日、安特卫普等城市，有大量不问世事的协会，他们以政治中立为基础组成联盟，其会员中有很多是社会主义的支持者。

我们可以肯定自党代表大会以来，比利时工人党在不断发展，其组织也在不断完善。

它还成立了一个常设的书记处，并建立了工会委员会，主要负责学习、研究、宣传和支持工会工作，一句话就是负责所有的工会活动。

一些地区，也就是政治区的联合会有自己的常设书记。同样，一些重要的工会也有专人负责行政工作和工会活动。

现已有 20 多个常设书记负责工会组织工作，它们都由联合会支付工资。工会的许多行政人员、领导和雇员亦如此。

我们有各种全国性的联合会：制帽工人联合会、石工联合会、冶金工人联合会、木材工人联合会、烟草工人联合会、泥瓦工联合会、面包工联合会、矿工联合会、纺织工人联合会，等等。有一些联合会与其他国家的联合会有联系。

* * *

如果我们的出版物发展得不够有力，原因有很多。这个国家，虽然面积不大，但使用两种语言：法语和佛拉芒语。

另外，我们受到一个促进了无知的神权主义政府长达 20 年的统治，而且我们没有义务教育。

工作时间总体而言非常之长，被工作累得筋疲力尽的工人几乎不会去看书。

比利时工人党1903年12月31日大致情况

地区	团体	成员人数	工会会员人数	合作社	工会	政治团体	艺术团体	互助会	报纸及杂志 日报	月刊	工会	周报	议会选举 1900	1902	1904	1904年议员	其他情况
安特卫普	26	1834	1065	1	8	17	—	—	1	1	2	1	13161	14303	—	1	交入党组织中央账号:
马利讷	6	301	50	1	2	2	—	1					3264	4000	—		每年每个会员
布鲁塞尔	115	24248	6128	7	64	37	6	1	2	7	4	1	59389	57546	—	5	10生丁。
卢韦涅	10	2043	333	1	4	5						1	11639	13020	—	1	
尼韦勒	26	1262	405	1	4	12		9					20924	20140	—	1	
根特	38	18031	6551	5	17	10	5	1	1	3	4	2	20692	24231	21746	1	1903年
圣尼古拉斯	13	843	255	2	5	3		3					2662		2662		12月31日账户
泰尔蒙特	4	205	70	1	1	1						1	—		1638		现金:
阿洛斯特	22	2670	590	4	9	6	3					1	3189		2839		516233
欧代奈得	11	722	308	1	3	7						1	727		2572		法郎
布鲁赫	5	300	15	1	1	1		1					633				
奥斯坦德	5	280	—	2		3											
库特赖	24	2910	435	4	3	10	5				1	1	4595		4098		
伊普尔	10	355	—		4	4											日报发行量:
蒙斯	34	8965	1590	14	6	7	2	5	1	1	—		42451	—	39673	3	105000
图尔奈	27	1141	475	4	5	12	2	4				1	13506		12718	—	份
苏瓦尼	48	16622	1228	5	6	6		30				1	22732	26289	22298	1	
沙勒罗瓦	80	22998	1133	6	4	7	1	62	1			1	76008	74294	73075	4	省议会
蒂安	41	4462	190	4	3	5		29					17279		15171	1	议员
那慕尔	36	2912	190	6	5	14	1	10				1	25272	24537		1	
迪南-菲利普维尔	15	1271	160	2	2	2		3				1	16487	15542		1	
卢森堡	18	816	—	6		12						1	3445	5744			
列日	110	10152	2213	26	34	47	3			1	1	1	63962	65118	64783	5	市镇议
于伊-瓦勒姆	54	4163	725	12	10	22	4	6				2	21689		23689	1	会议员
韦尔维耶	28	1392	370	3	5	19	1					1	19325	25032	19085	2	
通厄伦	2	80	—			2						1	841	—	1238		166名议员
总计	808	130978	24479	126	201	274	38	169	6	14	11	22	478871 得票		463967	28	

我们的日报（6 年前）发行量达到 105000 份。周报（22 种）、月刊（14 种）和行业报（11 种）的发行量都很大。

工人党很高兴看到合作协会的诞生，并将它命名为"萌芽"，表明它的任务是让工人脑海中的社会主义种子发芽。这个协会的主要任务是管理刊物的出版和宣传社会主义思想。

* * *

社会主义工人党并没有停止争取普选权。1900—1902 年，党举行了许多要求普选权的游行。

在未做任何准备的情况下，争取政治平等的斗争造成了工人的大动员，我们可以说在 3 天内有超过 30 万工人离开了工厂、工地、车间和作坊。

反动派和教权派政府没有停止血腥镇压，在许多地方，我们看到因支持普选权而牺牲和受伤者的名字每天被记入早已一长串的神圣的受害者的名册。

不仅宪兵队和资产阶级军队向我们开枪，司法机关也无情地镇压我们，但同胞们齐心协力，为工作自由而斗争。

鉴于修宪的要求不可能得到满足，总委员会决定结束罢工，党的部队井然有序地撤退了。虽然运动失败，但我们很欣慰地看到，以经济工作作为我们组织的基础，社会主义运动并没有元气大伤。我们的行业协会还是照例召开了它们的年度代表大会，在大会上我们能看到它们的组织不断完善，会员也越来越多。

工会代表大会也由于在会上提出、研究和讨论不同的问题而变得更有意思了。

社会主义青年近卫军组织扩大到全国。全国青年近卫军联合会专门负责反军国主义宣传。青年近卫军有值得我们尊敬的勇气和坚韧不拔的品质。司法诉讼从未能战胜他们的热情。几个星期前，检察机关对一幅反军国主义的漫画踌躇了很长时间，最终未予以起诉。在军队征兵之际，青年近卫军发行了上万份特别针对新兵的《新兵报》和《兵营报》。

我们在5月1日举行的示威游行重新采纳了1889年的主张，也就是说把经济主张放到了第一位。在这个工作时间过长的国家，这必然是一个不可避免的问题。纺织业的工人有时每星期要工作66小时，工资却很低，这些工人更加积极地为争取八小时工作日而进行斗争，他们现在已经凭借自己的力量成功缩短了工作时间。

* * *

通过表格中的数据我们可以看到，1900年、1902年和1904年的议会选举表明社会主义工人党已经学会在不利的情况下坚守自己的阵地。

在这3次选举（在这3次选举中议会议员更换了一半）中，我们在全国获得478871票。虽然两倍甚至三倍的选票投给了资产阶级，但我们在166名议员中有33名议员，也就是全部议席的五分之一。

代表比利时工人党总委员会
书记　梅斯

西班牙社会主义工人党

西班牙社会主义工人党党员人数在上一次巴黎代表大会之后增加了。如今它有 125 个团体和 10500 多名党员。我们的新党员大多数是农民，他们毫不犹豫地加入了协会，同时他们也十分容易地接受了社会主义思想。

我们党在 1901 年和 1904 年的议会选举中获得的票数也大大增加。如下是从 1893 年至今我们党在议会选举中得票的情况：

1893 年	7000 票
1896 年	14000 票
1898 年	20000 票
1899 年	23000 票
1901 年	25400 票
1904 年	29000 票

尽管由于选举腐败，没有任何社会党人进入全国议会，但我们的市政议员候选人获得了巨大的成功，现在 22 个市政府有 55 名市政议员候选人当选。此外，我们在 30 个乡镇还有其他 502 名社会党或工人委员，几乎所有人都支持党的要求。

社会主义报刊的发行量也相应增长。这些报刊包括：马德里《社会党人报》，毕尔巴鄂《阶级斗争报》，奥维耶多《社会曙光报》，桑坦德

《民意报》,维哥《团结报》,伊巴《前进报》,埃尔费多尔《社会火炬》,阿利坎特《工人运动》,帕尔马《巴利阿里工人》,圣塞马斯蒂安《监事会工作》,圣玛利亚港《工人的汗水》,还有马德里《社会主义评论》;总共12种报刊,发行量超过3万份。

在工人力量的组织上取得巨大成功的是劳动者总同盟。这个强有力的组织——也是西班牙最重要的组织——由社会主义者建立并领导,现已有352个工会和56900名会员,而在巴黎代表大会召开时它还只有69个工会和14737名会员。同盟出席了阿姆斯特丹代表大会。

这些就是对我们党在近4年所取得的最卓越成就的简要介绍。

每一年,组织起来的无产阶级都热烈欢庆五一,加入我们党的工人的数量也越来越多。今年我们在马德里出版的一家日报受到查禁。

至于巴塞罗那罢工,我们党对此表示强烈反对,因为这次罢工只是一次无节制的无政府主义者的运动,这些无政府主义者只能——就像罢工结果所表明的那样——导致工人的失败和他们力量的瓦解。

相反,我们支持了在毕尔巴鄂举行的罢工,因为这次罢工的目的,是通过打碎阻碍矿工组织和他们谋生方式的枷锁来改善矿工的状况。这次斗争取得了胜利。

我们党的一些党员提出与共和党建立选举同盟;但这个提议还有待党员投票表决,不少党员表示与一切资产阶级政党联盟针锋相对。

内政部部长曾提出一项反对罢工的法令,我们党在对该法令的公开质询和有关会议中阻挠其通过。

由于我们党的不断努力,我们工人获得了被选举为市镇议员的权利。

最后,一个新的政府机关——社会改革研究所——得以成立,这个部门针对与劳动立法有关的一切事宜,并给政府提出建议。我们在这个研究所中有6名代表,他们直接由工会选举产生,其中5名是工人党党员。

代表工人党全国委员会

主席　帕布洛·伊格列西亚斯　书记　O. 莫拉

* * *

1902年，西班牙社会主义工人党共计有82个团体，党员人数为8000名。

在1901年大选中，工人党获得25400票。该党在27个市镇有分部。

报刊总数达13个，每年总发行量为156000份。

1902年底，劳动者总同盟共包括251个工会组织，会员总数达40087名。——**书记处注**

挪威工人党

(挪威工人党1900—1903年工作报告)

1900年,挪威举行了实行普选制之后的首次议会大选。对于工人党来说,这次大选的结果十分喜人。1897年,工人党获得了947票,而1900年大选的结果是:

	工人党	左翼政党	保守党	民主党
农村	1187	93550	68074	4076
城市	6253	29116	27759	—
共计	7440	122666	95833	4076

在这年的议会选举中,左翼政党获76席,保守党获38席,而工人党甚至没有候选人当选议员。

幸运的是,1903年,最近一次议会选举的结果大不相同。工人党打出了自由和进步的旗号。事实上,工人党的纲领除了如废除不公平的法令等特殊要求之外,还提出了与德国社会民主党相同的要求。

这份纲领对工党来说是一种成功,它远远超过了党员们的期许。左翼政党遭受了巨大失败。在我们国家,这是社会政策第一次主导选举。保守党集中进行反对社会主义宣传,而工人党则打出了以社会主义反对军事武装的旗号。

这次选举给工人党带来了巨大胜利,也为它最终赢得了议会席位。这是有觉悟的社会主义者第一次赢得议会多数席位。得票结果如下：

	工人党	左翼政党	保守党	民主党
农村	10130	66675	69000	6174
城市	14649	22705	33410	—
共计	24779	89380	102410	6174

1903年，工人党在议会获得4个席位，左翼政党获得50个席位，保守党获得63个席位（自1900年以来，挪威议会议员人数增加了3倍）。工人党仅在一个省赢得压倒性胜利，那就是选出了3名工人党议员的诺尔兰郡弗伦松。

由于1900年没有任何工人党候选人当选，这次的胜利显得更加引人注目。直到现在，弗伦松一直都属于左派。工人党赢得议会席位，胜利应归功于我们的支持者们。如卡尔绥牧师阿尔弗雷德·埃里克森博士。他是一位活动家、演说家，一位不知疲倦、虔诚的编辑。他的报纸《北极光报》是一把燃烧的火炬。在最近一次省议会选举中，工人党赢得了4128张选票，而左翼政党和保守党才获得1084票。埃里克森是其中一位支持政府的议员，是诺尔兰郡三座城市弗伦松、博德和纳尔维克选出的第四名社会主义代表。

1900年以来，纳尔维克成为新的选区。工人党在这里赢得了胜利。左翼政党在其他两座城市的选举中获得了成功。卡普、弗伦松和博德拥有比纳尔维克更多的选民。但是，博德选民的积极性比弗伦松高，纳尔维克的社会主义者团结起来，选出党的领袖J.贝格作为挪威议会的议员。贝格是一位十分有学识的天主教徒，但是他们的选民是路德教教徒。他在纳尔维克出版社会主义报纸《前卫报》。

前面的统计数据并不完全准确，因为官方的统计数字一直都没有公布。但它较好地反映了选举情况。不过，关于工人党的部分并不准确。

在某些城市，这些社会主义者和左翼人士团结在一起提出共同的议员名单，因此两个政党的选票不能分开。在海德马肯省和克里斯蒂安尼亚省也有相当多的拥护社会主义的工人。我们有理由相信我们赢得了大约3万张选票。保守党的报纸则说工人党只获得了27000票。

工人党希望在后面的选举中能获得更大的胜利。左翼政党则表示对其社会责任无能为力。保守党煽动反对社会主义性质的政策。工人党表示，如果人们想在这个国家进行改革，除了选择工党，别无他法。

社会主义工人组织在不断扩大。全国共有约8万名工人受雇于各行各业，其中1.6万名工人加入了工会。

工人党也非常关心市镇选举。但截至目前，它并没有在任何一个市镇获得压倒性的胜利。

根据有关报告，多次选举结果表明，工人党已成功将一些支持者送进了市镇议会。

1900年后，年满25岁的成年妇女能够拥有选举权，前提是她们出资赞助选举活动。乡村赞助费是300克朗，城市是400克朗。如果她们已经结婚，其丈夫出资赞助选举，那么只是她们的丈夫拥有选举权。

在1901年的市镇选举中，48%的女性参加了市镇议会选举；在城市，有94%的女性投出了自己的选票。

共有98名妇女成为了市镇议会议员。1901年，工人党有147名议员当选市镇议员。在1903年的选举中，工人党议员人数增长了两倍。在农村，工人党在佃户和渔民中不断壮大。最近几年，社会主义运动在他们中不断发展，尤其在诺尔兰郡。如果这一趋势继续下去，那么工人党很快就会占领挪威议会和市镇议会。

在挪威，由于幅员辽阔，交通困难，人口稀少，因此社会主义鼓动是一个难题。目前，挪威全国有220万人，每平方公里才有7位居民。

但是，社会主义将克服这些困难，因为他们赢得了选举。

这一成功令人瞩目,同样,美好的未来属于挪威。

* * *

工人党于 1885 年建立。

1900 年,该党拥有 10665 名党员,共计 114 个团体。1902 年,拥有 12000 名党员和 211 个团体。

1900 年大选,工党赢得 7440 张选票;1903 年,赢得了 30000 张选票和 5 个国会席位。1901 年,144 个市镇议会席位被工人党占领。

工党出版 3 种报刊,每天出版近 11500 份报纸,期刊每年出版约 375.9 万册。

1900 年,15 个工会出版了 11 种行业刊物。——**书记处**注

美国社会党

一

可能世界上没有哪一个地方的工业发展过程像美利坚合众国那样迅速而激烈。我国在较短的时间内从一个有些落后、农业占主导地位的国家发展成为一个先进的工业国。任何一个国家都不像美利坚合众国那样,现代化机械和生产方式如此完善,财富和产业如此集中,被剥削的劳动力人数如此众多。这个发展过程仍然在以不断加快的速度进行着;我们每年都会看到一些闻所未闻的资本主义企业、一些规模巨大的新"托拉斯",看到生产方式中出现一些令人吃惊的新发明。

工业革命自然而然地带来了人们社会关系的相应变化。大约50年之前,阶级尚未在美国形成,真正意义上的"无产阶级"在社会中尚难觅踪影;现在,长期雇佣工人的数量不少于1250万人;保守估计,失业者和"流浪者"常备军的数目达到了150万人,全国超过一半的财富集中在不到4000个家庭手中。美国,这个在半个世纪前还能真正以自己——在某种程度上——是一个自由和平等的公民的国家为荣的国家(至少对于白人来说是这样的),现在已经变成了现代社会两大对立阶级——资本家和工人——之间社会对立最显著的国家。这两大阶级的对立在使用频率不断增加的"罢工"、"同盟歇业"、"联合抵制"以及其他一些表示敌对的字眼中表现出来,他们之间的斗争无论程度还是范围每年都在扩大。据统计,1881—1901年,约700万美国工人卷入24000

次罢工和同盟歇业；在刚过去的3年中，这些数字大幅增加了。

毫无疑问，自上一次国际代表大会以来，我国资本家和工人之间最值得注意的斗争是有17万人参加的1902年宾夕法尼亚州无烟煤工人罢工。这次罢工是煤矿工人对其雇主采用的奴役方式和支付的不够糊口的工资的抗争。双方都顽强战斗，但在矿工们坚定的决心面前，煤矿主和铁路巨头的财富加在一起也不堪一击。在第五个月月底时，东部的全部煤炭供应实际上被切断了，依赖煤炭的大工业受到严重威胁——罢工像是一场"全国性的灾难"。正是在这个关键时刻，美国总统干预了，他通过某些软弱的罢工领导劝说罢工工人停止罢工，将他们的不满交给由总统挑选出的仲裁委员会调停，正如人们所预料到的那样，这个委员会背叛了工人。

但是，这种解决大规模劳工斗争的方法绝不是我们的资本家在这类紧急情况下通常采用的办法；我们的统治阶级对付造反的雇佣奴隶，典型的做法通常是动用野蛮的暴力，而不是利用狡诈的欺骗。在最近十年间，几乎没有一次重要的罢工不受到代表雇主利益的法官、警察、州警卫队和联邦军队联合起来进行干预，它们企图通过恐吓和暴行逼迫罢工者屈服。事实上，我们可以断言，除了俄国，没有哪一个文明国家的政府像"自由民主的"美国政府那样如此公开、主动地与剥削阶级结盟，如此赤裸裸、如此恶毒地迫害工人。

目前，我国这种野蛮阶级统治的引人注目的范例正在科罗拉多州展示。在拥有大型采矿业的科罗拉多州，金属矿工人和煤矿工人已经罢工几个月了。金属矿工人被组织进隶属于美国劳工同盟的西部矿工联合会；煤矿工人是美国联合矿业工人组织成员，而这个组织是美国劳工联合会的一部分。虽然矿山的所有者们用尽了资本家作战的所有惯用伎俩，但罢工者仍旧坚定不移。受矿山所有者资助和支持的科罗拉多资本家和州政府采取孤注一掷的手段：在所有受罢工影响的地区均宣布戒严,州国民警卫队夺取了对这些地方的控制权;罢工领袖在没有受到任何指控的情况下被关进监狱,联合会矿工被野蛮地从家中带走,连最起码的法律依据都没有就被驱逐出境;被怀疑同情罢工者的民选官员因绞刑的威胁而被迫辞职;雇用联合会工人的矿山被国民警卫队下令关闭。无法无天的残暴统治在肆虐。与如今在科罗拉多随处可见的这种情况相比,德国在臭名昭著的"非常法"时期的情况都显得温和而文明。

二、工会运动

与其他所有国家一样,剥削和压迫工人的结果是工人阶级为自卫而组织起来。在美国,这种组织最早、最普遍的形式是工会。

目前,据估计美国有组织的工人数量大约为325万名,除一些例外,这些工人隶属于现有的四个全国性工会联合会中的其中一个:美国劳工联合会、美国劳工同盟、劳动骑士团和社会主义行业和劳工联盟。从会员人数看,美国劳工联合会是其中最强大的。1904年5月1日,由118个全国性组织组成的联合会共拥有23500个下属工会、1501个地方工会、604个城市中央工会和32个州联合会。联合会会员总数超过200万人。美国劳工联合会于1881年成立。长期以来,它发展缓慢,大部分会员——将近四分之三——是最近4年才加入的。

这个国家的社会党人常常将美国劳工联合会看做宣传社会主义大有可为的场所,在它每年的代表大会上,总是拿出宣布支持社会主义主要原则的决议,以此提出对社会主义的讨论。1902年,由社会党代表提出的这样一个决议在全部与会代表中几乎获得一半代表投票支持;1903年,投给类似决议的票少了很多,但是这样的投票很难被看做是该组织社会主义力量的反映,因为一些代表支持决议的内容,但反对其特定的形式。总的来说,社会党没有理由对联合会中社会主义感情的变化感到沮丧，它建议继续从前对这个组织采取的策略：支持它反对资本的斗争，在需要时批评它一些保守无能的领导的行动和态度，最重要的是利用每一个合适的机会向其会员宣传社会主义真理。

人数仅次于美国劳工联合会的是美国劳工同盟。该组织成立于1898年，当时叫"西部劳工同盟"；正如其名，最初它几乎只限于西部各州。1902年，它在年度代表大会上采用了现在的名称，组织的范围延伸到了全国。在这次大会上，同盟通过了一项宣布支持国际社会主义和社会党的决议；1903年年度代表大会再次通过了这一决议。正是由于通过了这些决议，美国劳工同盟的盟员成为当权者们特别仇恨的对象和迫害的目标，科罗拉多州州长就上文描述的暴行进行辩护时坦率地承认了这一点。1904年6月，西部矿工联合会在其年度代表大会上也公开支持社会主义和社会党。

美国劳工同盟代表20多万名盟员，它同我们党的关系最友好。

一度鼎鼎有名的劳动骑士团现在在工人运动中几乎没有什么影响力。骑士团组织的集权形式和过时的福利制度不适应现代形势，组织开始衰落了。现在，分散在全国各地的几千人代表了20年前其百万会员中还剩下的会员。

社会主义行业和劳工联盟是由一些反对现有工会组织的社会主义工人党党员建立的组织。虽然组织的创始人主要是因他们对旧工会保守、经常腐败的领导的憎恶——对此人们可以谅解——而开始行动的，但在社会党支持下建立一个敌对的工会组织的做法是非常成问题的。社会主义行业和劳工联盟从未在工人运动中起过任何重要作用，如今的存在也纯粹是名义上的。但单单其存在这一事实就在工会运动和社会主义工人党之间造成了敌对情绪，最终导致社会主义工人党自身队伍的分裂。

此外，铁路职员和建筑业工人也有全国性组织，至少有50万名成员，但不隶属于任何全国性联合会。

三、社会主义运动

现在说说我国的社会主义运动，我们高兴地说我们谈到了我们报告中最令人满意的部分。自上次国际代表大会以来，美国社会主义运动经历了最不可思议的变化。1900年，我们的代表在巴黎描绘了一个相当重要并且非常分裂的运动。① 无论旧的社会主义工人党还是新的社会民主党都分裂为多个派别，小小的社会主义运动也分裂为三个不同的全国性组织和若干独立的州级组织及地方组织。在所有外部观察者看来，运动中这些没完没了的分裂和派别争端似乎是完全没有意义的，但事实上，它们有存在的充分理由；它们是发展中的、朝气蓬勃的、力争表达出其最佳形式的人民运动的表现；它们标志着像几乎其他所有国家的运动一度经历过的那种形成阶段的结束，最终它们发展成为有力而和谐的组织。1901年7月，在印第安纳波利斯市召开了一次除社会主义工人党外所有社会主义组织都参加的大会，它们以**社会党**为名团结在一起。

自那时以来，我们的运动在美国迅速而健康地发展。1900年，我们党或者说我们党的前身登记在册的党员可能不超过5000人，而且大多数是外国人，主要是德国移民；1903年12月，我们党全国书记报告交纳党费的党员大约有25000名，他们中绝大多数是在美国出生的公民。在我们党于1904年5月举行的最近一次代表大会上，出席大会的183名代表中有129名是在美国出生的。

在上一次代表大会上，我们报告说投给所有社会主义政党的选票加起来最高为93000张；两年之后的1902年，票数增加到了20多万张；我们有充分的理由期望今年总统大选的投票出现类似的增加。投给社会

---

① 见本书第19卷第364—366页。——编者注

主义政党的选票中,大约有五六成投给了社会党候选人。

1900年,当选美国公职的社会主义者几乎不超过12人。今天,我们党350名党员在全国各地当选公职。在这些党员当中,有一位就职于马萨诸塞州州议会,两位是市长(蒙大拿州的阿纳康达市和宾夕法尼亚州的兰斯福德市),其余的就职于威斯康星、马萨诸塞、宾夕法尼亚、密歇根、印第安纳、蒙大拿、纽约、伊利诺伊、新泽西、明尼苏达、加利福尼亚、密苏里、康涅狄格、爱荷华、路易斯安那、北达科他、内布拉斯加、堪萨斯、华盛顿等州以及印第安人保留地和俄克拉荷马领地各市政部门。我们党1903年当选的一名公职人员(威斯康星州希博伊根市市长)被证明不忠诚于我们的纲领和阶级,他很快就被开除出党。

1900年,我们可以指出支持党的报刊有9种英语周报,7种德语日报和周报,法语、波西米亚语、犹太语、挪威语、波兰语和斯拉夫语报纸各1种或者更多种。除此之外,党还获得一大批工会杂志的衷心支持。

我们党最近举行的代表大会无疑是在美国召开过的最具代表性和最重要的社会主义者大会。因为这是我国历史上第一次联邦东西南北每一个重要的州都有代表参加的全国性社会主义者代表大会。代表大会会议记录以及大会通过的纲领和决议充分证明了党员的声音和他们的阶级觉悟。大会提名尤金·维·德布兹为美国总统候选人,他为工人所进行的英勇斗争和对无产阶级社会主义事业的忠诚献身对本杰明·汉福德具有重要影响,后者是位久经考验的、真挚的社会主义者,是位社会主义事业雄辩的演说家和不知疲倦的鼓动者,被选为副总统候选人。

有这样杰出的领导者,有在背后支持他们的坚定、热情、有组织的社会主义者大军,我们有信心期望即将到来的选举将成为这个国家迄今为止最有效的社会主义教育活动，并期望在争取消灭雇佣奴隶制和资本主义暴政的伟大而高尚的国际运动中大受鼓舞。

美利坚合众国社会党全国委员会书记　**威廉·迈利**

1904年7月于美国芝加哥

荷兰社会民主工党

我们概述一下1900年巴黎代表大会以来我们党的发展和荷兰工人运动的情况。

在社会民主党领导工人运动的国家中,荷兰近年来并不为世人熟知。回忆1872年在海牙召开的国际代表大会,结果在国际工人协会和巴库宁无政府主义分子之间发生了激烈的论战。有几名荷兰代表出席了大会,但他们并没有权利以荷兰社会民主党人的身份发言,因为当时并不存在这个组织。

社会民主主义运动于1878年崭露头角。这一时期,在东部邻国,俾斯麦为了镇压德国工人运动成功通过了反社会党人非常法。

很明显,这场运动唤起了无产阶级的情绪,但是由于缺乏有力的领导,它并不足以支撑无产阶级运动的发展,对工人们来说它也只是模糊的希望。但正是由于这种崇高情感的支撑,工人政党没有胎死腹中。

当人们感到失望时,先锋战士的心头满是失落的情绪。一部分运动在无政府状态下失败了。在荷兰,斗争一直很激烈,工人一直在筹划反抗运动,呼吁阶级自由。结果就导致这些支持者紧紧团结在一起,坚持曼彻斯特学派提出的自由主义秩序。

荷兰社会民主党对这种无政府主义进行了激烈的斗争。结果很大一部分荷兰工人投入到了社会民主主义旗下。

实际上,荷兰无政府主义并没有实际意义,它不过是一个空洞的词汇。

* * *

还有一些其他因素对荷兰工人运动有重要影响,影响工人们进行的斗争。首先是教权主义的影响。因为一些小谎言都可能会改变工人们对他们所遭受的压迫的抗争。荷兰是一个虔诚的天主教国家,神职人员对工人们的影响很大。此外,在荷兰南部的穆尔代克地区,神职人员拥有几乎不受限制的权利。人们把这个地方称为"黑色的南方";但对于荷兰工人来说,这里是"黄色地区",这里会发动一些工人在北方工人罢工时去顶替罢工者工作,这些黄色工人让工友们渴望的罢工变得艰难。

资本主义的发展

在荷兰,我们从未能成功克服困难,发动一场严肃而猛烈的反对无政府主义、道德败坏和冷漠情绪的斗争。如果资本主义没有自然发展起来,在这场运动中我们连援助都没有。在工业经历一个衰弱期后,突然,荷兰资本主义于1870年后又开始迅速发展起来。

根据官方数据,1889—1899年,工业发展情况如下:

工业

1889年,从业人员共计532181名,其中男工466513名,女工65668名。

1899年,从业人员共计650574名,其中男工563400名,女工87174名。

结果表明，参加工业生产的劳动人口增长了 22.2%，男工增长了 20.7%，女工增长了 32.7%，而这 10 年中人口总增长仅为 14%。

商业贸易与交通行业

1887 年，从业人员共计 268730 名，其中男工 231623 名，女工 37107 名。

1899 年，从业人员共计 332225 名，其中男工 282769 名，女工 49455 名。

劳动人口总体增长了 36%，男工增长了 22.1%，女工增长了 33.2%。

反观农业方面，没有任何向大企业发展的趋势，但是农业雇佣劳动力数量却非常稳定。这也清楚表明了工业化、城市化的趋势；同时，人口总数也在不断增长。

农业

1887 年，从业人口共计 534634 名，其中男工 451456 名，女工 72868 名。

1899 年，从业人口共计 570278 名，其中男工 460694 名，女工 75584 名。

从中我们可以发现，农业劳动力数量仅增长了 8.6%。在 1889 年，10 万居民中有 11628 人从事农业工作；而 1899 年，仅有 11172 人还坚守这个行业。在工业劳动人口中这个比例为：1889 年，11796 人；1899

年，12776 人。

此外，行业人口普查结果表明，企业主人数增长了 8.4%，职工人数增长了 27.4%。工业、商业、运输等行业雇员和职员的人数增长了 209.8%，工人人数也增长了 26.4%。

荷兰老工业行业海滨渔场的发展也非常有特点：

海滨渔场

1887 年独立的从业人员为 537 名，1899 年为 248 名。
1887 年受雇的从业人员为 437 名，1899 年为 139 名。

我们显然可以看出人数减少了，但是雇员、职员、工人的人数却有惊人的增长：

雇员、职员

1889 年雇员和职员共计 1406 名，1899 年为 2516 名。
1889 年工人共计 5731 名，1899 年为 9916 名。

海员人数也有下降：

从 1889 年的 5138 名降低到了 1899 年的 3871 名。但是汽车司机人数却从 1889 年的 516 名上升到了 1899 年的 1205 名。很明显，渔业已经从用帆船捕鱼发展到用蒸汽船捕鱼。

资产阶级的衰弱

资本主义随其迅速发展而走向集中，但结果却使无产阶级的队伍壮大了。在一些国家，随资本主义的发展和无产阶级的壮大，教权主义也会抬头，社会局势也会不稳定，这些都是资产阶级面临的问题。他们对未来缺乏信心，缺乏精神支柱。教权主义重新发展起来，教会重获地位。

在荷兰，这种情况断断续续存在了半个世纪。自资本主义在荷兰盛行，自由主义在资产阶级内部就开始走下坡路。对现代工人运动的担忧，对社会民主主义影响的害怕，这些都严重影响了自由主义的推行。

在1901年的选举中，自由党被彻底打倒了。下议院由50名教权派议员、34名自由党议员、7名社会民主党议员和1名无党派社会主义者组成。这届政府的领导人亚·克伊波认为自由主义已经失败，他以重建基督教秩序为借口立刻展开了工作。在竞选期间，他是民主权利的捍卫者，但是为了得到巨大的政治权力，在不需要民主时他就毫不犹豫地反对民主。

这届政府在它存在的三年内所做的一切就是保护资本主义和镇压工人运动。过去的几届政府都是保守主义的产物。很明显，它是有阶级性质的政府。其反动特点体现在对普选的坚决抵抗，对加尔文大学教育出奇的庇护。镇压工人运动以及对食品等生活必需品增税的做法也是军国主义抬头的表现。

克伊波的亲属及亲信狐假虎威，而克伊波政府既排外，同时又追求绝对权力。

社会民主主义运动

1901年,在荷兰100个选区中,我们党在51个选区有候选人。这些候选人赢得了4万张选票,选出了7名社会民主党议员和1名无党派的社会主义议员。他们分别是:彼·耶·特鲁尔斯特拉、J. N. 沙培尔、亨·范科尔、W. P. G. 赫尔斯丁恩、G. W. 梅尔克斯、K. 特尔·拉恩和F. W. N. 胡根霍尔茨。1897年选出的议会只有3名社会民主党议员。

* * *

无论在市镇还是议会,我们的影响力都将不断加强。我们已经成为一个党,政府必须对我们给予重视。一年前俾斯麦的事例历历在目,专权领导是议会制的污点,我们社会民主党人士——国家精神之所在——被排除在外,但是荷兰的情况就是这样。我们是反对拥有巨大权力的政府的积极分子。在荷兰没有谁能像克伊波那样一直坚持反对社会民主主义。

* * *

1900年以来我们取得了巨大进步。1900年,我们有4000名党员和80个组织;1904年,我们有6000名党员和124个组织。我们的报纸《人民报》早于1900年就在阿姆斯特丹发行,它旨在启发教育工人,让他们与教权主义和自由主义的资产阶级进行斗争。1903年以来,政治评论周报《礼拜日》一有机会就见缝插针地讽刺资产阶级政府。此外,我们还有9种省级周报和一份科学杂志《现代》。

荷兰社会民主党一直以来都走在民主运动的前列。在荷兰2120万居民中，6万年满25岁的男性都是选民。在大城市，近80%的工人没有投票权。我们党提议修改宪法，因为如果工人没有普选权，大选也无法顺利进行。

这个提案不仅是为了实行男女公民的普选权，而且也是为了撤销上议院并实行全民公决。

不用说，对于修改宪法，我们还有很长的路要走。但是我们必将赢得普选权，因为我们的战友兄弟在热情地进行争取直接、秘密和普遍的投票权的斗争。同在荷兰，我们对我们自己充满信心。

荷兰工人告诉我们，他们是我们忠实的支持者。有3万名工人参加了最近在鹿特丹举行的要求普选权的示威游行。代表了10万名会员的120个工会也参加了示威游行。

在荷兰，没有一个政党像我们一样决心与军国主义进行斗争。这种斗争是非常有必要的：军费预算在6年间从每年4200万飙升到每年4600万[①]。预算的类似增长在教权主义政府随处可见，因为他们要求将基督教应用到政治中。在这么小的一个国家，每位居民平均每年都向军队支付7.3荷兰盾（15法郎）。在瑞士，人均为3.7法郎。

工会运动

有几年，无政府主义影响了工会发展。现在，我们终于能欣慰地说这种影响正在明显削弱。前几年，全国劳工书记处全权负责工会自己组织的运动。它也是无政府主义的温床。随后几年，冒失的决定断送了它自身的发展，使它失去了对重要政党和运动的影响力。在我们国家，最大、最有影响力的工会不会也从未归它领导过。

---

① 原文如此，未标明货币单位。——编者注

隶属于全国劳工书记处会员的人数从1.7万名下降到最多6000名。没有多久，全体会员投票通过了举行全体大会的决议，结果只有500名会员出席大会。这种无组织的状态并没有持续多久，全国劳工书记处就让位于组织良好的行业工会联合会。

荷兰行业工会联合会在阶级斗争中处于先锋地位。但是，其整体实力并不突出。尤其在1903年4月的大罢工中，它失去了许多会员。但是当危机结束后，一些会员又回归了联合会。

荷兰最大的行业工会联合会是荷兰钻石工人联合会。其十分之九的工人在这个行业工作。对于行业工会联合会来说，它是行业模范。在斗争运动中，它遵守纪律、真诚可靠、宽容友善、给予其会员信心和勇气。

1904年2—4月，钻石工人联合会工友们加入到反对资本家解雇工人的斗争中。运动经过了长期的准备和激烈的斗争，最终成功签订协议，战胜了资本家。工人们的坚持不懈使荷兰工人运动取得了胜利。

* * *

在随后的工会运动中，它逐步成为联合会的主体。1903年4月的运动，被认为是一次总罢工。我们在荷兰社会民主党提交国际代表大会的报告中已经对有关情况作出了介绍。其重大的贡献是消除了一切阻碍工会运动正常发展的因素。

4月的事件使所有工会联合会都同意社会民主党要求建立全国总委员会的决议。这个委员会旨在保证议会立法考虑工人利益，也就是说推动劳动保护法和合同法的通过，以此来促进鼓动，消除近期一系列阻碍发展的计划对工会组织带来的影响。4.6万名工人已经登记加入了这个委员会。

回想十年前，最强大的工会都没有想过要通过立法途径来帮助工人,所以这是值得肯定的进步。这一重大进步的根本原因是越来越多的由社会民主党创建和培养的工会组织在工人中建立和发展起来了。这是代表们在议会不倦的宣传和成功的行动的结果,他们不断为捍卫工人利益而努力。

1903年的大罢工也是一个重要的原因。因为其中一个会员较多、力量较大的工会在这次铁路服务人员罢工中受到了打击。政府的残酷冷漠是这场运动给人的直接印象。但是,工人开始意识到应该不顾政府的专制、铁路公司的压力和严酷的法律建立新的工会组织才是出路。

工人运动并没有在法律面前停下脚步。政府可以在一段时间内羁绊它的发展,给它制造障碍,阻挡它前进的步伐,但是,在资本主义发展的过程中,它不可能消失。相反,它将获得强大的生命力。

合作运动

我们在荷兰宣传工人运动的第三种方式是合作社。它是一种共同行动,能给工人们带来解放。尤其是比利时社会党人的例子,它激励我们的工人朋友加入到合作运动中。

目前,在荷兰21个市镇中存在一些工人合作组织。按章程规定,它为工人们争取权益。我们的合作运动还很年轻,但是经过一段时间的发展,一定会取得比比利时更大的成功。

五一

对我们来说,在荷兰,五一是被用来宣传八小时工作制和普选权的。在我们国家的一些大市镇,这种伴随工人阶级的壮大而出现的尝试还有很长的路要走。同时,工人阶级完全愿意加入到我们的运动中。尤其是在首都阿姆斯特丹,我们的影响还在扩大。目前已经有一个选区开始发生变化。五月一日,工人们举行了示威游行活动来要求八小时工作制和普选权。

社会民主党与艺术

在荷兰有一件有意思的事,那就是艺术家——画家、诗人和作家——见证了社会民主党的发展。他们中的大部分人被我们的工人运动吸引。其中有一些与我们一拍即合,立刻加入到我们的队伍,像我们的兄弟姐妹一样与我们并肩作战。不管怎么样,他们对工人运动都充满热情。社会民主主义思想对有知识的资产阶级新生代和一些资产阶级家庭出生的艺术家的影响越来越大。

我们的敌人认为,社会民主主义是一场源自可怕的无知的错误运动。这是一种错误的看法。在荷兰,许多艺术家和知识分子的看法都与此截然不同。

* * *

在报告结束之际,我们完全能够告诉大家,我们的运动正在蓬勃发展。

尽管荷兰社会民主党在国际运动中并不引人注目,但它仍然充满希望。我们虽然人数不多,但我们党的基础完善。一旦运动开始,我们一定会在荷兰运用策略大力宣传我们的基本思想。我们从不偏离既定的道路,既不激进,也不保守,而是会继续坚持我们自己。我们认为教权主义和自由主义都是有害的。我们认为这两种形式是现代资本主义的**不同发展方式**。因为截至目前,它们所表现的只是对工人运动的抵制和对资本主义压迫的维护。

与其他国家一样，荷兰正处在这种混沌状况之中。10年前，即1894年，我们坚定地举起了国际社会民主主义的大旗。当时，资产阶级并没有当机立断提出反对。我们的进攻没有被打断，我们将继续与这种压迫、剥削我们的经济、政治制度进行斗争。

在我们进行的斗争中，我们将坚持经过深思熟虑的策略，忠于我们的原则，信奉两位天才人物马克思、恩格斯建立的科学。

荷兰社会民主工党于1894年8月26日成立。

1899年，它拥有55个组织，2500名党员。1902年，它拥有89个组织，4500名党员。

1897年，我们党在大选中赢得13035票和3个议会席位。1902年，我们党得票上升到了38279票，社会主义者赢得了7个议会席位。

1902年，我们党拥有一份发行量为8000份的日报和11种期刊。

在荷兰有40种行业报纸。

与资本主义作斗争的工人阶级万岁！

国际社会民主党万岁！

丹麦社会民主党的报告

丹麦社会民主党于1871年作为国际的支部成立。与其他几个国家一样，这个组织在1872年被警察以一纸法令取缔。1873年，终审法院宣布撤销这一法令。专制制度还是没有能挡住这一赢得工人赞同的运动。

建立伊始，国际丹麦支部根据行业不同而分为不同部门（泥瓦工、木工、细木工、冶金工等），这些部门拥有共同的奋斗方向和自己的委员会。在国际解散后，它们成了专门的工会组织，选出了领导机构，按照国际的纲领采取行动。因此，在国际原来的组织解散后，丹麦工人的国际运动保持了它的工人性质和社会主义性质。

1878年，我们建立了专门的组织来负责政策的宣传，这些任务自然落到了工会组织的肩上。这些组织进一步建立了社会民主党，党在所有涉及工人阶级利益的问题上都起到组织者的作用。

这些团结在社会民主联盟周围的组织大约有200个支部，近2.3万名交纳会费的会员。目前行业协会或者说工会共有57个全国联合会，还有大量地方支部和29个目前尚未成为全国联合会的独立工会。工会共有约8.7万名交纳会费的会员。

政治运动

我们曾出席1876年伦敦代表大会和1900年巴黎代表大会，向大会提交了关于丹麦社会主义运动的报告。

1900年以来，我们党以特殊的方式来扩大报刊。在巴黎代表大会召开时，丹麦社会民主党有13种日报和3种周刊。其中一种是专门的新闻刊物。在我们的报告中仅仅提到两种政治新闻周刊。1900年底，我们党的报刊数量扩大到15种，发行量近6.9万份。从那时起，我们的政治宣传刊物已经增加了7种。我们出版了22种日报和2种周报，印数总计约8万份。

巴黎代表大会以来，我们国家于1901年4月3日和1903年6月16日进行了议会（福克庭或人民议院）大选。在1898年的大选中，114名议员中有我们党的12名议员；而在1901年的大选中，我们获得了32000票。

1901年，114个议席中我们有30席，我们在人民议院中的议员人数上升到了14名。我们赢得了3个新的议席，失去了1个从前拥有的议席。1903年6月16日，我们有55名候选人参加了国家半数选举，在人民议院中的议员人数上升到了16名。这与上次大选的结果相同。我们获得56000张选票和3个新议席，失去1个。

这时，我们在议会中有17名议员——16名众议院议员和1名参议院（兰德斯庭）议员。在巴黎代表大会之后又举行了几次新的选举，尽管我们获得了更多的选票，但仍然没有改变在议会中议员的人数。

最后，在巴黎代表大会之后，我们的一位同志、合作社联合会的前任主席J.延森成功当选了哥本哈根市市长。

正如我们提交巴黎代表大会的报告所说的那样，哥本哈根市议会由代表资产阶级的"市民代表"和代表行政机关的"地方行政长官"组成。

"地方行政官"由9名成员组成，即1名由政府指定的"首席执政官"，4名市长和4名政务会委员。市长和政务会委员由"市民代表"

选出，主席是终身制的，政务会委员任期6年。这9名成员中，有3名为我们党的党员，分别是1名市长，2名政务会委员。

直到1901年，市议会①的议员为36人，随后由于与其他临近的市镇合并，议员人数上升到42名。议员经选举产生。

1902年，我们在市议会42个席位中占据了21席。但是，像在其他国家一样，对社会主义的抵制依然存在，形式也日趋严峻。在1903年和1904年的市政选举中，有一个反社会主义的联盟公开抵制我们。尽管我们赢得了比之前几次选举更多的选票，但这个反社会主义同盟还是给我们制造了困难，使我们在市议会中失去了6个席位。因此，我们党目前在市议会中有15名议员。

全国范围内，我们党约有400名同志担任市议会和乡镇议会议员。

1900年巴黎代表大会以来，丹麦社会民主党一直贯彻我们既定的纲领，按照原来的行动指南行动。我们将继续奋斗，使社会主义思想在工人阶级中得到更为广泛的传播，进一步巩固我们在立法机关和行政管理机关的地位。正如我们所说，尤其是在敌人出现后，我们的斗争也将更加激烈。不管敌人会给我们制造什么样的困难，我们的努力一定会给我们党带来进步。我们已经让越来越多的工人团结在国际社会主义的旗帜下了。

丹麦社会民主联盟主席　彼·克努森
哥本哈根勒默尔大街22号

---

① 即上文所说的"市民代表"。——编者注

丹麦工会运动

1900年,丹麦工会联合会向巴黎代表大会提交报告,介绍了1871年以来丹麦工会运动的问题和工会发展状况。

我们认为工人运动和工人团体应该受到承认。因此,社会党的两名议员出席工会组织的会议。

丹麦工会联合会于1898年成立。它囊括全国所有的工会组织,包括它们在全国各地的分会和无法参加成立大会的地方工会。一些脱离中央联合会的工会拒绝以任何方式加入到这些组织中,这阻碍了我们的发展。

这些加入了中央联合会的工会只有在交清了年费之后才能脱离组织。

工人们很快开始自行组织工会。在工业行业的工人中,75%的男工和25%的女工都加入了工会。工会联合会在1903年年底共有47个协会,951个分会和14个地方工会。会员数量达62849名。

除了工会联合会,工人们还有10个协会,15个地方工会,约23477名会员。

整个丹麦,有86326名工人加入了工会,其中8%是女工。

1901年,联合会全年收入为190396200马克,支出为136703500马克。年底账户现金为169434600马克。

32个协会出版刊物,其中25个协会是全国性的联合会。印数分别为70560册和11650册,收入分别为约23037马克和8095

马克。7月2日以来，全国联合会出版了《工人报》。这份报纸被送到每一位联合会代表、地方联合会和工会主席手中。

《工人报》印数为1500份。

1903年3月，全国联合会前任主席 J. 延森作为市议会多数派社会党议员，当选哥本哈根主管财政的市长。延森自1880年起就同丹麦工会运动紧紧联系在一起。多亏了他的工作和付出，工会运动才取得当下的局面。

现任联合会书记被选为他的后任。加入工会的工人人数的比例从1900年起已经发生了很大的变化。几乎在所有的地区都存在失业的情况。全国联合会几个月以来都在进行失业调查，而且也在未加入联合会的工会开展调查。

调查的问题如下：

1. 各月登记失业者人数。
2. 各月工作时间。
3. 月底失业人数。
4. 失业者和流浪者每月的开支。

联合会所属工会和地方工会为了得到令人满意的答案而长期开展调查。这也是为什么我们也要在其他工会开展调查的原因。

对第2个问题的回答使我们充分理解了失业状况。情况还不算坏，我们还是能接受对第3个问题的回答。

1902年至1903年的全国失业情况如下：

年份	1月	2月	3月	4月	5月	6月
1902	21857	21943	18719	13511	15347	15650
1903	14725	14867	10946	6917	4617	4946

年份	7月	8月	9月	10月	11月	12月
1902	14095	12990	11589	12455	14206	19180
1903	5263	5971	5971	5069	7346	10360

自1900年以来就一直困扰着这个国家的经济危机在1899—1903年11月造成的失业人数如下：

1899	1900	1901	1902	1903
5108	13795	17917	14206	7346

危机没有过去，6月反而更加严重：失业人数上升到了9000人，也就是说10%的工人都失去了工作。

失业补助情况如下：

1899	13343700 马克
1900	26590900 马克
1901	37943600 马克
1902	43289500 马克
1903	38875000 马克

开支在不断增加，因此一些部门竭力拒绝让步的要求。出现失业是很正常的。企业主希望降低工资。类似的做法在经济危机的这几年里屡试不爽。

以1902年蒸汽轮船承租人与驾驶员的斗争为例子。

在所有地区，驾驶员和海员工资在丹麦是有协议的，基本稳定在6720马克。承租人想降低工资的25%。由此，工人们在靠岸后开始罢工。

不久后的 4 月下旬，哥本哈根和其他一些城市的码头工人和海员都停止了工作。

大量英国司机和俄国码头工人来替代他们的工作。因此，4 月初，丹麦工人别无选择，开始复工。

承租人却决定不再在轮船上和港口雇用加入工会的工人，这段时间他们特别嚣张。船工们不得不陆续离开组织。很多工人很快又被重新组织在一起，开展反抗工作，最后他们的工资又回到了原来的水平。

1902 年，建筑承包商又开始降低工资。博恩霍姆岛的工人从 4 月到 9 月工资就减少了 10%。在哥本哈根，这种情况一直持续到 1903 年 3 月，整整 11 个月。工人们一直忍受着这种剥削。

不同行业的工头们都以同一种方式进行剥削。有时候我们的斗争也会取得一些成果，劳资双方达成一致，改变现状。纺织工人、装订工人、轻革矾鞣工人、泥瓦工、细木工人等行业的工人的情况就是这样。

我们根据"工资指导标准"的要求进行坚决的斗争。

不管情况多么恶劣，我们都在一些行业争取提高工资。哥本哈根印刷工人、餐厅女服务员、火柴工人、化学厂工人、钢铁工人、机械工人、磨坊工人和外省的缝纫工人、一些城市的苦力、锅炉工人、织毯工人都为争取自己的权益开展过斗争。

不久之前，在 3 月 19 日—6 月 25 日的大罢工后，为了争取合理的工资增长，将近 600 名装订工人进行了斗争。

除此之外，各行各业近期都出现了一定数量的冲突。

几乎在各个行业，加入工会的工人都按照自己的意愿组织起来，同企业主进行谈判，协商工资方面的事宜。

在一些有强制仲裁委员会的行业，涉及工资问题都没有出现开除和停工现象。在没有强制仲裁委员会的行业，工人和企业主聚在一起协商，尽量避免冲突。

企业主联合会主席和全国工人联合会主席一样，都是议会议员。议会在哥本哈根讨论了5个行业的情况。一年内，强制仲裁委员会解决了135起冲突：泥瓦工，32起；细木工，36起；木工，48起；木器工人，6起；冶金工人，13起。

在另外一些有固定合同的行业，冲突数量成正比。国家委员会向工人和企业主提供信息，拟定合同，解决工资和工时问题。（完全按照澳大利亚的做法）

这种做法被认为是隐藏了阶级斗争。丹麦天主教议员在议会提出了基督教工会的解决办法，受到工人议员和企业主议员反对。政府的部长也表示反对。

1900年，丹麦工人联合会用于支持各起罢工和同盟歇业的费用为482766马克，用于援助国外罢工和同盟歇业的费用为55522马克。这些费用直接由联合会支付。援助各国的款项如下：比利时，448马克；德国，2352马克；法国，810马克；荷兰，11256马克；挪威，2352马克；瑞典，16800马克。

地方组织也有相应的问题。组织的援助经费占支出的2%。其他各项支出也都由组织负担。这些费用都不入账。

一些工会希望通过法律手段解决与企业主之间的分歧。

两项法案得以提出。其中一项法案被提出了两次。这项法案的内容是建议拨款60万克朗，为1901—1902年冬天的失业者提供救助。提案遭到否决。但其间接结果是一些慈善机构通过市政机构的帮助接受了这个计划。

另一个法案是向工会提供50万克朗的补贴。援助资金由经费保管账户保管。每年每个工人只能领取10克朗。

这个法案是由社会民主党人于5月6日提出的。其进展并不尽如人意，但如果保守党议员支持社会民主党，给法案投赞成票，那么法案很可能获得通过。

就像工人们组织工会一样，丹麦企业主建立了一个强有力的全国联合会。

1903年，全国联合会共有25个省联合会，233个分会，3836个工会。在哥本哈根，有38个分会，3485个工会，会员7321名。

资本主义在1899年达到了顶峰，尤其是在冶金行业。工人甚至在罢工期间也无法对企业主联合会构成威胁。

1903年，企业主联合会在冶金业和轮船制造业两次举行同盟歇业来威胁工人。

赫尔辛格的40名建筑工人两次罢工，要求提高工资。两次，工人们都屈服了，不想坠落到他们其他同事遭受的苦难中。

我们全国联合会尽管面临众多困难，但希望工会能和社会党达成一致意见，共同战斗。

我们组织的扩大，正值工会运动、经济发展、合作运动和政治运动时期，如何对抗资本主义不单单是我们所面临的困难。

我们希望继续沿着这条道路走下去。

丹麦工会联合会

主席　M. 奥尔森

丹麦社会党于1871年7月21日成立。1890年，社会党拥有109个组织，1.4万名党员；1896年，拥有239个组织，2.3万名党员；1901年，拥有200个组织，2.5万党员。

党的财政收支并没有公开，各个部门都有专门的账户。1889年，党赢得了一个议会席位；1890年，赢得1.72万票，5个议席；1892年，赢得2万票，4个议席；1894年，赢得2.5万票，10个议席；1898年，赢得3.2万票，13个议席；1901年，赢得4.3万票，16个议席；1903年，赢得5.6万票，16个议席。

市镇议会席位数量从1896年的94个增加到1903年的405个。

社会主义报刊的发行量共计7.4万份，有22家日报和2家周刊。

1889年，有250个工会，2万会员；1900年，有1195个工会，96295名会员。——**书记处注**

保加利亚社会主义工人党

我们向社会党国际局报告过从巴黎代表大会结束到1904年3月保加利亚社会民主党开展的工作，但我们认为仍然有必要向参加国际代表大会的代表同志报告我们的工作。

自1904年3月成立之后，保加利亚社会党就以国际历次代表大会通过的决议所确定的革命社会主义基本原则为基础。但是，党的实际工作与这些原则还有一定距离，并且有一部分党员还步入了小资阶级后尘。党的组织机构弥漫着一些原属于资产阶级的人的绝望和对现状不满的情绪。我们可以看到，在我们党，人数上占主导的是三分之二的小资阶级，还有三分之一是知识分子和工人。组织的成员结构都是相似的，很少有例外，因此我们的纲领只是表面激进。这种激进不同于其他政治组织。它是在社会主义指导下产生的，带有社会民主主义色彩，非常有利于小资产阶级。事实上，这种激进与社会主义无关。在大选期间，我们党经历了蓬勃发展。我们计划利用这段时间来宣传社会主义政治。社会主义运动表面上仅是民主运动，偶尔鼓动手工业者和农民造反。自然，我们党很快就发展起来。在1894年和1895年的选举中，我们赢得了3000票；1899年，8000票；1901年，1万票；1902年，1.8万票。1894年，我们赢得2个议席；1899年，6个；1901年，1个；1902年，8个。我们在农村的选举部分取得了巨大的胜利；相比而言，城市没那么理想。除了在斯利文（工业中心）产生了2名议员，其他 6 名来自扬博尔、帕夫利凯尼和苏海恩达尔等小土地所有者占主导地位的地区。

这一成功不单归功于之前提到的运动，也是由于国家社会经济形势。1896—1904 年，保加利亚由于收成和农村制度问题，经济危机一度加剧。国家这样的经济状况打击了手工业者和一些农民的生计，很大一部分小所有者变成了无产阶级。这些人，尤其是农民对资产阶级政党深感失望，所以他们愿意选择有希望改变现状的政党。这些小所有者可能很快就会对我们社会党感到失望，再一次把票投给资产阶级政党。但是，在 1903 年的选举中，这些人中的很大一部分把票投给了资产阶级政党。不过，社会党候选人在帕夫利凯尼、哈斯科沃、卡赞勒克、扬博尔和苏海恩达尔的农民地区还是很受欢迎，在后来的选举中赢得了几百张选票。以哈斯科沃和卡赞勒克地区为例。在第一次大选中，我们赢得了 1500—2500 张选票。在 1903 年的选举中，仅仅获得了 300 张。在扬博尔获得 30—40 张，在帕夫利凯尼更糟糕，大概失去了 300—400 张选票。但是情况就是这样，就像我们后来在《社会未来报》（1902 年）的一篇报道所说的那样，不要对成功抱有幻想。

不幸的是，我们的政党并没有一成立就获得成功。尤其是在选区，一切都是幻想。党员认为社会主义工人党"有能力发挥作用"。在他们看来，只要党的影响力稳定而持久，能够引领社会变革，渗透到资本主义内部，建立民主制度，就能很快实现社会主义。尽管党员同志和党的有关组织推动党的建设，在乡村的选举徒劳无益地消耗了党的资金，在城市我们党并没有开展任何有意义的工人斗争运动来反对资本主义。

大部分党员同志都承认，我们党这样的道路非常危险，这有可能使我们党像几年前的塞尔维亚党和罗马尼亚党沦落为激进民主党。正因如此，1897年以来，我们的历次代表大会都指出，鉴于这些危险，我们要在城市团结工人阶级，使他们成为保加利亚争取民主的中坚力量。对党的力量的过高幻想以及对这些问题的错误解释，都不能否认我们党的作用和地位。由于众多党员正在努力改善我们当前的问题，这使我们党拥有无限的生命力。

中央委员会不大稳定的领导是这种现状的温床。过去，中央委员会委员并没有在城市居住，因此几乎不可能由委员会来处理党的事务。尽管这样，我们的努力使我们党没有走上一条危险的道路。一方面，在党内工人数量在增加，而小资产阶级在减少；另一方面，党组织加强了党在城市，尤其是在工人之中的宣传。但是，一些党员深受西方修正主义，尤其是米勒兰和饶勒斯入阁主义的影响，决定公开反对这种转变。

1900年，中央委员会委员扬·萨克佐夫在斯利文党代会两个月后，开始编辑一本双月刊《共同事业》，用来宣传"阶级合作和对社会力量的组织"，主张建立企业主、商人、手工业者、农民和工人共同的党，放弃之前的根本原则。

这在保加利亚造成了思想上的混乱。萨克佐夫在斯利文代表大会之前就试图传播这些思想。他的举动被一些党员视为对党的背叛。正因如此，萨克佐夫不仅不敢公开宣扬他的新思想，反而发表了一些与此相反的论调。两个月后，他又在《共同事业》上卷土重来。《新时代》和党的中央机关刊物《工人信使报》批评《共同事业》背离了党的原则。萨克佐夫写了《狭隘的社会主义》等文章进行反驳，断章取义地引用马克思的科学理论，主张发展"宽广的社会主义"。

在被要求解释什么是宽广的社会主义时，萨克佐夫直到被开除党籍，都没有给出任何解释。1901年的普利文党代会通过决议，强调要坚持党的无产阶级特征。一年后的特尔诺沃代表大会再度通过决议，对萨克佐夫的行为进行了谴责。

党内关于新思想的论战对党的发展来说是非常有益的。它指明了党的原则、策略和问题。党组织的力量在不断恢复。但是，萨克佐夫及其支持者认为"宽广社会主义"的想法是有必要的，他们在党组织内部展开了"破坏"活动。

在普利文代表大会上，他们企图破坏中央委员会和中央机关刊物《工人信使报》，选举一名萨克佐夫的忠实追随者担任财务书记，但未能得逞。在特尔诺沃代表大会上，他们又采取了同样的行动，除了选出了一名书记，同样未能成功。这名书记为了赢得信任，痛斥了萨克佐夫的行为，以此来掩盖自己的计划。

特尔诺沃代表大会后，中央委员会在特尔诺沃举行了首次全体委员会议。所有委员会委员都履行了索非亚代表大会上制定的义务。但是萨克佐夫和他的书记又开始了破坏活动。中央委员会每次提出要巩固党组织、发展更多的党员、加强社会主义宣传、坚持代表大会领导的时候，萨克佐夫和那位书记就会反对，那位书记甚至拒绝同意委员会决议。另一方面，在索非亚的地方组织中，两位委员会委员拒绝落实中央委员会制定的文件，并进行了蛊惑人心的宣传。这两名委员的行为随即引起争论和批评，当地委员会撤销了他们的职务。中央委员会的多数委员都支持代表大会决议。我们决定暂停有问题的组织的活动，在等待党代会裁决过程中筹建新的机构。只有党代会才能撤销委员会的决定，但是也有少数人拒绝服从大会和书记处决议。不久，中央委员会一致决定收回前任书记存放在经费保管机构的经费，将它以中央委员会的名义在索非亚当地设立基金。那位书记收回基金，私下将它存入自己名下。同一时间，萨克佐夫拒绝执行党让他交出委员会印章的决议。中央委员会宣布,他要为他的错误承担一部分责任,而少数派认为中央委员会已经遭到破坏。结果,中央委员会的声明未得到执行,因为多数派已经关闭了一些省级组织。党章第 7 条规定,党代会权利由中央委员会执行。但是,少数派并不执行这条规定,他们采取激烈的行动来破坏组织。中央委员会认为有必要停止他们的行动,举行选举,并把入党登记、档案管理、资金保管等工作托付给值得信任的人。少数派在这点上也同意委员会的决定,并开始选举工作。但有一天少数派突然拒绝出席会议。中央委员会两次邀请他们都没有得到回应。我们确认,在这段时间少数派已经向它所属支部传达了秘密命令,恶意中伤中央。1903 年 3 月 18 日,中央委员会向各个组织机构下达了最新命令。党以这种方式来保持自己的纯洁性。

1903 年 7 月 20 日,党的第五次代表大会在鲁塞召开。本次大会有 50 个组织出席,一致同意把扬·萨克佐夫、前任书记 T. 达贝夫和议会党团成员 N. 加布罗夫斯基(律师)、V. 迪米特罗夫(律师)、安德烈·库欧夫(律师)开除出党。

经过这次整肃,我们党克服了众多阻挠自己发展的因素,开始了社会主义宣传工作,着手建立党的工人组织和工会。

一年来,这些活动收获颇丰。自 1901 年来,劳资冲突就不时发生。从那时至今爆发了 18 次罢工。其中 1901 年就有 7 次。一家制糖厂——鲍利斯王子制糖厂(比利时公司)——的 600 名工人和索非亚市内电气铁路部门的 100 名工人走上街头,举行了罢工——尽管结果并不理想。1902 年,普利文纺织厂的 150 名工人和鲍利斯王子纺织厂(英国公司)600 名工人的罢工取得了胜利。1903 年爆发了 2 次罢工。今年爆发了 12 次,其中有 3 次是重要的工人运动:普罗夫迪夫 100 名烟草工人罢工(未成功),300 名面包工人罢工(成功)和 40 名萨莫科夫工人罢工

（未成功）。几乎所有罢工都是自发的，并没有人组织。党没有趁此机会组建分支机构。我们党通过向工人运动提供资金和面包来支持罢工者。利用这次机会，我们党组织了多次政治集会。总体来看，这些集会结果不错。我们又建立了50个新工会（其中8个在首都）、1个名为"哈斯科沃觉醒社"的协会和1个犹太工人协会。所有组织都紧紧团结在我们党周围。保加利亚社会主义工会联盟在鲁塞工会的倡议下建立，拥有众多工人。7月21日，该联盟的第一次会议在普罗夫迪夫举行。

在过去一年中，我们党着眼于工业中心的发展，在立法机关选举中也取得了成绩。虽然未获得议席，我们仍然赢得了2500票。

目前我们党有45个组织，1000名党员。党的机关报是《工人信使报》，发行量为2500份。科学杂志《新时代》有900位订户。此外，还有发行量为1000册的月刊《工人事业》。根据党代会的决议，我们党建立了出版社来出版宣传社会主义的书刊。在众多出版商中，我们的出版社出版了拉柯夫斯基博士的两本关于党的建设和机会主义的小册子，同时还出版了25000册流传较广的"红色年历"。

这种成功意味着社会主义运动的发展。从1900年到1904年，得益于"国家工业扶持法"的优惠政策，工厂数量增加了66家。1904年，工业15个行业共有99家工厂。这些官方数据并不一定准确。实际数字更大。根据索非亚统计局的数据，产业工人和在作坊工作的工人的人数为20万，总人口为370万。在这些年，城市无产阶级队伍也在不断壮大。这是农村劳动力不断向城市集中的结果。35年前，至少在15年前，我们认为我们的国家是一个小农业国，而今天它早已变了模样。

根据下表提供的数据，您可以对上述情况有一种较为清晰的认识。

田产 公顷	所有者数量 绝对数	百分比 %	面积（公顷） 绝对数	百分比 %
0—1	257273	32.2	108951	2.7
1—5	251756	36.5	779493	10.6
5—10	149001	18.6	1058328	26.6
10—20	77598	9.7	1051226	26.6
20—50	21019	2.6	585913	14.8
50—100	1993	0.3	133886	3.4
100—500	861	0.1	163116	4.1
超过500	87	0.0	96664	2.4

这些有利条件促进了党的活动的发展。我们深信，自1903年成立以来，党在保加利亚变得越来越强大，其重要性日益凸显。

现在，党在工人阶级的机会主义者中遇到了一些障碍。这些被排除在党外的机会主义者、3个农村中心地区的组织以及索非亚组织宣布成立"保加利亚社会党"；他们骗取了党组织不可侵犯的资金，并通过借款创办了自己的"社会党机关刊物"。他们宣称自己为"真正的社会主义者"，但事实上却采取各种不正当手段发起斗争。对于这些"真正的社会主义者"而言，反对党组织的唯一方法就是处处诽谤。这些"真正社会主义者"眼中的"社会主义"就是组织上的"合作"和妥协，甚至充当国内亲俄的小帮派：他们参加对远东战争俄国伤员的救助，在工会和反对社会主义宣传中保持中立。他们反对罢工，指责党组织限制工人阶级的发展。

在保加利亚谈工会中立是非常荒谬的。受到社会民主党影响的工人运动得到社会民主党的保护。但这些"真正的社会主义者"——我们国家的机会主义者——充当了资产阶级说谎者的角色，可能会对党组织的发展构成威胁。不过我们已揭穿了它利用工人阶级反对社会主义的真实目的。他们在渐渐走向深渊。我们深信，过不了多久，他们就会从党组织的发展道路上彻底消失。

他们最大的期望就是以社会主义政党的身份出席阿姆斯特丹代表大会，并受到大家承认。他们希望在保加利亚工人阶级中树立威望，并继续他们的反社会主义活动。因此，我们向阿姆斯特丹代表大会的代表同志说明这些代表在立场上是机会主义的，请大家反对在保加利亚建立第二个社会主义政党，因为这将激化我国的斗争，给在不利条件下活动的社会民主党制造难题。

各位同志，请接受我们最诚挚的问候。

中央委员会

D. 布拉戈耶夫　G. 基尔科夫　G. 格奥尔基耶夫
G. 巴卡罗夫　N. 哈拉柯夫

保加利亚社会民主工党

没有必要一一叙述保加利亚社会民主工党发展的细节。社会民主工党是主动采取行动和发展起来的。首先,在巴黎代表大会上我们就已经被大家所知。随后,党的发展情况并没有太大的变化。而目前,我们国家传统工业正面临转型——这是每一个国家都要经历的阶段,在这段时期,社会民主工党不容乐观的状况是我们国家不同于其他国家的地方。

我们党的发展最近出现了一种特殊现象,那就是组织内部的分裂。直到1903年,我们党的指导思想是科学社会主义,今天仍然如此。但是我们党的党员结构已经有了重大变化。一些自甘堕落的人放弃了他们的阶级,工人们正在寻求与他们有共同志向的同道,建立新的政党。但这并不意味着我们党发展的挫败,为了说的更明白,我们举一些数据吧。根据党的年度报告,虽然有一些分裂分子,但是1901年,无产阶级工人占我们党员数量的27%,而小资产阶级占51%。1902年,工人数量占39%,小资产阶级占35%。1903年,41%是工人,25%是小资产阶级。

我们接着往下讲。

党员总数和党的财政收入

我们党的财政年度从每年7月1日开始,年度代表大会也在这时召开。1901—1902年,我们党共有2507名党员;1902—1903年,共有

1670名党员；1903—1904年，共有1750名党员。1902—1903年党员人数下降，是由于党内分裂。

扩大党的收入是当前和未来我们必须重视的工作。党的收入来自：（1）党员交纳的党费；（2）党的刊物《红旗》的收入；（3）"党员手册"的收入；（4）捐款。1901—1902年，党的收入为5273法郎；1902—1903年，4680法郎；1903—1904年，4000法郎。

工会数量和年度收支情况

1901—1902年，受党领导的12家工会和工人总联合会有8000名会员，经费为3600法郎；1902—1903年，受党领导的20家工会和工人联合会有1544名会员，经费为12114法郎；1903—1904年，受党领导的24家工会和工人联合会有1655名会员，经费为18640法郎。

除了工会和工人总联合会，我们党还领导了5个合作组织社，其中3个是消费合作社，2个是面包生产合作社，资金共计1万法郎，社员为1600名。

社会主义报刊和行业报刊的数量

我们党在1901—1903年间只有一家机关报《工人信使报》，每周发行一期。在党发生分裂后，根据党代会决议，我们创办了中央机关刊物《工人斗争报》，每周发行两期，发行量为2500份。

除了中央机关报，同期党的省级组织办了5种地区宣传报纸，发行量为5000份。

"红色年历"是我们党重要的宣传方式，在党发展的鼎盛时期，它的读者是城市和农村的所有工人，发行量约为2万—2.5万册。今年，发行量只有 1.5 万册。

我们拥有一家行业报纸——《保加利亚印刷工人》，它是印刷工人的机关刊物，每月出版 3 期，发行量为 800 册。

此外，我们党还拥有两种月刊：扬科·萨克佐夫领导的《共同事业》和 E. 达贝夫领导的《工作》。每一种的发行量都是 1200 册。前者主要涉及社会主义理论和实践，后者主要是在工人群众中宣传社会主义。

议会选举得票数和市镇议会中社会党议员人数

1901—1904 年，我们参加了两次议会选举——一次是在 1901—1902 年间，另一次是在 1903 年。第一次议会选举的得票为 2.1 万票，第二次为 9000 票。在第一次议会选举中，我们党 7 名候选人当选议员，而第二次没有候选人当选。在后一次选举中得票数下降的原因，可能是由于党内分裂。同时政府的情况也不那么乐观。

由于这些因素，我们没有赢得选举，仅仅在一个市镇议会中成绩较好。

党的中心主要在这些城市：索非亚、卡赞勒克、特尔诺沃、哈斯科沃、扬博尔、斯利文、塞夫利耶沃、瓦尔纳和普罗夫迪夫。在其他一些市镇，直到现在我们才有候选人当选议员。

再说一下五一示威游行。我们把这一天称为劳动节。所有国家的无产阶级都在这一天举行隆重游行。今年游行的规模超过以往各次。几乎每一次我们都在建有党组织的城市发动工人游行。像这样的情况，在卡赞勒克、哈斯科沃、瓦尔纳这些城市都不少见。索非亚的游行人数更是达到 2500—3000 名。在首都的大街小巷和空旷地区，聚集了 6000 多名工人和居民。对一些工业大国来说，这种游行人数不算什么，但是，在我们国家,它是保加利亚工人阶级要求发挥作用的见证。

社会民主工党书记

G. 达贝夫

1904 年 5 月于索非亚

社会民主工党成立于 1894 年 1 月。

1902 年,它拥有 77 个组织和 2005 名党员。同年,它赢得了 20307 张选票,7 个议会席位。

社会主义报刊主要是 1 家周报和 4 家月刊,年发行总量为 18 万份。

1902 年,全国有 32 个工会 1231 名会员。印刷工人出版了 1 种每月两期的机关刊物,邮电职工出版了 1 种每周一期的机关刊物。——**书记处注**

英国工人运动

1904 年 6 月 20 日于曼彻斯特

致布鲁塞尔社会党国际局

应将于 8 月在阿姆斯特丹召开的国际社会党代表大会通告的要求,我们作为工会代表需要对自己国家的社会主义发展状况和工人运动情况作一个汇报,以下就是我的报告:

在过去四年中,英国工联的政策发生了巨大的变化。这一结果是由于多数组织放弃了老一套而采取了新的政治策略。仅仅四年零几个月,英国工联代表大会议会委员会就通过了关于建立工人政党必要性的决议,并进行了关于合作社、社会主义协会和工会的讨论。现在一个工人代表大会已顺利召开。下面这个表格,是劳工代表委员会成立四年来发展状况一览表,包括隶属于工联理事会的社会主义协会:

	工会数量	会员人数	工联理事会数量	社会主义协会数量	会员人数	共计	增长比率
1900—1	41	253070	7	3	22861	375331	—
1901—2	65	455450	21	2	13861	469311	24.83
1902—3	127	847315	49	2	13835	861150	83.5
1903—4	165	956025	76	2	13775	969800	12.6

1903年9月在莱斯特举行的工联代表大会代表100万会员的代表有四分之一来自工人组织。而今年2月在布拉德福德举行的工联代表大会代表的工人数量也接近100万。我们看到，所有英国工人很快都会为争取更大的进步加入到工人运动中。您可能知道，国会议员是没有报酬的，选举开支需要由候选人承担，因此穷人不可能成为候选人，至少他们不会得到保守党人的支持。当然，独立进行选举也是不可能的。为了克服困难，众多工会组织的会员出资支持他们的候选人。此外，参加工联代表大会的每位会员每年还需要交纳10生丁。摆脱行业代表、尽快组成统一政党也是工人们的愿望。这项工作正在紧锣密鼓地进行，并且已经取得了巨大的成功。

联合会最近在工联主义的道路上又迈出了新的一步。它买了一块地来建造房屋，作为其会员的共同财产。其目的是建造美观而坚固的房子。结果每座房子都非常舒适，专门租给个人，而且租金低廉，同时工会得到相应的利润。

铸铁工人和马口铁工人联合会

约翰·雨果

1900年英国的四大组织：

社会民主联盟：9000名盟员。

独立工党：1.3万名党员。

费边社：861名社员。

劳工代表委员会：17万名会员。

工会总联合会共有56个组织，40万名会员。

英国工会数量在1900年为1272个，共有1905116名会员。——**书记处**注

意大利社会党

初建

意大利社会党于1892年8月15日在热那亚代表大会上成立。在这次大会上,社会主义者最终与无政府主义者分道扬镳。192个工人政治协会和联合会出席了这次代表大会。

党的代表大会

热那亚代表大会后举行了其他七次代表大会:

雷焦艾米利亚代表大会:1893年9月8—10日举行,141个市镇的217个工人政治协会出席。

伊莫拉代表大会:1894年9月7—9日举行,182个协会出席,但大会被克里斯皮政府禁止,该政府于1894年10月下令逮捕和迫害意大利社会党人。

帕尔马代表大会:1895年1月13日举行,这是代表意大利各地(卡拉布里亚、普利亚大区、撒丁岛除外)的社会主义组织64名代表的秘密会议。

佛罗伦萨代表大会:1896年7月11—13日举行,党的329个支部出席。

博洛尼亚代表大会:1897年9月18—20日举行,276个支部出席。

罗马代表大会：1900年9月8—11日（1898年反动派掌权结束后，佩卢政府上台）举行，219个支部出席。

伊莫拉代表大会：1902年9月6—9日举行，836个支部出席。

博洛尼亚代表大会：1904年4月8—10日举行，872个支部的934名代表出席。

党组织

直到1894年，社会党是在社会主义者个人和集体的努力下建立起来的。但是，在受克里斯皮政府取缔后，党为了避免一些组织遭到反动政府的镇压只接受个人加入。

党组织是统一集中的。不同于此前仅在米兰开展活动的劳动党。社会党有自己的机关报，中央执行委员会起初有5名委员，后来是3名，还有1名书记。

各个地方还有一些组织和"党的支部"，支部由至少10名党员组成，并得到中央委员会的批准。

直到1896年，在米兰出版的《阶级斗争》周报一直都是党的正式机关报。

1896年12月26日，我们创办了日报《前进报》，并决定在罗马发行，尽管这里与意大利北部工农业发达省份相距甚远。

1900年党代会之后，党在罗马的领导机构有了重大变化，由11位党员委员组成，其中5名是议员党团议员，5名是代表大会选举产生的委员，1名是《前进报》主编，设有3名书记（政治、经济和行政书记）。

我们决定《前进报》和议会党团继续受党的领导，但自主管理，其行动对党的代表大会负责。

1904年4月的博洛尼亚代表大会后，党的领导机构由9名委员组成，其中有《前进报》主编、7名大会选举产生的委员和1名议会党团议员。此外，还设有政治书记和行政书记，但是他们并无决定权。

政治行动、选举行动和经济行动

由于工人协会分裂，党允许个人入党。此后，党的工作重心转移到了政治行动和选举行动上。这也是为了应对反动政府的镇压、赢得更多民众的支持。我们为了宣传和选民登记、赢得大选和市政选举而辛勤工作。

通过宣传，我们在选举中获得了胜利，并借此传播了社会主义思想。党的力量也日渐壮大。1897—1898年，党开始抓经济工作，号召组织产业工人开展经济活动。在此期间，在伦巴第、托斯卡纳和那不勒斯议会选举后，反动政府在1898年还进行了一次迫害行动，企图以此来消灭宪法规定的自由权利。

社会党议会党团于1899年开展了阻挠路易吉·佩卢反动政府议案的行动，并赢得了左派、自由党和民主自由人士的支持。在1900年的大选中，社会党议员和极左派议员人数翻了一番。翁伯托一世在蒙扎遇刺后，他儿子即位，接受了萨拉科、扎纳尔代利、焦利蒂政府，这个政府推行自由主义政策，我们的工人运动因此大受打击。

很快，20多万农民组织在改良同盟周围，于1900年11月在博洛尼亚全国代表大会上成立了全国联合会。

1901—1902年间，农业工人的罢工屡有发生，并取得了胜利。地主们对这种新的阶级斗争方式并无准备。因此，农业工人在一定程度上改善了他们的状况，工资得到了增长，劳动合同得到了修正，工时也有减少。①

在这场影响深远、会议多次介入的运动中,社会党一直扮演灵魂角色,同时扮演了调停者。同时,社会党还致力于建立新的工人组织和全国联合会。其中有几家组织力量巨大。例如海员联合会,它是在1901年热那亚大罢工结束劳动介绍所被政府解散后建立的。②

党的有关数据

各年登记在册的党支部和党员人数如下:

	支部	个人党员
1896	442	19121
1897	623	27281
1898	860	—
1900	546	19194
1902	1070	37778
1903	1236	42451

其中有18个妇女支部,593名女党员。

---

① 现在全国农民联合会的会员并不多。1903年,农业工人举行的几次罢工由于地主和政府的阻挠而进行得并不顺利。但农民工人的组织还是建立了起来,并且其力量在逐渐壮大,组织结构也越来越好。

② 目前,在米兰设有劳动介绍所联合会和抵抗协会中央书记处。劳动介绍所(自由的工会组织,有时市镇会给它资助)的数量已经达到了75家,其中十分之九由社会党领导,十分之一由无政府主义者和共和主义者领导。参加抵抗协会中央书记处的工会联合会有26个,它们拥有约1400个支部、29万名会员和23种行业报刊。

此外，国外还有许多社会党支部。1903年底，除了在瑞士的意大利社会主义者联合会，登记在册的还有拥有176名会员的6个组织。

至于党员的社会状况，我们只有1236个支部中821个支部的确切信息。

在821个支部中，共有33139名男党员，1080名女党员。其中4947名为手工业者，4970名为农民短工，2024名为年度合同工，1105名为职员，14010名为工人，1621名为小土地所有者，902名为教师，361名为学生，3199名信息不详。

在799个支部中，登记在册的党员年龄在21岁以下的有3979名，22岁及以上的有28282名，其中18200名是选民。

党的预算和宣传

每个支部每名党员每月应向中央交纳5生丁党费。

1904年2月，党的年度预算为2万法郎，用来支付薪水和两位书记办公室的费用，补贴议员（因为在意大利议员是没有津贴的），资助党员和机构，为调查和宣传提供经费。

最近这段时间，宣传工作也放慢了脚步。各家报纸和工人组织的盟友们在各地开展活动。在罢工严重和社会冲突时有发生的地区，我们的议员也深入民间进行工作。领导部门为了组织和工作给议员们提供补助，希望能借此促进新的发展。

社会主义报刊

周报数量有64种，发行量为24万份。其中比较出名的是：雷焦艾米利亚的《正义》周报，它是最早的社会主义周报，于1886年1月24

日创刊，由卡米洛·普兰波利尼领导，发行量为 8000 份。由奥迪诺·莫尔加利创办的《永远向前》周报，发行量为 1100 份。由弗朗切斯科·保罗尼创办的《萌芽》，发行量为 3000 份，每份价格为 1 生丁。S. 瓦拉扎尼和 V. 皮瓦创办的文学插图周刊《周日前进报》发行量更是达 8000 份。

杂志方面，菲力浦·屠拉梯于 1891 年在米兰创办了《社会评论》，这份半月刊发行量为 3000 册。恩里科·费里于 1902 年 2 月在罗马创办了《社会主义》，这份半月刊发行量也为 3000 册。市镇杂志《萌芽》由 M. 波尔塔卢皮于 1898 年在都灵创办，发行量为 1000 册。《劳动问题》于 1902 年由 M. 赞尼和伊达·格罗非创办，发行量为 900 册。自 1902 年来，安乔诺·卡布里尼在罗马创办的刊物《劳动日志》发行量一直稳定在 900 册。

《驴子报》是一份带插图的 8 页周报，由吉多·波德雷卡和卡布里勒·加兰塔拉于 1893 年创办。这是一份社会主义性质的周报，其发行量在反神权主义运动中不断增长，一度达到 52000 份。

路易吉·蒙基尼同志是《社会主义》、《萌芽》、《永远向前》、《周日前进报》、《劳动问题》和《劳动日志》的编辑，同时和埃托雷·契科蒂一起组织翻译马克思、恩格斯、拉萨尔的著作。

路易吉·蒙基尼同时还是罗马党的中央出版社的成员。种种宣传册在 S. 克劳迪奥的工厂印刷出版。后者说他的印刷机都登记在社会党名下。

日报

目前有 5 份日报：米兰的《时代报》（主编：C. 特雷维斯），热那亚的《劳动报》（主编：G. 加涅帕），雷焦艾米利亚的《正义报》（主编：G. 茨波蒂），罗马的《曼托瓦报》（主编：G. 巴契）和《前进报》（主编：恩里科·费里）。

《前进报》是党的机关报，于1896年创刊，由莱奥尼达·比索拉蒂担任主编一直到1903年5月10日。

在罗马进行宣传是必要的，但是在北部城市很难开展宣传。尽管在这些城市有很多社会主义者，教育在他们中间也较为普及，然而报刊发行量却异常低，以致在1902年底《前进报》举步维艰，但主要原因是它倾向于入阁主义。

党的领导机关提议由恩里科·费里担任《前进报》主编（1898年比索拉蒂被捕，费里拯救了《前进报》）。自1903年起，《前进报》的发行量增长了两倍。

《前进报》的阶级斗志和反对入阁的主张在选举中引起了轰动。反对海军部长的运动影响最大，他在被指控包庇商人、挪用高达数百万国家预算后被解除职务。这位部长起诉《前进报》，以致恩里科·费里被判处16个月的监禁。而这名部长被提名担任舰队长官，法庭主席得到了升职。

在选举刚开始时，政府反对《前进报》提出的对军队进行调查的要求，在海军部长被起诉后由于舆论压力才不得不接受这一要求。

《前进报》的另一次行动也引起举国轰动。这就是抗议政府为尼古拉二世访问意大利而组织防止俄国人抗议的安保工作。沙皇最终没有到意大利访问。意大利社会党认为这是国际团结的一个范例。

选举进展和议会代表

社会党有4.2万名党员，他们都交纳党费。在一个人口达3300万的国家，这个数量确实不大。但是我们不能忘记，意大利社会党还很年轻。此外，它在整个国家对舆论、对经济政治运动的影响力是不容小觑的。尽管意大利并未实行普选，文盲也大范围存在，甚至1896年克里斯皮还利用职权将80万选民除名，最终只剩下300万选民，但我们依然能看到社会党在选举中取得的进展。

事实上，在1892年的大选中，社会党赢得了26000张选票和6个议席。1895年，社会党赢得76000张选票和10个议席。1897年，社会党赢得135000张选票和16个议席。

在1900年的大选中，社会党赢得了175000张选票和32个议席。但是，在开展对政府的阻挠行动后举行的选举中，它与激进派和共和派结成同盟，因此175000张选票并不都是投给社会党的。

议会党团

508名议员中现在有32名社会党议员，他们分别是：阿尼尼、阿尔贝特利、安托利塞伊、巴达洛尼、巴尔巴托、贝雷尼尼、贝尔特希、比索拉蒂、博尔奇亚尼、博西、卡布里尼、基耶萨、奇乔蒂、科斯塔、费里、加蒂、洛利尼、马伊诺、迈罗尼、蒙泰马丁尼、莫尔加利、诺埃、诺弗里、佩谢蒂、普兰波利尼、里戈拉、龙达尼、西凯尔、托代斯基尼、屠拉梯、瓦拉扎尼、维尼亚。

其中2名是工人，2名来自工商业，1名是工程师，2名是私人企业主，还有16名律师，4名医生、教师和记者。

其中有几个人并没有从事本行业，而是投身于党的宣传工作。

在这届议会任期，议会党团的力量是非常明显的。佩卢政府垮台后，社会党议员的入阁主义开始缓和。同时议会工作相当出色，他们否决了扎纳尔代利和焦利蒂部长提出的几项社会改良计划。近期，费里反对海军管理机关、莫尔加利反对沙皇访问意大利的运动和比索拉蒂对前海军部长的起诉都获得了胜利。

市镇委员会和省委员会中的社会党人

我们没有党在市镇和省级行政管理机关的情况的统计数据。但可以确定的是，1898年反动派掌权结束后激进派和共和派的联合在地方如雨后春笋，社会党人也不断当选省市参事，某些市镇甚至受社会党人掌握。

市镇法并没有给市镇管理机关太多权利。因此，社会党人的工作受到了很大限制。我们在一些由社会党人掌权的市镇尝试降低食品税，对城市和乡村的地主提高直接税，废除奢侈支出，补贴劳动介绍所，给工人合作社更多的优惠政策，提供教育，扩大公共服务（水、电等）范围，卡塔尼亚省还扩大了面包生产（社会主义议员德费利切在此发挥了作用，但是他并没有入党）。

雷焦艾米利亚是唯一一座社会党人掌权的城市，它是贯彻党的思想的模范城市，为社会合作组织和公共服务的发展提供了有利条件。然而最近，在部分选举中，由于自由派和教权派资产阶级政党结成联盟，社会党并没有赢得胜利。这些资产阶级政党的联盟反对社会党人保护无产阶级和集体利益的行政管理措施，维护资产阶级和小资产阶级的利益。

最近发生的一件事情值得注意。曼托瓦省的委员会中社会党人成为多数派，40名委员中就有24名社会党人。这是意大利前所未有的事情。在众多压力之下，曼托瓦省的社会党人还是靠自己的努力取得了胜利。

党内不合

在意大利——或许在其他国家也一样,社会党的发展都会经历一些危机。其表现的特点就是党内意见不合,这种不合既涉及实现党的理想的行动,也涉及必要的策略。

社会党进入正常运转之后,党的队伍不断扩大,招募要求也不再严格,社会因素使大家感到有必要加入政治经济改革的队伍,这些因素导致了党内对于常规行动的意见不合。

意见的这种不合是有益的,也是必然的。论战的个人冲突性质十分明显。而且,社会党人也没有义务对一些经济组织(合作社、工会等)在行政或政治行动中的表现负责。

在意大利,社会党人甚至在1874年还对马克思和恩格斯的理论有不同意见。在具有妥协性的"改良主义"和不妥协的"革命主义"之间,党内众说纷纭。

在1902年的伊莫拉代表大会和1904年博洛尼亚代表大会上,我们也没有讨论出到底哪种趋势更占优势。

1904年4月召开的博洛尼亚代表大会在政府没有提出自由主义也没有任何改革计划的情况下,通过了"自由主义"方案。党的左右两派意见不同,一派把改革放在首位,相信比索拉蒂的理论,同时表示社会党人可以在君主体制下"参加权力分配",但是实施方式尚未明确。另一派信奉拉布里奥拉的思想,表明了自己的斗争立场,同时宣布不放弃武力。①

---

① 确切地说是:"大会重申,对于政府行为,社会党不放弃任何进攻和防卫的方式,必要情况下,保留暴力武装斗争的可能性"。

除了这两种极端看法，还有其他两种意见（里戈拉和费里的意见）。他们首先是声明要求"党内一致"，认为言论可以自由，但应实行少数服从多数的原则。这一主张被大会一致通过。

但是，面对政府，党内多数派"费里派"还是坚决不妥协。

以下是决议正文："关于阶级斗争方式，大会不接受任何向政府妥协的行为，包括社会党人参加政府。化解党内不合是目前社会党的复杂工作，我们也应借此对社会党人进行教育，驳斥抹黑组织的谣言，争取无产阶级在经济、政治、行政改革中的胜利，同时在党内工作中坚持少数服从多数的原则，以此维护党内统一。"

博洛尼亚代表大会后选举出了新的领导机关。他们主要是不妥协派的代表，主张解决党内"支部自治"问题，因为这违反了党的章程。

这些暂时被允许参加代表大会的自治支部和分离主义者大约有13个支部，980名党员。

如果这13个自治支部不在米兰，这些问题就不严重也不难解决了。而在米兰，冲突十分突出。

党的领导机关组织就973个支部实现"党的统一"举行第一次全党投票。

但只有779个支部参加了投票。

在这779个支部中，613个支部支持党的统一，反对设立自治支部；100个支部接受分离支部的存在，24个支部表示只接受已经存在的13个自治机构。

党内多数人都接受了这一结果，因此领导机关不得不接受这一结果，确定9月30日是实现统一组织的最后期限。许多自治支部与党进行了协商。令人遗憾的是，要达成一致意见非常难。

不过，大部分社会党人，尤其是产业工人和农业工人都非常渴望统一。

政府在实行"自由主义"破产之后，进行了"民主"和"改良"——这就是意大利的政治生活，既然如此，社会党人就必须在反抗乔瓦尼·乔利蒂的斗争中团结一致。但由于人们意见不合，我们的工作也就变得异常辛苦，进度也就变得非常缓慢。

意大利社会党执行委员会

塞尔维亚社会党

塞尔维亚社会党由以下团体组成：

"自由"，布达佩斯，成立于1902年，80名成员。

"协和"，维也纳，成立于1900年，60名成员。

"民族之星"，格拉茨，成立于1899年，48名成员。

"博爱"，柏林，成立于1895年，80名成员。

"觉醒"，慕尼黑，成立于1898年，32名成员。

"前进"，伦敦，成立于1899年，8名成员。

工人联合会：

贝尔格莱德，1901年会员人数为630名。

拉戈迪纳，1902年会员人数为48名。

皮罗特，1902年会员人数为35名。

欧耶策，1902年会员人数为40名。

特哈恰克，1902年会员人数为46名。

南斯拉夫工人（巴黎），1897年会员人数为35名。

党出版一个印数为2500册的周刊《工人报》和一个印数为800册的半月刊。

共有工会7个，会员936名。

印刷工人工会出版半月刊《印刷工人先驱报》，发行量300册。——**书记处注**

法兰西社会党（革命社会主义者同盟）的报告

在1900年国际代表大会之后，几个较大的全国和地区组织组成了今天的法兰西社会党（革命社会主义同盟）。这些组织尽管出身不同，工作形式多样，在宣传和斗争中的分工不同，但在行动方面总体一致。

我们有必要向国际社会党汇报一下我们党目前的构成。从这份简短的报告中我们可以看到，革命社会主义者力量的统一不是人为的结果，而是一步一步脚踏实地地实现的。

社会主义组织联合起来的尝试在1899年至1900年间遭遇失败。在1900年国际代表大会结束后的第二天于巴黎举行的全国代表大会上，我们法国工人党根据工人们的情况提出了解决目前问题的方案，决定："通过成立新的总委员会，把所有的革命社会主义者——不仅包括协会，也包括小团体——团结起来进行阶级斗争。鉴于有人恶意诽谤法国工人党想独占社会主义运动的领导权，我们事前承诺支持多数同志的意见。"

革命社会党的组织、共产主义同盟以及杜省、上索恩省和上莱茵省的自治联合会都支持成立总委员会，与法国工人党共同发表声明，宣布建立统一的联合会，"反对加入资产阶级内阁"。

革命社会主义同盟——为统一做准备的联合会，于1901年6月26日正式成立。

致革命社会主义者

我们向一切革命社会主义者呼吁，我们都应该理解统一的必要性。为了剥夺资产阶级的政治经济权利，如下署名的组织、联合会和团体必须团结起来，共同完成这项已经开始了两年的工作。

坚持立场是必要的。所有假借社会主义的名义所犯的错误我们都不能犯。我们坚持无产阶级的阶级斗争，反对社会压迫。

受米勒兰入阁丑闻影响，我们在很长一段时间内都采取了妥协政策。共产主义者同盟、法国工人党和革命社会主义党发表联合声明，坚持社会主义者的联合。

在雅邱大厅举行的代表大会之后，这些组织宣布他们将团结一致，成立总委员会，坚持长期斗争。

我们呼吁大家重新联合起来，不再走形式主义道路，而是关注我们发展的必要因素。

革命社会主义同盟由一些组织、联合会和一些临时团体组成，我们希望能找到建立真正的联合会的方法。革命的政党反对资产阶级国家，争取一切改善工人阶级处境的斗争，争取工人的权利，积极参加选举。

这些组织、联合会和团体都加入统一联合会，在中央委员会有自己的席位，确保联合会意见一致、行动一致。

中央委员会将采取一切必要手段为实现统一做准备。

今后，我们将保持纯洁性，不允许一些影响我们发展的外来因素和敌对分子进入我们的队伍。

现在，我们将竭尽全力把社会主义力量团结起来，争取胜利。

社会革命万岁！

革命共产主义同盟：贝尔托，巴黎市参议员；谢拉达姆；德让特，塞纳省议员；法耶，巴黎市参议员；格鲁西埃，塞纳省议员；马尔尚；泰西耶。

旺代德塞夫勒革命社会主义者独立联合会：布瓦索；莱代；莫尼耶；保尔·皮罗；昂利·德拉波特。

杜省、上塞纳和上莱因革命社会主义者独立联合会：孔鲁瓦；昂利·佩兰；马克桑斯·罗德斯。

桑利斯（瓦兹省）第二选区社会主义工人团体联合会：亚历山大·安德里厄。

塞纳-瓦兹省独立联合会：法夫雷；茹昂丹；福格特，佩尔桑市市长。

加入约讷省独立联合会的欧塞尔和阿瓦隆社会主义小组：雅克·卢瓦雷；伊西多尔·博南，书记。

巴黎第十一区中央小组：E. 弗雷蒙。

法国工人党：古斯塔夫·德洛里，里尔市市长；保·孔斯旦，蒙吕埃勒市市长；H. 密勒，罗米利市市长；佩罗（兰斯）；巴赫博士（图卢兹）；格雷菲耶博士（格勒诺布尔）；佩罗南（里昂）；R. 拉维涅（波尔多）；孔佩尔－莫雷尔（布列塔尼）；让·热代翁（布瓦西耶）；奥斯曼，P. 马里于斯·安德烈，迪皮，勒纳尔，C. 博尼耶，索瓦内，阿列省议员；白拉克，勒内·肖万，G. 法尔雅，Ed. 福尔廷，Et. 佩德龙，勒内·普雷沃，吕西安·罗兰；F. 鲁塞尔，伊夫里市市长；A. 泽维耶，伊泽尔省议员；茹尔·盖得，保尔·拉法格，全国委员会书记。

革命社会主义党：莫里斯·阿拉尔，瓦尔省议员；阿尔吉里阿德斯；勃鲁姆；J.-L. 布雷东，谢尔省议员；卡尔梅尔；卡普茹赞；E. 肖维埃，塞纳省议员；库唐，塞纳省议员；路易·迪布勒伊；J. 迪帕；埃贝斯；C. 居约；拉菲特；朗德兰，巴黎市参议员；圣莱唐，阿列省议员；阿尔弗勒德·勒菲弗；H. 勒帕日；莱昂·马丁；Ch. 努瓦尔；E. 帕基耶；昂利·普拉斯；罗西尼奥尔；马塞尔·桑巴，塞纳省议员；阿尔伯·坦格尔；欧·托马，塞纳省议员；爱·瓦扬，塞纳省议员；瓦尔特，塞纳省议员。

联合会中央委员会有一项新的统一计划。各个组织经过协商已经接受这个计划，1902年11月3日在伊夫里举行的特别会议对此进行了表决。

法兰西社会党（革命社会主义同盟）就此诞生。在中央委员会中，决定不再是一致通过，而是多数通过。这是我们集体进步的标志。

不过，旧的全国性组织依然存在，它们是中央委员会和一些活动小组的中间人。它们也有居中的布置安排，并沿用之前的名称。如果人们坚持1902年9月26—28日在科芒特里举行的全国代表大会通过的决议，那么它们将在于1903年9月27—29日在兰斯举行的代表大会通过决议后被撤销。

法兰西社会党（革命社会主义同盟）作为一个统一的组织出席在阿姆斯特丹举行的国际代表大会。

兰斯会议上，我们提出了政治、经济和市镇纲领。这个纲领总结了革命社会主义者行动的基本条件：

法兰西社会党（革命社会主义同盟），是无产阶级国际组织的一员，坚持工人的社会解放。

工人在国际上协同行动，无产阶级政治经济组织的目的是争取工人权利，改变生产方式。也就是说，从根本上改变资本主义社会。

一旦经济物质基础扎实，新的社会就会到来。从现在起，无产阶级的兄弟姐妹必须尽可能团结在一起。

革命党反对资本主义。其任务就是尽可能地改变工人斗争的条件。

正因为此，尽管存在不同意见，革命社会主义党的候选人在1902年的议会选举中还是共同提出了无产阶级宣言。法国工人党负责争取更多的地区。

结果，我们党12名候选人当选议员，赢得了40多万张选票。

这12名议员分别是：莫里斯·阿拉尔，记者（瓦尔省）；让·布弗里，矿工，蒙索莱米纳市长（索恩-卢瓦尔省）；保尔·孔斯旦，职员（阿列省）；茹尔·库唐，机械工人（塞纳省）；E. 肖维埃，印刷工人（塞纳省）；维克多·德让特，制帽工人（塞纳省）；古斯塔夫·德洛里，印刷工人（北部省）；雅克·迪富尔，旧货商（安德尔省）；马塞尔·桑巴，记者（塞纳省）；莱昂·蒂韦耶，医生（阿列省）；爱德华·瓦扬，医生（塞纳省）；A. 瓦尔特，绘图员（塞纳省）。

他们是国民议会议员，组成革命社会党党团，卢瓦尔省的议员皮热也是革命社会党党团的一员，他早就加入了法兰西社会党卢瓦尔组织。

1904年的市镇选举中，我们在400多个市镇展开了竞选。在失去了8个原来拥有的市镇的同时，我们在25个新选区赢得了胜利。在蒙吕埃勒，选举活动最后被取消了，不然它肯定也是我们的囊中之物。

最终，我们党还是在法国63个市镇中赢得了多数：68名市长，120名副市长，1200多名市镇议会议员。

区议会选举尚未结束，我们还没有最终投票结果。去年，我们赢得了19名参议员，24名议员。

我们党在800个市镇中有自己的小组和支部，省级联合会有46个。去年，这一数字还只是38个。不管无产阶级发展还存在什么样的阻碍，我们的队伍都在不断壮大。

17694名党员为我们党的选举提供了资助，无产阶级的斗争前途光明。工人阶级有必要团结在一起，反抗资产阶级的剥削。索恩-卢瓦尔省联合会的力量在不断增强，这里的10个市镇有许多矿工。

有必要指出，这里既没有工会，也没有合作组织。尽管如此，这些矿工都为同盟的宣传提供了资金。

除了发行量为4000份的中央机关报《社会党人报》，我们党还有一些地区报刊：一份格勒地区日报《人民权利报》，3种半周刊，14种周刊，1种半月刊，2种月刊，发行量估计为3万份。所有这些报刊都属于联合会，受到严格的管理。

党的行政事务由中央委员会负责，它由联合会代表和全国代表大会任命的执行委员会委员组成，目前的委员是：白拉克、切列切夫斯基、勒内·肖万、路易·迪布勒伊、A. 格鲁西埃、茹尔·盖得、保尔·拉法格、埃米尔·朗德兰、L. 马尔尚、让·马丁、莱昂·马丁、勒内·普雷沃、吕西安·罗兰、R. 图桑、爱德华·瓦扬。

法兰西社会党的故事一言难尽。它积极参加法国的政治生活——无论是议会工作，还是工人运动。

我们反对日俄战争。长期以来，与法俄同盟呼吁法国的无产阶级不要干预国家事务不同，我们中央委员会发表声明，宣布要利用一切手段为工人们谋利益。

法兰西社会党中央委员会

执行书记　白拉克

捷克斯洛伐克社会民主党

于我们党而言，上一次代表大会结束后的三年同之前几年都是一样的：它们是激烈斗争的岁月，不停开展活动的岁月，同时也是捷克无产阶级战胜它公开或隐藏的敌人的岁月。

随着自命宽容的资产阶级反动派人数与日俱增，他们不断争吵和自揭短处，社会民主党通过仔细遵循党的纲领继续英勇前进，它照亮了捷克工人阶级前进的道路，把他们组织起来，并使他们对未来的战斗进行充分的准备。

在行政方面的工作也进行得很顺利。四处爆发的经济危机在工业中心和其他地方横行肆虐，但它无法侵蚀工人阶级团结紧密的队伍。

我们现在的政治和工会组织及其防护措施都比以往更为有力，抵抗运动也更为有效。

我们党固有力量和发展的最好证明，就是资产阶级政党耗资上万弗洛林发行的日报惨烈收场。巨额的投资没能阻挡这份由民族社会主义党发行的报纸的衰落；它变成了一份可怜的周报。我们党的日报《人民权利报》虽然一开始投入了很多，尽管我们的敌人不停对我们进行攻击、表示怀疑，但它在出版几年后保证了收益。

现在我们的日报以诚实和完全独立闻名，它就像党的其他报刊那样无惧地揭露资产阶级的腐败，将它对工人阶级采取的卑鄙行径和对待工人阶级的不公正做法公诸于众。我们党的领导对此不遗余力。我们党力量的另一个充分证明就是在维也纳出版的第二份报纸——《工人报》。

这份报纸只有维也纳的捷克同胞提供的资金，它靠捷克同胞们不知疲倦的宣传才得以生存下来，其资金十分有限；然而这份报纸英勇地成为各国工人反抗国际反动派和资本主义专政斗争的有力斗士。

此外，从某种角度看，捷克斯洛伐克社会民主党的斗争与其他兄弟党派相比更为艰巨、更为困难。捷克资产阶级看见这几十年来德意志资产阶级加入了奥地利政府，他们知道自己加入政府可以获得经济和政治方面的利益，并且通过引入一种优于其他国家的公共教育系统来满足他们的需要。

这间接地损害了捷克工人的利益，因为德意志人的学校教育一点都不完美，它对于捷克工人而言是完全不够的。在由少数捷克工人组成的社区中，并不一定有为捷克的年轻人开设的学校，或者即使有，它们通常也是不够的。举例而言，在维也纳，根据最新官方统计有超过12万名捷克人，其中大多数是工人，但至今没有任何一所捷克公立学校。相信掌握母语的重要性的家长把他们的孩子送去靠他们赞助而获得名额的私立学校。显然，这妨碍了捷克工人接受教育，因此他们很难对我们政治运动的必要性有充分了解，我们党的各项活动也因此受到耽搁。

冷漠的工人就像小资产阶级和小农一样，在历史传统和光荣年代的梦中成长；对于捷克人民而言，光荣变成一种奢望，这些工人极其容易被空想所吸引。他们希望捷克资产阶级成功宣布国家和大多数捷克人民获得解放，或者取代德意志资产阶级执掌政府，然后解放在教育、政治和民族事务方面受到压迫、忽视的阶级，建立一个人人都享有权利的公正而繁荣的乐园。在这样的信任和忽视下，我们的人民原谅了捷克青年党所反抗的捷克政治投机者所有卑鄙可耻的行径，尽管这些投机者是如此臭名昭著；是的，在这样的信任和忽视下，人民宽恕了过去所有的背叛，对捷克人民和民主的真正的背叛。另一方面，人民被新的巧言惑众的政客蛊惑，这些政客吸引那些不太思考的民众，以抢夺正在消失的捷克青年党的遗产。

捷克斯洛伐克社会民主党是反抗资产阶级和消除阶级差异的领路人，它揭穿了资产阶级爱国主义和争取国家权利的借口。

至于教权主义，我们给了它致命的一击，所以它无法很快恢复。这是由我们英勇顽强的《人民权利报》发出的打击。这份报纸是一份值得歌颂和赞扬的报纸。它首先掀起了反对教权主义的运动。它对教权主义的尖锐批评引起强烈反响，得到众多人支持。它第一个刊登了温采尔神父盗窃箱子的事件，使之成为尽人皆知的事情。

在波西米亚、摩拉维亚、西里西亚，我们举行了成千上万次集会，参加集会的人数也十分可观。在上奥地利和下奥地利，我们为争取帝国议会、邦议会和市议会普遍、平等、直接和秘密的投票权举行游行。同样，我们还要求为老年人和残疾人设立保险，颁布法令保护和赡养鳏寡孤独。此外，我们抗议流血战争，反对增加军事预算，反对由于进口税上升而引起的食品价格上升，反对新的间接税，反对克贝尔先生领导的政府对工人组织的攻击。最后，我们要求采取有效措施解决工人失业问题，希望有更好的公共教育和义务教育，并要求增加小学老师工资。

在所有的游行中，我们党通过它的演讲和刊物以及提交的决议，努力证明当涉及人民的真正利益时，资产阶级理论和实际间的差距有多大；证明资产阶级不尊重并且轻视它的贫苦同胞，他们驱逐自己所在乡镇中的所有穷人，否认这些人对市议会和邦议会的投票权，还不断向他们强征各种新税——一会儿以公众的名义，一会儿以国家的名义。资产阶级大肆炫耀所谓的民主，同时他们自己又和贵族沆瀣一气。贵族在邦委员会中有众多代表，而一百万个工人在邦委员会中连一个代表都没有。资产阶级吹嘘他们的自由主义并且对此十分卖弄。他们努力转变工人对于解决经济问题的注意力，自己口袋里装满了工人的血汗钱。在帝国国会讨论进口问题时，他们甚至提议要对进口土豆征收关税。

我们孜孜不倦和尽心尽力的工作使得社会民主的光芒开始一点点像照耀在工人一样照耀在其他群体上。对于此，最好的证明就是我们党通过候选人发表的宣言和大规模的宣传参加了波西米亚议会选举。在众多行政区，我们是重要的少数党。在约瑟夫斯塔特—利本区，我们曾获得最多的选票，因此需要第二轮选举。在这次选举中，尽管我们的候选人被资产阶级政党的候选人击败，但全体工人都团结在了一起。资产阶级政党竭尽全力，把所有的智慧都用在制造无节制的骚乱上来打断社会民主党胜利的脚步。然而它的候选人只得到了150票。在斯米考夫—克拉德诺区，我们的候选人得到了750票，而在比尔森得到了372票。

在波西米亚的选举是首次在这里举行的直接选举，我们很好地证明了无论是在工会还是在城市，我们党都自豪地在资产阶级政党中打开缺口。

在普日布拉姆—比尔肯堡的补选中，我们党又一次获得了令人惊讶的票数；在比尔肯堡的得票是其他对手加起来的两倍。

在其他选举中，我们也很高兴地看到投给社会民主党的选票大幅增长。1901年在波西米亚举行的事故保险委员会的选举中，我们一共得到了369510票；在1897年只有281228票（增加了88282票），而不顾雇主的恐怖威胁——这些雇主总是能靠权谋获得胜利——来投票的工人只有178910人，在1896年却有250624人（减少了71714人）。

当劳资调解委员会在捷克工人区（布拉格、比尔森、特普利采、布恩）召开时，我们四处选举社会民主党陪审员，除了布拉格的候选人当选，我们的全国候选人也当选了。

此外，我们党还在反对提高啤酒价格的斗争中取得了令人瞩目的胜利。一些组织要求每百升啤酒增加1.70克朗的税，而贪心的酒馆老板以此为借口将啤酒的价格提高到了每升4赫勒。在许多地方，特别是在布拉格及其周围，人们当然不会接受这项掏空人民钱袋的提议。受我们抵制的啤酒业被迫顺应现状，并承担因抵制所蒙受的损失。因此统治阶级认识到，现在的工人阶级是有觉悟、有组织的，他们不会忍受在缴纳各种杂税的同时却不能以任何形式参加国家事务的讨论和决定的状况。

此外值得一提的是取得了巨大成功的第一届工人博览会。这个博览会于1902年由布拉格同志举办。几乎所有有组织的社会民主主义工人都迫不及待地前去参加。这次博览会参展人数众多（231141名），国内外报纸都对它赞不绝口，而博览会净利润也达到27000克朗。所有这些都证明了我们党的党员不但会听取组织的批评，而且知道如何工作、组织和提高自己。

市议会选举对工人来说是不利的。曾有一些工人在市议会竞选成功，但由于一项选举条例认为工人只知道生产却不懂如何成为市议会议员，这些工人就未能上任。尽管有诸多困难，社会民主党还是在102个乡镇中占据了536个议席。这是不知疲倦的宣传运动的结果，同时也证明我们党不断加强工作，完成了自身使命：照亮迷失的工人前方的道路并指引他们加入社会民主党的队伍。在摩拉维亚，虽然最近不断开展运动，也初步取得成效，但我们组织在获得成功的道路上仍然行进缓慢。我们的兄弟还在布尔诺、俄斯特拉法、摩拉维亚的劳资调解委员会的选举中取得了胜利，在事故保险委员会的选举中我们党至今还没有代表当选。我们的德意志同事对患病工人发放补贴，在布尔诺也有德国的兄弟组织发放补助。他们在摩拉维亚第一区选举当选。无论选举制度有多么不利，他们还是成功进入了一些市议会。如果我们不能成功，那是因为人民受教育的程度还不够，而且他们普遍缺乏政治方面的知识，这是由教士、德意志资产阶级和捷克资产阶级共同造成的。

在国会近几次选举中的表现，证明我们党离成功还有一段距离。我们都知道在这个有着中世纪一样糟糕的选举制度的国家要获得成功是不可能的。这个国家的选举规定要求公民口头投票，迫使选民表明身份，并且像个小学生一样站在委员会前面重复他所选的候选人的名字,这无疑是一个可怕的规定,是 20 世纪的耻辱。

我们党积极保护人民的权利,反对德意志人的特权,反对这种对无产阶级的不公正待遇。我们捷克和德意志同胞的首要任务是废除这项不公正的选举法,这就需要大家团结起来,彻底取缔这项罪不可恕的特权。

1902 年 11 月 1—3 日,社会民主党召开了第五次代表大会,成功解决了在组织和策略上最关键、最重要的问题。此外,我们考虑了经济和政治形势,果断采取措施促进工会组织有效发展,工会中的每名会员,还有举行的各种大会,都应成为政治组织和工会组织的一部分;教育协会也是工人阶级斗争的一种手段,这些协会将转变为总工会下属协会。大会仔细考虑了青工和女工的组织问题,要求我们停止与另一个党协商选举仲裁问题。与一个完全不了解社会民主党纲领和准则的党协商仲裁问题,这样的事是必须禁止的。此外,我们对市镇政策、普选、养老保险及伤残保险、党刊改革和所有我们觉得有必要商议的问题进行了讨论。

1903 年 4 月 12—14 日,在布拉格召开了捷克斯洛伐克工会委员会代表的行业联合会和教育协会的代表大会。这次大会关注了职业协会和教育协会之间的关系,失业工人的问题,养老保险和伤残保险问题,工业危机和工人状况问题,以及意外防护措施的解决办法、劳资调解委员会的运作和成人教育改革问题。通过的决议和决定对工人都十分有益。

虽然组织付出许多努力,但妇女组织只取得很小的进展。无产阶级妇女运动没有壮大,尽管代表大会已经决定妇女能完全按自身意愿参加任何组织和游行活动。因此,我们党废除了特别宣传委员会的所有规定,决定从今以后妇女将和男子一起在地方组织、职业组织和政治组织中工作,这样我们就能留心她们的学习和教育。

很明显，女工，无论是她们自己还是她们的女儿，都渴望拥有一个更好的未来。她们被教导成为家庭主妇，成为无法独立的人，成为没有力量的人，她们能用耐心支撑贫困生活中的所有不幸，但没有能力不断追求并且最终确定一个目标。这就是为什么让她们明白组织的必要性是如此艰难的原因。一些党员愿意在家里开展这项工作，他们会为改变这种状况作出改变，使他们的妻子和女儿能在思想、性格上独立，成为一个自信的人。这些必要工作为妇女独立开了一个好头。

青年组织曾批评我们取得的成就十分不足，不能让人满意。但在众多乡镇，年轻人聚集在体院馆，组成协会，成为了我们党组织中举足轻重的一部分。他们根据社会民主党纲领，不但以会员强身健体为目标，而且注重文明其精神。最近捷克体育协会召开了第一次独立的代表大会，我们在大会上提出了对未来发展更为完整和可行的基本纲领。

五一节非常值得庆祝，虽然在近三年里，特别是在一些大的工业中心，情况完全不像从前那样有利——首先是工业大危机，然后是糟糕的天气。毫不夸大地说，捷克工人的五一节不会再被剥夺，他们可以享有一整天的假期。劳动节呼吁实行八小时工作制，帮助工人反抗一切不平等和社会的错误荒谬现象。

如下是捷克斯洛伐克社会民主党有关活动和力量的一些数据：

现在我们党在32个选区，在波西米亚、摩拉维亚、西里西亚、上奥地利和下奥地利一共有346个地方组织。在一些选区，党在540个地方有受托人，我们在那里为运动做准备。但由于党在这些地方缺乏有效的方法，所以由党员领导组织政治运动还需要一定的时间。

工人协会按照社会民主党的原则开展活动，我们党拥有60个政治协会，446个行业协会，其中包括了地方组织，375个教育或学习协会，60个互助会，29个体操及其他项目的俱乐部，一共有979个协会和49117名成员。

布拉格的捷克斯洛伐克联合委员会共有22000名交纳会费的会员。这个委员会有两个书记处，一个在比尔森，另一个在克拉德诺；在其他更大的城市，有委员会的受托人。

根据交来的报告，我们举行了5624次大会和公开会议，4124次联合会、协会和委员会会议。这个数字有力地表明，近来举行的众多会议使工人能够聚集在一起分享不同的看法，共同捍卫无产阶级的权利。由于这些政治活动，有327个人获罪，他们或被罚款或被判处监禁。

在这段时期，党的报刊得到了惊人的发展。

党的报刊包括以下刊物：

（一）政治刊物

每天出版一期：　　　　《人民权利报》（布拉格）

　　　　　　　　　　　《工人报》（维也纳）

每周出版一期：　　　　《平等》（布尔诺）

　　　　　　　　　　　《自由》（克拉德诺）

每周出版两期：　　　　《大巴山新星》（比尔森）

周刊：　　　　　　　　《扎尔》（布拉格）

　　　　　　　　　　　《新南捷克》（布德韦斯）

　　　　　　　　　　　《北波西米亚》（特普利采）

　　　　　　　　　　　《利亚人》（帕尔杜比采）

　　　　　　　　　　　《精神凸轮》（摩拉维亚）

每月出版两期：　　　　《卫兵》（新本茨劳）

　　　　　　　　　　　《我们的防守》（普日布拉姆）

　　　　　　　　　　　《女性名单》（布拉格）

每月出版一期：　　　　《诉讼》（布拉格）

(二) 工会报刊

一共有 19 种报刊,其中有冶金工人的刊物《冶金工人》、矿工的《嗨!》、印刷工人的《维勒斯拉文》和纺织工人的《纺织工人》,这些都是周刊。

我们党还有一份名为《学术》的杂志,一份反教权主义的报纸《切尔兰基》,一份每月发行的幽默报纸《擦菜板》和一份文学月刊《红色的花朵》。《新闻团队》(党编辑委员会,与《扎尔》周报社合办)在 1901 年 7 月 1 日到 1903 年 6 月 30 日间发行,一共出版了 33 期,印数达 246600 册。

我们党的经济状况在近几年也大大改善,这要归功于提高了每名党员直接交纳的党费,每个党员也同时参加决定的作出和党内事务的处理。

我们党的收入从 1901 年 7 月 1 日到 1903 年 6 月 30 日为 15405 克朗 35 赫勒,支出为 14319 克朗 72 赫勒。

最后我们希望,未来我们的热诚工作能使我们更接近最终目的:捷克全体无产阶级与其他国家的无产阶级一起从资本主义经济和政治的奴役中解放出来。

波希米亚

社会民主党成立于1863年12月24日。代表大会分别于1893年12月24在布德韦斯①,1896年5月25—26日在布吕恩②,1898年6月12—14日在布吕恩,1900年9月8—9日在布德韦斯,1902年11月1—3日在布拉格举行。1893年,党共有112个团体,4620名党员;1896年,共有218个团体,11740名党员;1898年,共有262个团体,17627名党员;1900年,共有284个团体,21842名党员;1902年,共有338个团体,28637名党员。

1902年,党的收入为8842克朗,支出为8193克朗。1893年,在波西米亚有39名社会党市镇议员;1896年,这一数字达到116名;1898年为326名;1902年,在178个市镇中有526名议员,在众议院还有2名议员。这两名众议院议员姓名如下:约瑟夫·希贝什,1897年当选,1901年再次当选,布吕恩选区代表;钦格尔·佩茨,1897年当选,1901年再次当选,切申选区代表。

社会党刊物的数量如下:

日报:1902年,2种;周刊、半月刊、月刊等:1899—1902年为16种。

日报每日印数:21000份。

---

① 即捷克布杰约维采。——编者注
② 即布尔诺。——编者注

日报、期刊每年印数：9963000份。

1899年，行业刊物有4种；1902年为18种。1899年，有64个工会组织，4260名会员；1900年，有342个工会组织，22818名会员。——**书记处**注

俄国社会民主工党的组织

现在我们介绍一下我们党的组织。关于我们党活动的报告已经提交代表大会。①

本党的最高机构为党的代表大会,至少每两年举行一次,由党的总委员会召集。下列组织有权派代表出席大会:(1)总委员会;(2)中央委员会;(3)中央机关报编辑部;(4)未成立联合会的地方委员会;(5)具有委员会作用的其他地方组织;(6)所有联合会。总委员会的目的是使中央委员会和中央机关报编辑部的活动协调一致,并代表党同其他政党往来。党的实践活动由中央委员会领导,中央机关报编辑部在科学和思想方面起领导作用。

地方日常事务主要由当地委员会、组织和小组领导,它们独立行动,但接受中央委员会和中央机关刊物编辑部的领导。在语言、人口构成不同的省份内,可以成立委员会联合会。

党最近一次代表大会于去年举行,14个地方委员会(圣彼得堡、莫斯科、下诺夫哥罗德、萨拉托夫、乌法、敖德萨、梯弗里斯、巴库、巴统、尼古拉耶夫、叶卡捷琳诺斯拉夫、顿河畔罗斯托夫、基辅、哈尔科夫)、3个联合会(克里木、北方和西伯利亚)、2个工人联合会(圣彼得堡工人联合会和冶金工人联合会)派代表出席了这次大会。

自代表大会以来,在阿尔汉格尔斯克、卡赞、阿斯特拉罕、里加、

---

① 见本书第20卷第226—306页。——编者注

沃罗涅日等地相继成立了委员会。

我们党在国外唯一设有一个名为"俄国革命社会民主党人国外同盟"的组织，它在西欧大部分大城市都有代表。

波兰社会主义运动

引言

对于国外的同志来说，他们对波兰的现状知之甚少，我们相信报告从波兰人口数据开始是有用的。

众所周知，波兰自18世纪末以来就不再是一个独立的国家。

自那时起，波兰被迫分割成三块——俄属波兰、普属波兰和奥属波兰，它们的情况各不相同。波兰总人口为2000万，其中1000万左右在俄属波兰，400万在奥属波兰，350万在普属波兰。其他都移民到了国外，主要是去美国。

在俄罗斯的疆域内，波兰人首先住在俄属波兰，在那里他们是主要人口。其次，他们还住在立陶宛，在那里他们是少数与白俄罗斯人和立陶宛人面对面生活的波兰人。他们还住在乌克兰，和乌克兰人共同生活在一起。在俄属波兰和立陶宛的城市里，犹太人也是城市人口的重要组成部分。

在普鲁士疆域内，波兰人主要生活在波兹南和上西里西亚省，一小部分生活在西普鲁士和东普鲁士；其他总共25万波兰工人移民到普鲁士莱茵河沿岸地区和威斯特法利亚。

在奥地利疆域内，大多数波兰人都居住在东加利西亚和切申公国，也就是说奥地利西里西亚的东面；在加利西亚东面，乌克兰人占人口的多数，他们主要住在城市中，大约占了近四分之一的人口数量。在加利西亚，还有大量的犹太人住在城市里。在切申公国，居住着少量的德意志人和切申本地人。

在波兰的所有省中，俄属波兰占有相当发达且种类繁多的工业中心，上西里西亚的矿山和切申公国也有一些工业中心，而波兰的其他省份都是农业种植区。

下面的报告是关于三个在形式上相互独立的政党——俄属波兰社会党、奥属波兰社会党和普属波兰社会党，波兰的这三个不同的政党针对各自不同的状况，为了共同的目标而努力。

一、俄属波兰

在俄罗斯领土上的波兰社会党在极其特殊的条件下开展活动，他们不为东欧的同志所熟知，也常常完全不受他们理解。

根本没有公民的自由，甚至最基本的都没有，在民族和政治生活方面又有许多压迫，自由的丧失和巨大的压迫使正处于野蛮的专制统治之下的波兰社会主义活动发展起来。

在这个国家成立一个我们党的公开组织是不可能的。我们所能做的就是秘密行动：从出版杂志和发行社会主义的小册子，到组织上街游行。在这样的情况下，只有对组织安排和自己能力有充分信心的人才能被党组织接纳。我们党被迫尽可能采取预防措施，以免招收的人不值得它的信任。

在这样的情况下，成立工人工会也是不可能的，因为工会要把种种不同的分子组织起来。我们党尽力在革命分子中建立联系，这样我们就能安全地对他们作出回应，并通过中间人通知工人组织我们的目标，引导他们反对经济压迫和政治及民族方面的歧视。

我们党是由工人中央委员会领导的，该委员会领导秘密代表大会各项决议的执行。

地方工作由地方工人委员会领导。地方委员会可以使工人中央委员会和代表大会提出的任务更容易得到完成。

在1900年金融危机影响了几乎整个波兰工业。

回顾那段时期，整个俄属波兰都处在经济繁荣过后的萧条期。

在华沙的冶金工业，在罗兹的棉纺厂和纺织车间，在索斯诺维茨的煤矿和在拉多姆的玻璃厂，数以万计的工人遭到解雇，流落街头；大量的制造厂倒闭，只剩下零星几个，许多岗位的工人每星期只能工作两三天。

这些都给罢工运动造成了极为不利的影响。罢工运动曾在1899年达到顶峰，当时华沙和索斯诺维茨的煤矿经常发生罢工运动，而几乎所有的工业领域也都发生过大规模罢工。

由于经济萧条，罢工运动几乎完全停止了，只有在1903年才再次出现，那时经济低迷的状况行将结束，工业又重新复苏。

1900—1902年只出现了一次重要的罢工运动，就是罗兹波南斯基工厂罢工事件，这是一次防御性罢工，一星期后工人们取得了胜利。除此之外，只有几次在不太重要的行业发生的其他罢工。

1902年底—1903年，罢工运动再次复兴。比较重要的有：华沙的汉斯特克冶金厂罢工事件，琴斯托霍瓦的瓦尔塔纺织厂罢工，还有沃拉的克隆哥尔德铸造厂罢工、华沙彼得克制革厂罢工、奥斯特罗维茨工厂的罢工等，这还没算上华沙、卢布林、拉多夫、比亚韦斯托克、维尔纳等地工厂发生的许多不太重要的罢工。参加罢工的工人总数达到了1.6万名。

需要注意的是参加罢工的女工人数增加了。大多数罢工都以工人的局部或完全胜利结束。

通常是党替工人们在小册子中列出他们的需求，并采取所有的措施使罢工活动能为工人争取到好的结果,同时给罢工者提供补助和有效的罢工方式的建议,并尽可能做好社会主义革命宣传。

对于波兰社会党来说,那段时期是奠基和扩张的时期。

我们同城乡工人的联系相当广泛,党组织覆盖到农村和最偏远的小村庄。我们的宣传在乡下展开,并且甚至传到了立陶宛,在犹太人中也不断取得成功。

过去在乡下的宣传是不定期开展的,通常的做法是在工业中心周围的乡下偶尔散发宣传手册。现在负责宣传的小组渐渐发展成为一个综合的、活跃的组织。

1902年,面向农村工人的宣传刊物《人民报》出版。自那时起,我们党对农村居民的影响越来越大,甚至他们能够反对民族沙文主义。我们在农村的宣传总体上受到工人的欢迎,因此成为民族主义者和敌人猛烈攻击的对象。我们的对手开始利用俄国当权者的权力对社会党人进行迫害。

当权者特别担心我们在农村进行的宣传造成的影响。官方秘密通报表明,我们渐渐被当局发现。

俄罗斯当权者通过把大量奸细派往农村和关押大批群众来阻挠我们开展活动;他们还提议尽可能逮捕我们在城市和农村的鼓动员。

然而他们采取的所有措施都是徒劳的,现在我们敢说我们农村的党组织在不断壮大。

我们出版的刊物销量在农村不断上升;我们在那里有大量的宣传员,而且努力学习社会主义革命理论的农村工人人数也在不断增长。

我们在立陶宛的活动是自1902年开始的。波兰社会党组织中心在维尔诺、科夫诺、格罗德诺和明斯克都有成立,而且我们的支部还延伸到那些并不出名的城市和农村。在立陶宛,波兰社会党在波兰人和犹太人中都完成了组织和宣传工作;我们党还努力集中住在立陶宛的所有居民的革命力量,这些人中有波兰人、立陶宛人和白俄罗斯人。

针对白俄罗斯人,波兰社会党出版了三种他们语言的小册子。对于立陶宛的波兰无产阶级,党出版了一本名为《战斗》的专门的杂志。

随着波兰社会党在立陶宛的工作逐渐展开,我们在犹太无产阶级中的活动越来越频繁。

除了华沙和比亚韦斯托克的犹太人组织,我们还有格罗德诺、维尔诺以及其他中小城市和农村的犹太人组织。

犹太无产阶级的事务由一个专门的犹太委员会领导,这个委员会召开了几次犹太人特别代表大会。

我们出版了一份关于犹太社会主义运动的报纸《工人报》。这份报纸先在罗兹秘密印刷,然后被转移到了国内印刷。

此外,一份犹太语的科普杂志《无产阶级的世界》在国外创办,销量也在不断增长。

如下数字表明党的报刊种类和印数的不断增加:

年份	杂志种类	小册子数量	印数(册)
1900	22	7	22472
1901	33	15	41706
1902	44	13	41000
1903(1—10月)	33	18	56000

内部秘密印刷厂出版的宣传册的数量在惊人地增加。1900年只有4种,1901年变成了6种,1902年为18种,而在1903年前10个月就上升到了43种。宣传册中的内容主要是对我们党活动的详细报道,其中一些是关于罢工的,一些是实例示范,还有一些是关于对付帝国政府的

不同方法。

波兰社会党用这些小册子与政府仇视犹太人的行为作斗争。像在基希讷乌一样，在所有有波兰社会党组织的城市里，党报上刊登的文章以及大量的秘密会议阻止了当局对犹太人的迫害。

在华沙，每年五一节都是通过上街游行来庆祝的。直到现在，在农村都不可能组织游行。1900年，我们在罗兹庆祝五一节；1902年，在拉多姆庆祝五一节；1903年，在奥斯特罗维茨庆祝五一节。

5月1日那天，工人把红旗插在房子上、工厂里，挂在电报线上和树上；在煤矿区，工人引爆炸药来纪念节日。在1903年，我们第一次在农村庆祝了五一节。

把去世党员的葬礼变成社会主义示威游行的做法也变得越来越普遍。在过去，一共有15个出殡游行在华沙、罗兹、拉多姆、卢布林和彼得库夫举行。

工人运动在不断发展，新的鼓动中心建立起来，党的影响范围也越来越广，我们党因此成为政府迫害的目标。

几乎在每个鼓动中心，每年都会有好几次大逮捕，大批鼓动员被捕。有时还会出现一次有100多人被捕入狱的情况，就像1902年在罗兹和1903年在栋布罗瓦发生的那样。监狱里总是关满了我们的党员，除非他们悔过，否则这种暂时监禁可能会超过10年！

判刑是很正常的事情，一般是在俄罗斯北部或东北部省份或者在西伯利亚流放几年。1903年在罗兹和栋布罗瓦的两起审判中，大约300人遭到起诉，20人被判共计流放西伯利亚90年。

1900年，一个战地法庭判处3名波兰社会党党员终身在西伯利亚强制劳动，另外3名党员被判20年，还有3名被判15年。在华沙、栋布罗瓦和琴斯托霍瓦还发生了几起密探被杀事件。

尽管发生了这些悲惨的事件，我们还有一些值得庆幸的事情，诸如有些党员或许已经从西伯利亚、或者在前往关押地的路上幸运地逃亡了。1900年2月，在罗兹印刷的中央机关报《工人报》的秘密印刷厂被发现后，有4人被判入狱，其中3人顺利逃跑并且成功跨越边境线。回顾历史，我们共有18次成功脱逃。

另一件值得高兴的事情是——虽然与上述事情的没有关系，我们党的经济实力加强了。

党的支出增长如下：

1900年	48000法郎
1901年	53000法郎
1902年	74000法郎

* * *

俄属波兰社会党有一个"国外机构"，因为它有许多党员散布在瑞士、法国、英国和其他国家的众多城市。这些分散在各地的波兰社会党移民成立了"波兰社会党国外委员会"，委员会负责所有在俄国警察严密监视下我们党在俄罗斯不能进行的工作，比如在国外印刷党的刊物，这些刊物有：月刊《晨曦》，一本探讨理论的党的中央机关刊物，已有23年历史；科普杂志《日光》；杂志《国外信使》和其他刊物。

此外，国外委员会负责通过走私把大量印刷品运入俄属波兰，以便波兰社会党在俄罗斯分发。

我们党通过走私顺利运入俄国领土的印刷品数量如下：

1900年	55560册
1901年	67757册

| 1902 年 | 47660 册 |
| 1903 年 | 74267 册 |

波兰社会党国外委员会与美国和北美的波兰社会主义同盟保持联系。这个组织有 20 个分部，超过 300 名成员，出版《工人》周报（订数 2500 册）。它还对居住在美国的 200 多万波兰移民发挥重要的影响。这个组织和波兰社会党的关系是这样的：同盟把党费给国外委员会做基金，并在波兰移民中宣传社会主义纲领。

最近在美国和北美的波兰社会主义联盟准备大力出版书刊，它已经出版了一系列宣传手册，还不算一些其他页数更多的出版物。

在芝加哥出版的《工人》周报将会改版为日报。

在美国众多的社会主义政党中，波兰社会主义联盟宣称同美国社会党团结一致，并且它与美国社会党协商工作。

二、奥属波兰

现在人们在奥属波兰受到的政治压力不仅比处在沙皇专制统治下的俄属波兰小，而且也比普属波兰小。首先，在加利西亚波兰人并没有受到迫害；而在切申公国，迫害也不足以使工人运动永久瘫痪。除了这些，与普鲁士政府统治下的同胞相比，我们在加利西亚有更多的自由集会权。近几年，我们生活在上西里西亚的党员，无论是波兰人还是德意志人，都在加利西亚获得新生。但是在普鲁士，他们被禁止聚集在一起。说到出版自由，奥属波兰的人们比普属波兰的人们抱怨要少得多；虽然在这里我们的报纸也会被无缘无故地没收，但至少当局没有对编辑下手。而且我们还有一定的集会自由。

自然，我们也不是轻而易举就获得这种自由的。加利西亚的社会主义者和奥地利其他地方的人们一样，需要为法律保护每一个公民的权利进行持久的抗争。我们的邦议会选举拒绝所有无产者以任何形式参加投票；奥地利国会的投票权也对无产阶级关上大门。而在像加利西亚这样的农业区，无产阶级还没有什么重要性，因为在大多数选区，由于大量农民不幸在总体上还十分落后，所以社会主义工人受农民排挤。但无产阶级没有什么重要性主要是因为在所有选区都有两次间接选举；而这些间接选举为反动派提供了诸多便利，使他们很容易影响选举结果或者给选举结果作假，因为现在除了极少投票者，成千上万的选民们并不关心选举结果。

而在政治和经济方面，加利西亚就像我们在上文所说的那样，一直是个封建农业王国。贵族反动派掌握着王国最好的土地；因此大多数农民在加利西亚西部，而在东部是雇佣工人。唯一的老板几乎总是庄园主，这个庄园主给穷得吃不上饭的人付工资。在加利西亚东部，蔬菜种植使人民从这个枷锁中解放出来。而在其他地方，还是家庭小作坊生产，特别是毯子纺织业给居民带来可观的副收入。

在各个地方，特别是在西部，我们建立了工厂，我们发掘了石油资源——遗憾的是这个行业对身体健康危害极大，甚至会威胁到工人的生命。在加利西亚王国和切申公国的边境上，每周一都会有成千上万可怜的农民来到别尔斯科-比亚瓦市，在纺织车间一直工作到星期六晚上，他们连睡觉都睡在车间。在西部是摩拉维亚矿区及它的大片矿藏和简陋的茅屋，在那里居住着许多贫苦的农民——波兰人和捷克人，他们一起工作，一起喝酒。

除了个别例外，只拥有一小块土地的农民陷入两难的选择，要么通过耕种庄园主的土地换取微薄的收入，要么成为一名临时工。通常他们选择后者，希望通过这种办法存下足够的钱，以便在将来他们回到家乡后可以买下一小块地成为地主。

这就解释了加利西亚西部农民出国打工的热潮，每年都有成千上万的农民在俄属波兰和西里西亚的煤矿上，在普属波兰的麦田中，在萨贝甚至是在美洲的萝卜地里辛勤劳动。但加利西亚东部的农民离工业区和海边太遥远，他们对其他国家了解甚少，因此不能像东部的农民那样出国打工。目前他们很满足于为庄园主耕种土地，尽管获得的工资比加利西亚西部菲薄，但除非爆发饥荒，否则他们不会罢工。

在加利西亚还有很大一部分人是世界上生活最艰难、常常得不到温饱的人。他们只能得到数量十分有限的产品，作为他们的工资。在这样的情况下，显然现代工业大为有利可图。我们的城市仍是十分不完善的工业中心：它们首先是行政和文化中心，其次是一个落后的体力劳动和中间贸易中心。因此，经济情况并不有利于社会主义的发展。

然而，在25年的斗争和牺牲之后，我们能夸耀地说我们已经取得了一些成就。自1897年起，我们的党员达申斯基在克拉科夫参加选举并当选议员，我们的党员钦格尔在切申参加选举并当选议员，给他们投票的就是大多数波兰工人。在克拉科夫和利奥波尔①，市议会中有一名我们的党员；在加利西亚西部的戈尔利采，情况同样如此；8名社会主义工人在加利西亚西部的利普尼科市议会担任议员，7名在亚诺维茨市议会担任议员。在切申公国的几个小市镇议会中，也有一些社会主义工人担任议员。

在切申公国，我们同捷克和德意志同志一起工作；在东加利西亚——那里是乌克兰鲁塞尼亚人最多的地方，我们同乌克兰鲁塞尼亚社会主义者一起工作。同样，我们也有在俄属波兰当局的压迫下为自由而斗争的同胞，还有俄罗斯、乌克兰的鲁塞尼亚同胞；就像我们一样，他们顽强地为拯救在沙皇枷锁下呻吟的兄弟姐妹而斗争，我们一致殷切盼

---

① 即利沃夫。——编者注

望着俄罗斯专制政府的垮台。

还有一个困难是语言问题。我们所在城市基督教徒生活区的旁边生活着一大部分犹太人（占加利西亚居民人口的10%），这些犹太人显然都是最底层的居民，他们聚集在犹太人区，说的是另一种语言，而基督教徒生活在他们中间。虽然犹太民族与其他民族一直在不断融合，但是我们的民主原则告诉我们要注意到犹太语永远是犹太无产阶级的母语，犹太无产阶级有权在社会主义宣传中看到自己的语言受到尊敬、得到使用。我们自然承认犹太无产阶级属于我们队伍，他们经常出席我们的会议，犹太语也是会议的常用语言。在一些城市有一些隶属于我们党的犹太工人工会，我们在加利西亚还有一个犹太鼓动员委员会。

现在我们国家经济低迷，我们不断尝试把工人运动同党的运动结合起来。在大城市中我们已经有了人数相当可观的组织起来的工人。在加利西亚西部，社会主义矿工大多数都隶属于奥地利中央工会，加利西亚（4000名组织起来的）的铁路工人和印刷工人同样如此。社会主义宣传当然受到加利西亚经济组织的影响。有一个大工厂长时间游离在运动之外，因为它设在乡下，而闭塞的村庄仍然深受封建思想的影响。另一件可悲的事情是，在那些最富裕的邦，无产阶级运动的追求者不少来自资产阶级，而不是无产阶级。也就是在去年，曾爆发了一次药剂师罢工，这次罢工扩大到整个加利西亚，几天后就以罢工者的胜利告终。

在我们国家遭受经济低迷之苦的同时，我们的活动在两年（1901年7月1日至1903年6月30日）中取得了重大进展。我们举行了26次罢工，共有15000名工人参加。1902年夏天，3000名建筑工人首先在利奥波尔举行了罢工，他们取得了胜利。但不幸的是，这次罢工引起了工人和驻扎在利奥波尔的匈牙利士兵之间的斗争。这些士兵完全不懂波兰语，也不懂鲁塞尼亚语，更不懂德语。他们很容易怀疑人们想要伤害他们，这种"错误的理解"造成5人死亡，许多人受伤，有人还因此入狱15年。在利奥波尔，1000名短工举行罢工并取得成功；在石油和石脑油工业中心波利斯兰，1800名矿工举行罢工，在另一个地方，3000名矿工和80名司炉工举行罢工，三次罢工都取得了胜利；在图尔卡，4000名原本应该修建利奥波尔—桑布尔—乌奇奥勒铁路的挖土工人举行罢工，也取得胜利（然而几个月之后，由于企业主终止合同引起的新罢工以失败告终）；在布雷斯佐（加利西亚西部），412名建筑工人举行罢工，获得胜利；1903年5月，克拉科夫的400名缝纫工人举行罢工，获得胜利。除了上述行业，还有其他行业的罢工：女矿工，火柴作坊工人，制刷工人，面包工人，制帽工，机械工人，织布工人（指的是纺织虔诚的犹太人祷告时所穿衣服的布料"特勒西姆布"的犹太织布工人）。此外，还有克拉科夫电车职工的斗争；他们宣称要进行罢工，但一旦满足他们的要求，他们就不举行罢工了。

农业工人的罢工在1902年的夏天爆发，大约10万名鲁塞尼亚农业工人和2万名波兰农业工人参加了这次罢工。他们不顾牺牲和被逮的危险进行的罢工产生了不容忽视的影响。1903年夏天期间，罢工不断爆发。波兰农业工人和鲁塞尼亚农业工人再次团结起来。

截至1903年6月20日，协会和联合会的数字如下：

政治组织	7
矿工联合会（地方组织被视为联合会的一部分）	112
其他矿工联合会	5
妇女联合会	2
教育协会	16
歌咏协会	5
音乐协会	4
消费合作社	5
共计	156

在大城市，社会党人历经千辛万苦，终于根据加利西亚和奥地利同样的法律夺取了医疗储金会。正因为这场胜利，我们党的支持者严格管理这些机构，这些对于城市无产阶级意义重大、却总是被滥用的管理机构能够重新符合其发展目标。最近的一场胜利于1903年10月在斯坦尼斯拉夫①和东加利西亚取得。在奥地利政府的残酷镇压之后，我们进行了激烈的选举斗争，期间两人丧生。其中一个受害人是我们党的拥护者约瑟夫·毕希纳，他是一名17岁的毛皮制品学徒，人们在为他举行的犹太教葬礼上表明了对斯坦尼斯拉夫专横政府的不满和反抗。

1901年7月1日至1903年6月30日，举行会议的次数如下：

户外群众大会	106次
户内群众大会	441次
委员会会议	871次
工人会议	<u>1129次</u>
	共计2547次

1901年6月底，在利奥波尔召开了我们党第七次代表大会，共有来自19个地方的69名代表参加。1903年1月初，第八次代表大会在普热梅希尔举行，23个地方的73名代表参加。1901年夏天至1903年11月期间，我们参加了奥地利社会党代表大会。该大会两次在维也纳举行，会议取得了圆满成功。最后一次我们党派出18名代表参加。

我们党需要在加利西亚完成的一个任务，就是粉碎俄国专制政府培养的假政治家的企图，尤其是天主教神父施塔拉约夫斯基的企图。我们曾多次谴责这位神父的卑劣行径；他对我们作出的恶意诽谤恰恰表明真

---

① 即伊万诺-弗兰科夫斯克。——编者注

理终将战胜谎言。然而,我们还需要尽力消除他在农村的影响。他在那里享有很高的声望。我们党的宣传者奋不顾身地深入到其狂热的追随者之中,不顾暴力威胁,成功地攻下了施塔拉约夫斯基神甫追随者筑起的"碉堡"。现在,施塔拉约夫斯基已经成为大家共同鄙视的对象。

党的报刊如下:

《前进报》,每天在克拉科夫出版。

《顶塔》,大众宣传册系列,每个月在克拉科夫出版,印数至少为1万册。

《工人之声》,自1904年1月1日起每周在利奥波尔出版。

《西里西亚工人报》,每半个月在切申出版。

《铁路工人报》,铁路工人机关报,每周在克拉科夫出版。

《印刷工人报》,印刷工人机关报,每月在利奥波尔出版两期。

需要指出的是,在克拉科夫还出版《批评》杂志,这是一份很好的月刊,涉及文学、科学和社会生活,以社会主义思想为基础,我们党许多党员都给这个杂志写文章。另一个在利奥波尔出版的杂志《光纤》,其思想深入到社会党人中间。

我们党的党员积极参加一切培养教育群众的活动。(与在其他封建王国一样,在加利西亚,国民教育很不完善。)

通过召开大会,建立阅读室或流动图书馆,我们的党员发挥了重要作用。这一文化教育普及运动的主要阵地是克拉科夫的亚当·米茨凯维奇①业余大学,这个大学在外省很多城市都设有分校。

一些党员也积极参加反对酗酒的斗争,他们是于1902年年底成立的节制饮酒的团体"禁酒协会"的建立者,同时他们也是当地委员会

---

① 亚当·米茨凯维奇(1798—1855),波兰浪漫主义的代表诗人,波兰19世纪最伟大的诗人,革命家。——编者注

的委员，为这一活动打下了牢靠的社会主义思想基础。

两年间（从1901年7月1日至1903年6月30日），我们党宣传活动的收入和支出（不算出版支出）增加了不少，总计如下：

省	收入	支出
切申	246克朗25赫勒	231克朗67赫勒
克拉科夫	3876克朗69赫勒	3847克朗51赫勒
普热梅希尔	2218克朗48赫勒	2361克朗30赫勒
利奥波尔	2426克朗16赫勒	2487克朗50赫勒
斯坦尼斯拉夫	<u>4128克朗14赫勒</u>	<u>4169克朗28赫勒</u>
总计	21895克朗72赫勒	13097克朗26赫勒

执行委员会用于宣传的收入在同一时期提高到1368克朗90赫勒，支出达到1176克朗80赫勒。党用于报刊和宣传册的总支出达到每年1万克朗。

三、普属波兰

在普属波兰，经济和政治状况对社会党的斗争很不利。除了与索斯诺维茨的煤矿相邻的上西里西亚煤矿，普属波兰还只是一个农业国家，更准确点说是一个封建农业国家。农村最广大阶层由农村无产阶级组成，他们受到波兰和德意志封建主的剥削和压迫。艰苦的劳作条件迫使数以千计的工人离开本国。其中大部分人在德国工业中心寻找出路。在莱比锡、柏林、汉堡、不来梅、曼海姆有很多波兰移民。在威斯特伐利亚工业中心，波兰移民工人数量在一些城市占了人口总数的一大部分。毫无疑问，他们是第一批移居国外的人。因此，留在国内的人失去了其天生的领头者，不过他们渐渐地开始接受社会主义思想。

普属波兰从政治上看属于普鲁士。在普鲁士，在领主家中耕地的工人都被视为奴隶。根据有关规定，领主或其雇员可以体罚工人。在普鲁士，出版自由、集会自由等权利都由领主或警察掌握。如果说同领主不一样的语言也会受到惩罚。普鲁士认为自己最主要的一个任务就是要把作为350万普鲁士市民母语的波兰语彻底根除。

普鲁士政府投入几亿马克用于驱逐波兰人出境，并给予德国移民一定补贴。在司法及官方事务上，错的永远是村民和工人，因为使用其母语被视为对抗法律的行为。因此，波兰无产阶级丧失了几乎所有的权利。在普属波兰，既没有用波兰语授课的大学，也没有用波兰语授课的高中。波兰中小学生在讲德语的学校学习，如果学习波兰历史或文学就会受到处罚。人民学校并不能完全实现其目的，因为从一开始，教员就用德语进行教学，孩子完全听不懂。因此，教育范围缩小到只进行德语单词和句子的机械学习。如果孩子学不好，就会受到棍棒惩罚。现在我们在普属波兰把人民学校称为管教不听话的孩子的地方。不管是谁给孩子讲授波兰语都会遭到逮捕。当局以这种方式播种下了无知的种子。直到现在，很多年轻人既不懂波兰文也不懂德文。对波兰人民的奴役还体现在残酷的流放制度上。一个华沙或克拉科夫波兰人如果停留在波森或卡托维兹，他们在普鲁士官僚眼中就会被视为危险的外国人，因为他们是波兰人。为了所谓的普鲁士利益，政府下令将大批这样的外国人流放，即使他们并没有犯任何错误。

许多报告都指出，种种因素阻碍了工人党的发展步伐。首先，人民的文化发展水平非常低下。其次，许多恰巧生于边境线另一边的波兰工人，当边境的领主不再需要他们或者他们敢于提出要求时，就会受到流放。这样一来，他们就形成一个不受法律保护的阶级。第三，在波兰文化和工业中心的社会主义者拥有足够的知识以担负起教育和领导他们普属波兰同胞的责任,但他们却不善于在各邦中进行宣传,很快就被放逐到其他边远地区或者俄国。第四,我们组织、教育工人的社会主义运动遭到警察及当局的镇压。我们没有见过一个普鲁士警察抵制波兰集会,只是因为他不懂波兰语。最后,这种流放还渗入了宗教方面排除异己的思想,尤其是普鲁士路德教发起的对波兰天主教的压迫。这种流放使人民不再关注其经济利益,而是将更多的注意力放在捍卫自己的权利和民族权利、反对残暴自大的德国人的问题上。在这种情况下,阶级思想的发展也受到了极大阻碍。

在上西里西亚,还有煤矿坐落在边界线旁。因此,所谓的国家利益为许多专制残暴行为提供了理由。没有集会自由,也没有联合自由,出版自由只意味着报纸上发表一篇文章或许会遭到一周的监禁。事实上,普鲁士警察局和俄国宪兵队军官联合起来,正是他们的意志构成了法律。俄国社会党人卡拉耶夫的流放就是一个证明。另一方面,上西里西亚土地所有权,包括煤矿和铸造业的集中,加大了数以千计的波兰无产阶级对德意志资产阶级大贵族的绝对依赖。从矿场被驱逐出来的革命工人,在上西里西亚是找不到工作的。

即使23年以来华沙的流亡者在上西里西亚播下了社会主义的种子,我们的宣传仍没有取得多大的成就。直至今天,我们只是在煤矿地区取得了一些实质性的胜利。在那里,我们党的机关报《工人报》每周出版两期,印数为1400册,但随时都有被取缔的危险。

同在上西里西亚一样,在波森省1903年帝国国会的选举中,德国社会党人与普属波兰社会党人达成协议,成立选举同盟。协议签订后,社会党党员成为波森省5个选区和上西里西亚3个选区的候选人。这8名候选人获得13500张选票。在普属波兰和德国其他选区,我们党党员把票投给了德国社会党候选人。在德国西部许多选区,波兰工人的选票事实上帮助社会党候选人取得了胜利。威斯特伐利亚煤矿选区的情况同样如此。

在我们自己的候选人中，不得不提到卡托维兹的一位同志，那就是我们忠诚的党员、细木工弗兰茨·莫拉夫斯基。他是我们的候选人。两年来，他被关押在监狱中，无法参加选举。此外，各种逮捕使我们党员队伍的人数骤减。

可是，莫拉夫斯基还是获得10000票。这样，我们党的候选人和神职人员候选人在第一轮投票中无人获胜。在这种情况下，如果波兰民主党把票投给我们党的候选人，我们的党员就可能取得胜利。但是民主党拥有一个声望很高的候选人，其领导人矿工科尔韦蒂。科尔韦蒂比我们党的候选人多大约一百票。波兰社会党人和德国社会党人在选举委员会举行了会议，我们党党员弗拉巴尔斯基担任委员会主席，向科尔韦蒂提出了我们的条件，他同意了我们的条件，因此我们把票投给了他。这样科尔韦蒂进入了帝国国会。矿山老板和神职人员非常生气。相反，工人对此表示欢迎，因为中央党派选区不再受到这一傲慢伪善的资产阶级团体的控制。然而，当我们对冷静地看待这些事实时，我们也发现，与德国教权派相比，主张靠不住的民主改革理论的波兰沙文主义分子取得了较大的进步，希望下一次选区能选举出一位波兰社会党人。

法国的政治形势

——政治报告

为了简明扼要地说明我们党的政治斗争，必须回溯自我们党建立以来那些导致我国社会党人分裂的一系列事件。

直到1898年内部危机爆发前，国内一种存在各种各样的同盟，不过，这些同盟都十分团结，虽说都保持独立自主，但是在政治行动和宣传行动中却相处融洽。所有反动分子都统一行动反对法国民主主义，所有社会主义组织都并肩而战。各党派、组织、工会的代表都诚挚地追寻着传播社会主义思想伟业的脚步。

然而，1898年国内政治危机打破了原本的和谐。共和制度所处的危急状况，总参谋部的傲慢态度以及沙文主义情感的加剧，使得权力重新落入某些法国人手中，引起了反革命事件的爆发。但是，这也不能成为某些人用来接近已经方寸大乱的民主派以及用共和政体的防御力量来对抗保皇派和反动的军国主义分子围绕德雷福斯事件策划的阴谋的理由。相反，另一些人认为，在这一危机重重同时又如此关键的时刻，社会党弃权无疑意味着文明的自取灭亡；他们当机立断采取行动，开展反抗活动，揭发了反动派的所有重大罪行，激起了全世界对这一事件的关注。

然而，危机愈演愈烈。军事寡头肆无忌惮地在巴黎以及各大城市的街头挑衅共和国政府。在一连串事件的压力下，面对反犹太分子和军国主义分子的煽动，各社会主义政党有必要联合起来一起与拥有令人畏惧的力量的总参谋部作斗争。我们首先建立了警戒委员会，接着建立了协调委员会。所有党都派代表参加了委员会，但是他们并没有就解决这一愈演愈烈的危机所带来的重重困难应该采取的行动达成一致。

就在此时，瓦尔德克-卢梭组建了一个新内阁，独立社会党人米勒兰接受了卢梭的邀请，出任工商业部长一职。米勒兰事件更加剧了参加政治斗争的支持者和反对者之间的观点分歧。1899 年，在巴黎举行了第一次全国代表大会，所有社会主义政党全部出席，它们签署了临时协议，以压倒多数的票数通过了在大会上确定的党的方针。总委员会成立，取代了过去的协调委员会。然而，在中央组织内部冲突持续不断。这种冲突引起了于 1900 年在巴黎举行的国际代表大会的关注。考茨基提出了一项折中的决议案，该决议案被社会主义斗争的支持者接受，却遭到另一些想要采取新方针的代表的强烈反对。最终考茨基决议案以多数票通过。但在国际代表大会结束后，法国社会主义组织举行了全国代表大会。在会议期间，工人党全体代表退出了代表大会。革命社会主义党（即从前的布朗基派）继续与我们磋商。在里昂举行的全国第三次代表大会上，革命社会主义党退出代表大会并加入了工人党。里昂代表大会的多数党组成了人们所说的"法兰西社会党"和各省独立的联合会。

第二年，法国社会主义政党在图尔举行代表大会，社会党发表了原则声明和竞选纲领。它的政治观点以简明扼要、不妥协的形式出现在所有协调委员会成员党派的面前，即："劳动者的国际联合；建立无产阶级的政治和经济组织；目的是夺取政权，通过生产和交换资料的社会化，把资本主义社会改造为集体主义和共产主义社会。"联盟这种形式适合法兰西社会党，它使所有社会主义组织聚集到了一起，我们党维持了这个联盟的不断发展。自 1902 年原则声明在图尔问世以来，看法上的分歧和巨大的差距得到了澄清。我将于下文提到党在大会上发表这一声明的目的何在。

在简短地回顾了法兰西社会党对法国历史上的一些事件留下的印记之后——这段历史总是能激起反驳和指责的声音或引发论战，我们向大家报告一下我们党进行的斗争以及取得的成就。

法兰西社会党进行的斗争既有政治上的必要性，也有经济上的必要性，社会主义运动总是能在错综复杂的因素中找到关联。法国社会主义运动总是存在两重性：它既是民主主义和共和主义的斗争，同时又是无产阶级和其他经济阶级的斗争。或者更确切地说，无产阶级的利益只有在民主主义发展的道路上才能得到满足，但是民主主义发展道路上的波动总是反映到无产阶级发展的道路上。无产阶级是在民主主义中，也是通过民主主义来认识自己的。雇主阶级和资产阶级在社会和经济上的优势使他们在政治上和经济上取得胜利，一个世纪以来，资产阶级阻碍民主主义取得成功，印刻在历史上的是民主主义的不断失败。自法国大革命以来，我们国家经历了不同的政治危机，这些危机推动了历史的进程，同时又是民主主义发展的间歇期，也是工人阶级权利发展的漫长的恢复期。在法国，在庞大的资本主义利益集团中并没有出现两大相互争权夺利的派别。在紧缩政策时期，正如英国历史上那样，无产阶级从未从保守党那里获得过任何好处。相反，法国保守党公开表明支持最正统的经济学说。如果说保守党介入解决生产问题，那也不是为了限制对劳动者无节制的剥削。

我们并不是想以此来说明共和主义党派就代表了工人阶级的利益。但这个混乱的派别几乎很少代表资本主义的利益。它本身的起源，如同它的整个派别一样，使它不得不依靠整个民族，使它重视工人阶级，使它不得不开始满足工人阶级最直接、最急迫的要求。这样，社会党同进步的民主主义党派的关系就或多或少变得更加紧密了。确切地说，这种关系源于存在于现代社会深处的十分矛盾的现象。这种矛盾始于现代的开始，始于人权的宣布。实际上，人权的宣布意味着作为社会上的个体，无产阶级——正如我们党在图尔代表大会上通过的原则声明指出的那样——有加入政府的资格，它拥有政治权利，也就是普选权；而在经济规则的作用下，少数人利用自己的垄断地位支配和领导着生产集体。民主主义派深深感受到这一矛盾。社会党揭示了这一矛盾，于它而言，民主主义的进步有利于各阶级的社会和经济利益。于是，综上理由——当然还有许多其他理由就不一一列举了，社会党总是与民主主义分子保持紧密关系。

今天，在我们看来，我们党与进步的民主派反抗精神压迫的斗争上的合作是多么有理有据啊！

法国社会主义运动具有双重性：在政治上和社会上，我们代表共产主义和无产阶级；除此之外，我们还有一个重要的目标，那就是反对教权主义。自一个世纪以来，天主教与各个反动派运动都有瓜葛，这些运动阻碍了民主派和无产阶级的发展。宗教信仰的优势是无与伦比的，无论在哪个时期，它都总是变成一种控制无产阶级经济和精神的权利。它不停地与有产阶级紧密合作来奴役束缚工人，使工人对它完全俯首帖耳，从而对他们进行剥削。多亏了社会团结精神，这个在 19 世纪独占鳌头的天主教在近期的政治斗争中才不能发挥它的作用；它现在主要是利用广大的工人、妇女和儿童。

事实上，工会运动得到了有力的推动。在众多公共部门工会的榜样下，私人企业的工会组织也得到直接的鼓励。工人和公职人员自行组织起来，向政府提出自己的要求。无论在全国性机构、省级机构还是市镇机构，无论在工厂车间、电报邮电局，还是在海军兵工厂、陆军兵工厂，实际上，在几乎所有地方，工人都以工会形式组织起来了，这是前所未有的现象。

工人和国家公职人员进行斗争，并不仅仅是为了自己的利益，而且也是为了自己所支持的政府,两年来,公职人员由于暴乱事件而一再推迟进行集体请愿。新内阁面对当前局势认可了工会,宣布了由工人和公职人员建立的组织的合法性。政府各部部长,即国家和劳动者的调停人看到了工会集体对当局政府的期待。正因为如此,最近国防部在某些军工厂由于有必要放缓生产而辞退部分员工时,决定让工会工人自行拟定辞退员工清单。我们知道工会组织付出了多大的力量才使自己得到了认可。

由于狡诈的各部部长给工会制造的重重困难,社会党人为了使实际情况合法化,确保当前政府给予的保护,通过议会工会委员会起草了一项法律草案。在投票通过后,这一法案将正式生效。

实际上,在如此需要多样性的当代社会,国家公职人员和工人的待遇是一种标准,这种标准是私营企业的工人想要竭力争取的。公共生产部门工会所受到的鼓励,为的是激励其他组织,它是一个活榜样和直接的激励,激励私营企业工人为获得同样的权利、同样的工作条件而进行斗争。

同样,工资水平、工作时间也发生了巨大变化。在工商业部,每天工作8小时的政策得以实施。国防部和海军部跟随了工商业部的脚步,在拥有成千上万工人的兵工厂和车间,把每天工作9小时缩短为每天工作8小时,工资上也给予了特殊待遇。另一方面,各市镇机构的工人也获得了他们从前为之努力的行动自由,递上改革请愿书,迫使企业主公开招标,并签署工资协议,对工作时间作出规定,等等。

此外,在我们的努力下,曾经是城市失业工人的一大祸害的劳动介绍所被废除了。我们还完善了关于意外事故的法律,在议会给有关养老金、孤儿救助的法律投了赞同票。现在政府提出了工人养老金法律草案,这一草案将增加国家8000万支出,而且逐年增加至3亿,议会将对此进行讨论。由于政府对这些改革的支持,我们可以期待立法机关最终的投票结果。

我们作出最大努力来缩短工作日，试图改变1901年规定的十小时工作制。我们的工作并没有结束。雇主妄想改变法律，但是在劳动法庭上，很不幸他们是站不住脚的。不过在法国，当涉及经济问题时，司法界是最为倔强的，法庭的判决总是落后于时代。

最后，在所有这些成就中，我们需要强调的是心态——社会党人对德雷福斯案件的心态。我们宣传反军国主义、裁军和兄弟友爱的思想。5年前，正如我们常常强调指出的那样，法国是沙文主义的牺牲品，发行量极大的报纸使民族怀疑思想空前亢奋，我们战败经历的回忆录使好战分子到处蠢蠢欲动。只要紧紧盯住总参谋部和反动党派人士的步伐，揭露他们所作的欺骗，我们就能扭转这股狂热的民族主义浪潮。我们反对战争，宣传和平思想和裁军思想，要求把服兵役时间削减至两年。上下两院都同意这些主张，除了一些需要在年底稍作修改的细节。

实际上，我们党的各派都担心每天是否会出现突发事件，与我们的邻居每天和平相处是否能得到完美的结局，我们的最终要求——完全转变所有权（这也是社会党与其他资产阶级政党的分界线）——是否能得到实现。

这些担心是合情合理的。把这些担心表现出来是极好的，因为这样做会给我们不停敲响警钟，使我们时刻想到我们行动所要达到的目标。但无论遇到什么样的困难，我们都不应该后退。我们不能停止对社会主义学说的宣传，我们还需要招募更多的党员，并且为他们准备一个能更好地展示自己的平台。

这就是我们四年来的成就。社会主义思想正在进步，我们取得的成就鼓舞人心，增添了人们对未来的信心和希望。

法兰西社会党议会党团和全国委员会

古斯塔夫·鲁瓦奈

法国社会主义运动

1898年10月，整个法国都处于民族主义的骚动之中。即使反犹太主义者和教权主义者反对，即使共和国总统费雷克斯·福尔策略巧妙，即使法国最高法院重审德雷福斯案卷宗，但由于警察的鼓动，各反动派都要求重新建立法律秩序。于是，法国处于军事寡头造成的激烈动荡中。同时，参谋部也走投无路，做好了最坏打算，企图动用军队来拯救国家。政府调集大批军队进驻巴黎，使出浑身解数来阻止劳动者日益增加的罢工，它开始让恐怖分子潜入工人的建筑，社会党人减少了集会次数，所有的无产阶级力量都为拯救共和国而聚集起来。

1898年10月16日，在社会主义报刊的迫切要求下，法国工人党全国委员会召集全国四大社会主义组织（包括共产主义同盟、共和社会主义者同盟和社会主义报刊负责人）举行了一次秘密会议，最后发表宣言，提出了"应对当前形势的措施"。

这次会议还商定起草一份议事日程来保护工人成立工会的自由和罢工的权利；它明确指出，在法兰西共和国如此混乱的形势下，所有社会主义派别都应当做好应对一切事变的准备。

在这次会议结束时，还设立了一个警戒委员会，由各社会主义组织和报刊各派两名代表组成，负责在重大事件发生时，召集协商和签署共同行动协议。

这是社会主义者第一次团结起来。

危机过去了，警戒委员会随之解散。然而，我们相信可以通过建立一个社会党中心组织来实现我们的事业，使各个社会主义组织更加亲密。

法国四大社会主义组织，即革命社会主义工人党、革命社会主义党、法国工人党及社会主义工人联合会团结了起来，建立了社会主义协调委员会，负责以持续发展的方式组织社会主义力量的活动，不是暂时的、部分的活动，而是持续的、完整的活动。

但是，从一开始，组织就遇到了困难，因为单凭它自身——它不能代表所有法国无产阶级组织，无产阶级仍然处于协调委员会之外，大量的社会主义成员，我们称之为独立分散的群体，在他们各自的地区内，接受社会党基本方针，但是出于各种各样的原因，他们不参加国家级组织。

这些成员并没有加入中央组织，也不参加共同行动，鉴于这种状态，协调委员会邀请他们加入并派出代表来参加活动。

协调委员会使社会主义组织的统一又迈出了新的一步。希望有朝一日，组织能成为一个大集体，所有的法国无产阶级力量都能一起为实现他们的理想而奋斗。

自治派以社会主义独立联合会的名义加入了进来。不久之后，革命社会主义同盟也加入进来，加强了法国全国性组织的统一。

自1898年底协调委员会成立以来，它就要求在法国举行国际代表大会，然而困难重重。

为了避免未来代表大会遭遇困难，协调委员会于1898年5月在布鲁塞尔参加的国际代表大会上，召集了所有社会主义组织代表，最后受托在巴黎组织1900年第五次代表大会。

差不多同一时期，法国政治局势空前严重，引起了国际社会党的强烈反响。与此同时，由于米勒兰加入瓦尔德克-卢梭内阁事件，是否允许社会党人参加资产阶级政府这一问题被提了出来，协调委员会内部成员展开了激烈讨论和争辩。社会党需要果断解决问题,应该明确表示任何社会党人都不得参加资产阶级政府。

为了解决这一问题,并为社会党的统一打下基础,1899年12月举行了法国社会主义组织的代表大会。

在经过6天的激烈讨论后,大会对"阶级斗争是否允许社会党人参加资产阶级政府?"这一问题进行表决,结果是818票反对,634票赞成。但是另一提案——"党在特殊情况下可以考虑社会党入阁的可能性;党的一切努力应集中于夺取市镇、省和国家的民选职位,依靠自己的力量合法地、和平地开始对资产阶级的政治剥削,最终在革命中完成这种剥夺。"——以1140票对240票获得通过。

关于社会党的统一问题,它宣布我们党由5个全国组织组成,地区自治联合会和工人工会同意按照社会党的原则加入,签署了同样的原则条约,并且交纳一部分会费用于社会党的宣传活动。

在代表大会结束之后不久,总委员会代替了协调委员会,各个成员党按比例派代表参加总委员会。

在此期间,在第二次全国代表大会举行之前,我们进行了国际代表大会①的筹备工作。

这次在法国举行的国际代表大会,是社会主义组织最愉快的一次聚会。实际上,这次大会通过了考茨基的提案,提案中清晰明了地讲述了我们党的原则和政策,我们相信它能够使法国所有社会主义者加入进来。

但是法国工人党还需要进行斗争。

---

① 即1900年9月在巴黎举行的国际社会党代表大会。——编者注

* * *

1900年9月,在国际代表大会结束时,法国社会主义组织召开了新的代表大会,迈出了法国社会主义组织力量统一的第一步。

事实上,由自治联合会掀起的潮流使得所有社会党人都为社会党统一奋斗起来,敌对的其他组织只能靠发表大量充满偏见的言论来分裂、分散无产阶级联盟力量。

显而易见,协调委员会为统一作出了第一份贡献;1899年的巴黎代表大会为中央统一作出了巨大贡献,但这一体制并不能使统一名副其实,只有所有组织本身在镇、区、省都统一起来时,统一才会真正实现。

这是毫无保留的、完全的统一,第二次巴黎代表大会,法国无产阶级在所有代表机关中要求统一,并热情地欢迎饶勒斯提出的议案:

"为了使无产阶级能够与同他们敌对的统一的阶级进行斗争,社会党代表大会宣布整个社会党的最终统一应该从细节上去实现。

大会同时明确宣布,虽然分裂是短暂的,但社会党的行动是将永久进行下去的,大会决定根据出席大会代表的比例,从现在的成员组织中选出代表组建新的总委员会。

大会决定这个新的总委员会应为党的完全统一起草提案,并在6个月之内召集一次新的代表大会。

总委员会应该就社会党最佳的统一方式以及下一次代表大会的最佳形式这两个问题上立即达成一致。"

这项提案得到一致赞同,然而我们也应该注意到,法国工人党退出了代表大会,中断了先前的合作,名列新社会党的名单之外。

欧洲、美洲和亚洲的社会主义组织和工人组织　　　　　　　　　　245

　　总委员会是在第二次全国代表大会结束时如先前的代表大会一样投票选出的，也就是说，组织实行比例代表制，自治联合会、工会是社会党最主要的成员，虽然工人党不再是代表大会的一分子，然而，通过其他代表，它的地位在任何时候都是不容忽视的。

　　新的总委员会受到比上一次代表大会更多的委托，它通过各种特殊形式，致力于研究社会党统一的问题，并致力于筹备将于1901年3月在里昂举行的全国代表大会。

　　虽然1900年的代表大会已经作出决定，但里昂代表大会将完全致力于研究社会党统一草案的研究，即使大多数出席者重新提出加入瓦尔德克-卢梭内阁这一问题，全国代表大会和国际代表大会都只是尝试笼统地从理论上来解决这一问题。

　　这场争辩导致少数派（包括革命社会主义党、共产主义同盟以及一部分独立联合会）退出代表大会，他们不愿意接受多数派的决定。

　　然而，各社会主义组织关注着事态的发展。

　　在里昂代表大会结束后，统一体不再只是一个宣言，而成为一项明确的计划。

　　在一些联合会的帮助下，这次代表大会成立了一个全新的、统一的组织。

　　在图尔举行的代表大会预示着1899年巴黎代表大会的序幕，它为确定党的纲领和原则作出了努力。

　　在图尔代表大会和圣艾蒂安代表大会后，制度得到了完善。

　　自里昂代表大会以来，为了实现无产阶级的统一，我们全力以赴。

　　无论如何，各联合会自发组织起来，从前的全国性组织也联合起来，发动了联邦主义运动。

　　在里昂代表大会结束不到一年的时间，一次新的代表大会又在图尔举行，28个省区联合会出席大会，这些联合会曾加入过革命社会主同盟和法国社会主义工人联合会。大会之后,各联合会分别宣布解散。

* * *

法兰西社会党的纲领以国际社会党的纲领和原则为基础;它指出劳动者有必要建立一个经济组织和一个区别于资产阶级政党的党,解放全人类,无论其性别、种族或国籍。

在1902年的大选中,社会党人获得的65万张选票中有40.5万张是投给法兰西社会党候选人的。

32名议员在议会中根据纲领建立了社会党议会党团。

两名联合会的议员被排除在外,他们并没有求助于代表大会,而是离开了党团。

* * *

自图尔代表大会后,社会主义运动以省联合会的形式在社会党内部展开,39个联合会行动起来,活动范围扩大到了68个省级区域。

小组、研究会、工会、合作社的数量已经上千,交纳党费的党员人数也达到了一万。

但是这个数字离准确的党员人数还相差甚远,只有给每名党员发一张年度党员证,才能统计出准确的数字,我们还应该继续扩大党员数量。

党费并不能按时交纳,但我们在为纠正这一坏习惯而努力,尽量每隔一段时期就通知我们的党员交纳党费。

* * *

  总委员会之后设立的中央机关——会际委员会——由各联合会指定的代表组成,它负责党内行政管理、行动和宣传。
  它团结在议会党团周围,组成了规定法兰西社会党议会以外的政治路线的全国理事会。
  其正式的机关报是一份组织和积极分子了解全国理事会、会际委员会、议会党团和联合会工作的简报,并向它们介绍已经完成的宣传工作和国际社会主义运动。
  除了简报,法兰西社会党在外省有22种报刊,这些报刊属于联合会,受联合会管理,并受联邦理事会监督
  图尔代表大会后,法兰西社会党于1903年在波尔多、1904年在圣艾蒂埃举行过代表大会。
  每次代表大会后,法兰西社会党总会有团体迅速增长,建立新的联合会,会际委员会发放更多的党员证。
  最近在市镇选举举行前,我们组织了法国社会主义市镇议员代表大会,各社会党组织就候选人达成一致,多亏了社会党成员组织的协调一致,我们才能达成统一协议。
  至于省议会和区议会的改选,在撰写这份报告之时我们还不能了解全部情况。

* * *

  总之,如果说法兰西社会党在选举方面取得了重要成就,其队伍也日复一日不断壮大,所有新联合会都成为它的一分子并支持它,这全靠

党的工作精神和党不断的宣传。

社会党议会党团取得的可喜成就使工人阶级从中受益,并鼓舞他们团结起来,成为一支有实力的力量。

面对无组织的资产阶级政党,尽管社会党还未唤醒被剥削者的阶级意识,但它是一个活力十足的组织,并拥有强大的精神力量和行动能力。社会党日益壮大,无产阶级对它寄予厚望,它不停下走进人们心里的脚步,只是为了在全世界实现共产主义。

法兰西社会党会际委员会和全国委员会

阿尔贝·奥里

奥地利工会组织的报告

奥地利现代工会组织可以追溯到 1889 年温和派与激进派的联盟。1890 年五一节庆祝活动顺利结束后，仍处于非常状态下的党在维也纳召开了一次大会，全国许多代表出席了这次会议。大会讨论了组织的扩大、切实可行的宣传以及关于工人阶级提出的有关社会立法请愿的决议。正是 1890 年的这次大会，奠定了 14 年以来工会活动骄人成就的基础。

1892 年，奥地利工会组织的大致情况如下：中央及地方联合会，724 个组织，46606 名会员。在工会组织之外，有 584 个工人学习小组，成员共 23737 名。因此，共计 1308 个组织，70343 名工人成员。

1902 年，共计有 2370 个联合会，164488 名会员，**他们都加入了社会民主党。**

所有工会组织都受到奥地利工会委员会集中领导，它每三年举行一次代表大会，大会涉及所有有关工会运动的问题及决议。奥地利工会委员会设有一个全国委员会，该委员会由一群受托人管理，在工业地区致力于扩大组织，并进行必要的宣传工作。

每名会员每月给奥地利工会委员会交纳 3 赫勒会费，因此，它每年有 4 万克朗的收入。

委员会必须遵守全国书记处的财政规定；它为国内所有受托人发放

补贴，出版刊物《工会》，建立新的组织，发动罢工。**总而言之，奥地利工会委员会是团结的无产阶级在经济领域的智慧的结晶。**

下面是委员会为罢工提供的财政支持一览表：

	收入（法郎）		支出（法郎）
1900 年	374580.11		377568.58
1901 年	11239.19		12589.66
1902 年	2292.72		3163.78
	388112.02		393322.02
1899 年结余	5360.22	1902 年现金	150.22
	393472.24		393472.24

工会财政状况报告

我们在本报告中给出了 1896 年各工会的收入和支出的统计数字。

联合会、总联合会和工人学习小组的收入和支出情况如下：

	收入（克朗）	支出（克朗）
1896 年	985171.76	650835.46
1899 年	1852440.59	1738339.55
1901 年	2229346.21	2111082.12
1902 年	2617184.02	2392539.77
	共计 7684142.58	共计 6892796.90

各类救助支出

年份	旅行补贴	失业	医疗、伤残补贴及寡妇或孤儿的赡养费	必要情况补贴
1896	25746.02	102189.72	140389.03	12967.34
1899	77486.92	268003.81	400151.02	24488.01
1901	96691.26	377448.59	538890.06	40362.55
1902	151218.94	360289.48	485764.25	65514.51
总计	351143.14	1107931.60	1565194.36	143332.41

在工会财政报告的最后，还要说明工会在1902年12月底的财力。总收入达3371126.63克朗，比上年增加了521110.55克朗。其中，2078956.15克朗来自10412名印刷工人。其他78个工会会员人数为125000名，总收入达1292170.48克朗：制帽工人，228900.90克朗，石印工人179032.57克朗，木工136280.07克朗，面包工人58623.35克朗，纺织工人53832.82克朗，装订工人45701.60克朗，冶金工人45204.50克朗，储金会职员45420.55克朗，矿工43199.16克朗，翻砂工30444.11克朗。其他组织的收入至少达20000克朗。

报刊状况

奥地利工会的报刊在1894—1902年间有一次较大的发展。如下是1894年、1896年、1902年的相关数据。

1894 年

16 种德语工会机关刊物	55350 册
10 种捷克语工会机关刊物	<u>21700 册</u>
	共计 77050 册

1896 年

19 种德语工会机关刊物	发行 84550 册
13 种捷克语工会机关刊物	<u>发行 31300 册</u>
	共计 115850 册

1902 年

33 种德语工会机关刊物	发行 101905 册
19 种捷克语工会机关刊物	发行 35560 册
2 种波兰语工会机关刊物	发行 4850 册
1 种意大利语工会机关刊物	<u>发行 630 册</u>
	共计 142945 册

德语工会刊物发行量从 1894 年起增长了一倍，捷克语工会刊物发行量从 1896 年起增加了 4260 册。波兰铁路工人工会创办了新的斗争刊物，发行量巨大。

奥地利工会委员会

书记　安·许贝尔

奥地利德意志社会民主党

在奥地利，社会民主党是唯一的党组织，拥有一个纲领、一种策略、一个共同的议会党团，采取共同的行动。

党由于奥地利的诸多语言而分成不同的民族组织，每个组织都拥有相当程度的自主权。总的来说，除了党的策略和纲领，它们在组织和行动方面完全自主。奥地利社会民主党可以说是一个小国际，它的基本原则和做法是：民族自治和国际团结。

1900年在巴黎举行的国际代表大会已经过去四年，奥地利无产阶级的斗争仍在所有外国人都不能了解的不利条件下继续。奥地利拥有自己的立法机构，其经济和政治独立发展，但是与匈牙利缔结条约，建立了奥匈帝国。

这个二元君主国无论对奥地利还是匈牙利都是有害的，但打破这个二元君主国需要面对重重困难，只有在哈布斯堡王朝诸多反对分离的反动分子不复存在的情况下才可能。

但是奥地利总得面对这样一个问题，即奥地利这个国家的存在都是成问题的。

即使这个问题迫使统治阶级承担由于他们的胆怯、他们的不足造成的奥地利不同民族不能和睦相处的责任，然而，他们对管理部门政策的忽视，导致奥地利发展的停滞。

这种情况在历史上尚无前例。

居住在奥地利的人民拥有强大的力量，来贯彻国家公共组织的整体原则，使其协调统一起来，这项原则早就写在了社会民主党的纲领中：彻底的民族自治和彻底的民主。资产阶级既没有力量，也没有勇气把这项原则付诸行动。它集中自己的所有力量来对抗德国和捷克，却没有看到官僚主义和独裁统治已经肆无忌惮地渗透到了国家的政治生活中。

统治阶级的无能反而使奥地利经济和无产阶级得到了发展。

社会民主党成为这个国家唯一进步的党派，这是唯一一个知道自身需要的党，并在毫无怨言地继续着它的道路。

1893年，奥地利社会民主党不断开展争取普选权的斗争。1897年选举改革后，通过特权阶级选举产生的由353名议员组成的议会增加了72名经普选产生的议员。从前如此平静的奥地利议会变得喧闹起来：内部出现了前所未有的斗争，阻挠议事使议会瘫痪，政府在外面进行反对议会的行动。

奥地利宪法不仅仅对工人阶级来说是不公平的，而且在实践中也无法实施。但资产阶级者的怯懦及其对无产阶级壮大的担忧，阻碍了对宪法的必要改革。社会民主党一直致力于争取普选权的斗争，这同样也是它最基本的工作，是其全面发展的第一步。

此外，社会民主党应该征服它所需要的阵地，以便继续进行阶级斗争，并扩大它的社会组织和政治组织。在持续而坚韧的工作后，社会民主党终于在这个警察国家赢得了某些权利。经过异常艰苦的斗争，我们获得了集会权、组织权、联合权，还有一小部分的新闻自由权，因此无产阶级获得了行动的可能。这样我们便可以加大无产阶级在政治上的分量，并且成为一个我们比任何人都了解的、为进步带来了可能的组织。

一些数据很清楚地反映了我们党的力量。

在1901年的选举中，社会民主党得到80万张选票。由于我们仅仅在某些大城市有选举权，而农村的候选人只有在议会承认的情况下才能被选举，所以不太容易给出一个准确的支持者的数字。不过，我们仍然可以确定我党在选举中是最强大的党；这是在 58 万名"青年捷克"组织支持者加入我们之后的事了。尽管我们在这场普选中获得 14% 的选票（570 万），我们仅有 10 名候选人当选议员。在这 10 名议员有 7 名属于捷克组织，还有 1 名属于波兰组织。

我们还注意到虽然这 10 名议员来自 3 个不同的民族，虽然这个议会被反沙文主义的斗争撕裂，但是这 10 名议员并没有产生分裂，这为我们在国际上的团结提供了一个很好的例证。

我们党在各省省议会选举的斗争中，更广泛地讲在所有允许无产阶级参加选举的地方，同样收获了良好的成果。

我们的政治组织——无论是地区还是地方组织——在过去几年中得到更加系统的发展。地方组织由当地的组织构成，它又组成地区和全国性组织，最终受德意志执委会的集中领导，德意志执委会又同各民族执委会和总执委会互相配合。各民族组织每两年召开一次代表大会，在间隔年份则召开所有社会民主党组织都参加的代表大会。

我们的工会组织因法律问题与党分开，却又通过无产阶级精神与党紧密联系在一起。工会组织也呈现蓬勃发展的势头，尽管过去几年经历危机，它仍然吸收了将近 18 万名会员。工会报告给出了关于这个组织的更多信息。

社会主义报刊在过去的几年中取得了令人满意的进步。德意志党组织拥有 2 种日报：维也纳的《工人通讯》和格拉茨的《工人报》；此外还有 24 种报纸，其中 3 种每星期出版两期，20 种周报，1 种半月刊。

德意志工会组织还出版了 33 种行业刊物。

捷克党也有两种日报（维也纳和布拉格），还有 12 种每周发行一期或几期的其他报纸。波兰党有一种日报（克拉科夫）和一种面向农民的周报。意大利组织有一种日报（特伦托），一种每周发行三期的报纸（的里雅斯特）和两种周报。南斯拉夫组织有一种周报和一种月刊，而鲁塞尼亚组织有一种半月刊。

我们还要告知您我们妇女组织在政治和工会领域取得的令人瞩目的成就。这个组织的机关报《女工报》近年来快速地成长起来。

我们的新加入的青年成员使我们对未来充满希望。青年组织是这两年才建立起来的，它出版了一份名为《青年工人》的月刊，发行量超过了6000册。

此外，工会还出版了一份内容丰富的专刊，对它我们只能提供少量的信息。互助储金会有一份《劳工保护报》；合作运动在近几年也快速发展，并有一份《工人合作社》报。

为了能够与那些对无产阶级进行恶意诽谤的正在衰落的统治阶级（于他们而言，无产阶级是很大的阻碍）进行斗争，奥地利工人阶级还有很多事情要做。奥地利无产阶级不惜任何代价，以巨大的牺牲开辟了一条道路。政治逮捕比过去更加残暴，统治阶级的暴力在许多方面都表现出来。无产阶级流血牺牲，在奥地利以外的的里雅斯特和伦贝格的士兵运动因此闻名。但是这样的暴力行为只是增强了无产阶级的反抗斗志，激起他们加强团结、与统治阶级作斗争信念。

从这个角度，我们注意到五一节对于奥地利劳动阶级的特殊价值。他们赋予这一天其应有的意义，赋予它反抗的力量。面对希望利用危机发动流血事件的统治阶级的挑衅，他们不受其影响。奥地利无产阶级把劳动节当做一种财富，在组织经验方面，他们完全有信心防止劳动节停工变成难以忍受的借口。

德意志社会民主党人与其他民族的同志一起参加国际代表大会。他们渴望瓦解统治阶级，消灭资产阶级剥削。他们清楚自己的目标和途径，不懈地进行斗争以加强战斗力和灵活性，扩大在各个领域的政治影响，最后将决定性的政治权力掌握在工人阶级手中。

我们与外国同志讨论最多的原则问题在奥地利也产生了一些反响。

在国内，对政治的必要性、我们提出的方法的应用及其与无产阶级解放斗争——即我们的最终目标——的有机结合也有不同看法。但这些不可避免的不同看法从不会削弱我们的活动，也不会对我们的团结造成威胁。我们始终知道，这只是开始阶段，很多困难的问题亟需解决。但是在任何情况下我们都会团结在一起，直到无产阶级取得其应有的权利。

在1901年维也纳全国代表大会上，我们修改了我们的纲领。修改经过了长时间激烈讨论，但大家最终一致同意把它作为我们——其中最重要的部分就是现在的奥地利无产阶级——行动的指针。

我们希望能够向阿姆斯特丹国际代表大会、各个地方、各个民族和我们拥有一样的团结意志的同志致敬，让我们联合起来为工人阶级的解放共同奋斗！

奥属乌克兰社会民主党

奥属乌克兰社会主义运动发轫于1889年,那时的激进党将集体主义视为组织纲领的基础,并且将社会主义视为它活动的出发点。

这个刚成立的党被鲁塞尼亚民族主义政党称为外来党、民族的破坏者,但它实际上并不是社会主义政党,而是一个小资产阶级或小农阶级的政党。它的宣传和行动依靠加利西亚的小农阶级。

这就很容易说明为什么乌克兰激进党始终与同在城市里不断发展的波兰运动作斗争。此外,激进党不愿加入奥地利的任何社会民主党组织,所有为此所作的努力都无果而终。这种遭到激进党反对的原则,没有阻止乌克兰社会民主党被大量认识到社会主义思想的农民追随。

农民的激进运动于1890年底进入尾声。他们在城市中没有任何依靠,于是他们开始越来越了解社会主义,而乌克兰民族运动也不再抵制这个潮流。我们可以看到,在1890年年底,社会民主党早期的一些领导人直接加入了乌克兰民族党,并且成立了国民党来与社会党对抗。

同时,早期激进党中的一部分人加入了民主党,先进分子壮大了社会民主党的队伍。社会民主党于1897年成立,在1900年得到迅速发展,有力地参加了政治斗争。

乌克兰社会民主党在1897年有一份名为《工人报》的报纸,用拉丁语出版,但令人遗憾的是发行时间不长。

自1900年党的力量加强之后,它出版了乌克兰社会民主党的机关刊物《自由报》,这份报纸每月出版两期。报纸的蓬勃发展见证了我们党良好的运作方式。

至于周刊的发行还有巨大的障碍需要跨过。

就像在波兰一样，在加利西亚的鲁塞尼亚人中有很大一部分是文盲（75%），其中农村人口占大多数。

我们还应注意到，在加利西亚每年有5万人饿死的惨剧就是在鲁塞尼亚农民中发生的。

在城市里，鲁塞尼亚人只占了人口的极少数，而加利西亚的城市总的来说都不富裕。乌克兰社会民主党还缺少能代表现代社会主义运动力量的强有力的工人阶级。

最后应当注意的是，我们在加利西亚还享有一些宪法所规定的自由；在完全处于专制统治下的国家中，无产阶级的社会主义运动和资产阶级的民族主义运动更加泾渭分明。

资产阶级民主党同样大力进行宣传鼓动，他们借鉴了社会党的章程和纲领。这自然阻碍了社会党的发展。当1902年在鲁塞尼亚农民中爆发了著名的罢工运动时，这些民族民主主义政客想利用这次运动，而忘了他们的演说家和当权者多次将罢工视为恶劣事件。

无论如何，社会民主党的机关报《自由报》取得了好成绩，并且开始了它的第15个年头。它一共有400位订阅者。

需要注意的是，在加利西亚，由于文盲占了人口的大多数，多亏宪法规定的自由，人们才能更多地进行口头宣传，而不是通过小册子和报纸进行宣传。

还有，例如在1902年的罢工运动中，波兰同志（布罗日德、莫斯勒博士）同样和乌克兰同志（维蒂克、奥斯托普佐克）一起合作，主要是进行口头宣传。实际政治中重要的是在群众大会上举行讨论，而不是通过我们在俄罗斯边境外的同志送来的小册子。日俄战争也在俄罗斯边境附近一个小村庄召开的大会上受到讨论，上万名农民参加了这次会议，我们还在这次会议上揭露了沙皇的行动。尤其需要注意的是鲁塞尼亚农民长期居住在他们出生的地方，是君主政体的拥护者、沙皇的朋友，因此在他们中很难开展乌克兰社会民主主义运动。

口头鼓动仍然不停顿地进行着，即使遭遇巨大的障碍。在城市（伦贝格、克拉科夫等），由于工人运动，政治自由不断得到扩大，但在农村却逐渐受到取缔。在1902年的农民罢工运动中，当局在所有罢工地区颁布了一条特别法令，根据这条法令，鲁塞尼亚工人和社会党人一旦罢工，就会受到法官严酷审判。有一个大地主（波兰伯爵）被派来同代表农民的社会民主党人（维蒂克）谈判，这时宪兵出现，禁止他们协商。

除了口头宣传，只要经济条件允许，我们也从未忽视通过小册子进行宣传。有两本小册子发行量超过了1000册：S.迪克施泰因撰写的《人们以何为生》（通俗地说明了剩余价值、资本主义和社会主义）以及《加利西亚经济》（社会党议员达申斯基在议会所作的演讲）。在1902年大罢工的开始阶段，我们出版了维蒂克同志的小册子《人们在罢工时应该怎样行动》，这份小册子印数超过了2万册；不久之后这个作者又出版了一本更重要的小册子《现在应该怎么办》，印数超过了1万册。维蒂克在这本小册子中对宪法和法律规定的自由作了比较，解释了社会民主党的最低纲领和最终目标。这些小册子都被大量散发。

乌克兰社会民主党的宣传活动主要在农民中开展。以鲁塞尼亚激进党为榜样，我们党力图在城市中找到组织的支持点。

农民主要缺乏主动性，即使他们摆出一副社会主义者的样子，但如果在城市里没有无产阶级的支持，农民运动还是会重新回到资产阶级民族主义的政治道路上。我们在加利西亚的城市中有一些鲁塞尼亚工人的小团体，还有一些工人组织同它们的波兰、犹太同志一起行动，它们都是完全自主的。

像鲁塞尼亚工人同犹太和波兰同志一起活动一样，乌克兰社会民主党与波兰同志团结在一起进行政治活动（召开大会、举行游行示威）。随着经济的发展，社会主义组织中鲁塞尼亚工人的数量也在成比例增加。国际联系从未间断，我们的财政状况足以支撑这种联系。

农村罢工期间，以及在鲁塞尼亚大学运动（伦贝格一所鲁塞尼亚大学提出要求）期间，加利西亚的波兰社会民主党人同鲁塞尼亚社会民主党人之间从未出现过任何不和谐的声音，而鲁塞尼亚沙文主义者同波兰沙文主义者之间却不是如此，他们相互攻击，造成不少问题。

国际团结在五一节最清楚地表现出来。在加利西亚的村镇，人们几年来一直都庆祝劳动节：俄国边境附近，在一大群农民面前，一面红旗悬挂在伊布鲁伊兹河上，在沙皇帝国的土地上飘扬。今年所有红旗都被悬挂起来。

在1900年的选举中，乌克兰社会民主党获得了选票。在普热梅希尔的选举中，我们的候选人汉凯维奇获得167票，一个亲俄候选人获得102票，一个政府候选人获得500票；这是一个农村特殊选区的情况。

不论我们是否被囚禁在奥地利，无论到哪里，我们都尽力帮助我们的俄罗斯同志。这在1903年的上门搜查和审判案中表现出来。

最后我们要声明的是，在社会民主主义运动中，我们是奥地利社会民主党的一个组织，同时我们也想成为国际革命社会民主党的一员，这些都是可以理解的。

乌克兰社会革命党

在我们关于乌克兰社会民主党活动的报告中，只是在我们看来为了使大家更好地理解乌克兰社会民主主义运动的原因和兴起而有必要之处，才会提到我们的俄国和犹太同志的活动。我们的任务不是给在乌克兰的所有社会民主党人的活动勾勒一幅完整的画面。俄国和犹太同志也会对他们自己的活动作专门的报告，在这些报告中也会专门谈到他们在乌克兰的活动。这样，我们的任务限于报告对我们来说具有重要意义的事情。我们将仅仅谈论乌克兰社会民主党的活动，它确立的目标是：在乌克兰对工厂工人和农业工人进行阶级觉悟的宣传教育；为了这一目标，他们必须主要用乌克兰语开展活动。乌克兰社会民主党的发展史几乎无人知晓，它在整个社会民主党中仅仅能被公道地称为小妹妹。所以，我们打算简单地描述一下"乌克兰革命党"（RUP）——乌克兰社会民主党暂时以这个名字开展活动——的历史发展，这将非常有助于阐明该党在乌克兰社会民主主义运动中所起的作用。

从在党内形成的两个流派（一派具有社会主义思想倾向，另一派具有激进民族主义思想倾向）看，乌克兰革命党在成立之初就开始向两个方向发展。

党员的这种混杂的构成必然也影响到党的宣传活动。事实上，除了为农民出版的针对俄国税收问题的小册子《格瓦特·德米特罗》（顺便提一下，这本小册子对乌克兰后来的社会主义文献产生了如此巨大的影响，以致从此以后所有为社会主义宣传服务的小册子在民众中都被称为

《格瓦特·德米特罗》。这是一本现在不过主要在风格上略有改变的小册子,任何一位社会民主党人仍然会毫不犹豫地在它上面签上自己的名字),我们还为有文化的人出版了一本《乌克兰自治》。人们可能会对这本小册子有些不同的看法,但绝不会说它与社会主义无关。长期以来,党员的这种双重构成也在党的号召书中反映出来。即使撇开党的代表们对希望加入其旗下的种种宣传册子的出版者的容忍不谈,党的机关刊物《信号报》(由于上述原因,这个刊物的社会主义性质非常令人怀疑)的第一号就使一部分具有民族主义思想的社会党人极其愤怒,以致他们决定退出乌克兰革命党并成立新的组织。在这段时间,在越来越多地转化为农业无产阶级的农民中开展的宣传活动,给乌克兰革命党不断注入新的力量。一些加入了其他社会主义组织、打算在乌克兰农业无产阶级中活动的乌克兰鲁提尼人转而加入乌克兰革命党,在这个党中,他们能够独自致力于自己的奋斗目标。这样,由于新党员的加入,由于具有民族主义思想的党员的退出,最后,也是由于乌克兰革命党中倾向于社会主义的老党员转变为真正认识到自己的目标和追求的社会民主党人,乌克兰革命党的构成发生了巨大的改变,因此乌克兰革命党中央委员会能够于1904年1月发表一封呼吁书,其内容我们摘录如下:

"党的逐渐转变以及确立坚定的方向——即非常革命的、社会民主主义的方向——的过程,是一个表明了过去党存在的这些年间的特征的过程,在这个过程中,党同时认清了乌克兰当时的状况以及乌克兰无产阶级最直接、最迫切的要求。可以说,这个过程已经临近尾声:党已经有了明确的组织,有了某种明确的特征;有待第二次党代会做的事情,只不过是通过新的纲领,从而庄严地确定这个方向。在党的委员会的同意下,在此之前,也就是第二次党代会之前,党的所有出版物都将以上述方向为指导……完全认识到党的生活中的社会因素对乌克兰整个无产阶级的巨大意义,坚信最终走上的这条道路完全不可避免,党开始了自己生活中新的一年。"

这份号召书只不过是确认了在组织中本身已经发生了的事情。

在俄国社会民主主义运动发轫之时，在基辅、哈尔科夫、敖德萨等较大的城市有专门在城市无产阶级中开展宣传的社会民主党委员会。当时先锋战士人数很少；只有集中在个别城市工作，人们才可能期望工人运动不断前进，警察的任何一种破坏都不会使它长时间中断。但是，随着运动越来越广泛地开展起来，随着老一辈先锋战士因被关进监狱而越来越少，他们的职位被更年轻、不像他们那样进步的同志接过，那种有益的思想受到错误的解释。现在甚至有人说，在"农民"中开展宣传根本不可能取得任何成效，人们必须暂时只在城市无产阶级中进行鼓动；至于在"农民"中开展宣传，则必须一直等到这些人转变为"真正的无产者"，也就是转变为在工厂和其他工业企业中工作的人。但相当多的一部分"农民"是纯粹的无产者，并且实际上非常难以同城市工人区别开来，令人奇怪的是，这一点竟根本没有被提及。

人们的看法同样变得更加简单了。在此期间，在农村开展社会主义宣传的必要性越来越清楚、越来越明显。通过宣传而受到教育的工人散居于乌克兰各地，他们被警察撵回自己出生的村庄或者自己去往小城市。另一方面，"崩得"，也就是"立陶宛、波兰和俄国犹太工人总联盟"开始在乌克兰建立自己的组织，起初仅仅在主要由犹太无产阶级集中居住的小城市和小城镇。因此，警察（在其俄国同志的委员会中受到宣传教育的工人由于参加罢工而被他们从乌克兰较大的城市中赶走）和"崩得"的犹太同志在小城市和小城镇中的活动培养了一大批具有社会民主主义思想的工人，他们怀着新来者的满腔热情准备开展社会主义宣传。这时，他们碰到一个几乎无法克服的困难：一方面，所有宣传品都只针对城市无产阶级的利益；另一方面，它们都只是用俄语和犹太语撰写的，没有以乌克兰语——乌克兰为数2000万的农村居民的语言——出版过一本小册子、一份宣言。这两个原因——没有针对农业无产阶级利益的宣传品和没有以乌克兰语出版的社会主义宣传品,同样使以在乌克兰无产阶级中进行鼓动和宣传为己任的乌克兰革命党得以诞生。

* * *

1900—1901年间,乌克兰革命党第一批针对农村居民的小册子《格瓦特·德米特罗》和《现在还有快乐的工作吗?》问世。党也用这些小册子指导其实际工作。

在农村,阶级对立还不是非常明显地表现出来;我们在普通的"农民"这一称号下既可以看到纯粹的无产者,也可以看到拥有1摩尔干①、50—100摩尔干或者100多摩尔干耕地的业主。就像开始在那里从事宣传工作的人们所期待的那样,乌克兰革命党着手开展活动,尽管它没有起草一个固定的纲领,但具有明显的革命激进主义的色彩,这种革命激进主义把推翻俄国专制制度作为自己的首要任务,与此同时,党又渴望了解和维护"农民"的利益。在农村的活动一开始,情况就很清楚,这方面的小册子还不够用,它们只是批评当前的状况,而没有给农民们提供这样一种可能性,即使他们立足于一个能为实现更美好的生活而斗争的真正的、坚实的基础。散发号召书的时代开始了,在这些号召书中,乌克兰革命党谈到了所有急迫的、由生活本身导致的问题。这些小册子和号召书取得了极好的效果。疲于压迫和饥饿的农民阶层一下子就明白,在这些小册子和号召书中对他们贫困和不幸的原因的解释是对的,在看清真相时,尽管没有组织,对斗争的道路一无所知,但他们决定用自己的力量,在自己家乡的土地上实现真理和正义,他们准备从地主手中夺回自己劳动的果实和土地,把土地更加公正地分给想用自己

---

① 过去欧洲各国的土地面积单位,约等于0.25—0.34公顷。——编者注

的双手耕耘的人——地主也包括在内。这样，我们就看到了 1902 年在波尔塔瓦和哈尔科夫发生的所谓农民风潮。

同年，即 1902 年，乌克兰革命党继续出版宣传册子以及月刊《信号报》。在这些出版物中，党试图阐明，为了使自己不做命运的奴隶，而成为命运的主人，乌克兰的革命者必须走上什么样的道路。

尽管存在种种不足，农民风潮因其活力和干劲，犹如晴天霹雳触动了乌克兰由俄国社会革命党人很好地组织起来、真正清楚自己目标的城市无产阶级。这些真正清楚自己目标的无产阶级和他们优秀的代表向自己未受过教育的兄弟——农业无产者——伸出了援手。农民风潮一平息，在较大的工厂中心马上就出现了专门的无产者小组，在这些小组中，现在有的已经在用乌克兰语进行宣传，尽管它们一开始只是为了对农业无产者进行鼓动而成立的；这些鼓动越来越有力，并致力于把没有组织起来的尚未俄罗斯化的城市无产阶级覆盖在内。

从那时起，由于不正常发展的农村的历史状况造成的革命运动的不足之处就一清二楚了。革命运动的这种不足之处在于，迄今为止在乌克兰开展工作的所有革命者都一直没有考虑到当地无产阶级所固有的特征。当城市工人俄罗斯化到能够完全准确地理解俄语的程度时，在乌克兰的俄国社会民主党委员会才向他们开展宣传。在工人中开展宣传活动之初，委员会在这方面没有碰到任何障碍，因为本来就有很多完全掌握俄语的工人。但随着工人组织把越来越广大的无产阶级群众吸收进来，俄国人的委员会必然对这些从村庄蜂拥而来的、总是不懂俄语的不计其数的群众无计可施，把他们排除在自己的活动领域之外。有组织的无产阶级由于其语言同无组织的无产阶级区别开来，这样一种情况显然必定会极不利于社会主义思想的继续传播，并因此也极不利于社会民主党力量的增长。

俄国人的委员会因语言方面的差别连把所有城市无产阶级包容在内

都做不到,扩大社会民主党对农业无产阶级的影响更是无法想象。

只有乌克兰革命党才能完全承担这一使命。事实上,撇开传播越来越广的出版物不谈,乌克兰革命党在第一次党代会就已经决定从1903年初开始出版月刊《农民》,它最初发行1000份,现在已经发行2000—3000份。

上文提到的加入乌克兰革命党的城市无产阶级人数的增长,使党在1903年底就必须为城市无产阶级出版一份机关刊物(在1903年,它以《快乐的消息》为刊名出版了4期;1904年以《劳动》为名继续出版),并为乌克兰城市无产阶级出版种种宣传小册子。

除了一些特别小组,乌克兰革命党目前由俄属乌克兰的7个委员会组成,也就是由哈尔科夫自由镇委员会、基辅委员会、波尔塔瓦市委员会、波尔塔瓦省委员会、肖尔诺里亚(库班省)委员会、切尔尼戈夫省委员会、顿河省委员会(刚刚成立)和"国外委员会"组成;按照第一次党代会决议,它们都隶属于乌克兰革命党中央委员会。

在农村进行的实际工作取得了辉煌的成果。从1902年开始的农业无产者罢工,其次数越来越多,席卷了越来越多的地区,提高了工资,越来越多的来自农业无产阶级的目标明确的拥护者加入到"自由镇"中,这些拥护者如今年年在各地组织罢工。1902年以来举行的最成功的农民罢工有:卡涅夫行政区申德里夫卡村(叶卡捷琳诺斯拉夫省)施赖伯牛奶场的罢工,100多人参加;乔米斯季(波尔塔瓦省)、赫拉比夫斯季(波多利亚地区)、克雷维(基辅省)以及亚历山德罗夫卡、瓦尼夫卡、韦尔乔苏尔卡、韦谢雷等地的罢工。这里还没有提及受党组织的罢工的影响而同时在其他地方爆发的罢工。不仅如此,乌克兰革命党还能举出一些由农民自己庆祝五一节的例子。这些庆祝活动是在俄国警察闻所未闻的镇压下进行的,在活动中参加的农民提出了诸如"沙皇下台!"之类的口号。由农民组织的这些庆祝活动证明了乌克兰革命党在经济和政治领域进行的鼓动工作取得的巨大进步。

由于我们的委员会和小组非常分散,以及农村党小组把无产阶级组织为一个唯一的工人政党所面临的种种特别的困难,我们既不能提供参加由党组织的罢工的工人人数,也不能提供罢工的次数以及目前我们党党员的人数,即使大致的数字也不能。单是乌克兰革命党进行鼓动工作必须面对的数目众多、分散在各地的人民群众,已经清楚表明对这些宣传材料的需求量必然会何等巨大。

1903年和今年上半年,这样的宣传品我们运送了50普特(820公斤),事实上,像一滴水消失在海中一样,它们消失在广大群众中,唯一的作用是对社会主义宣传品的需要进一步提高了,我们目前不能满足这种需要。地方委员会通过部分在乌克兰的非法印刷厂印制的宣言弥补了社会主义宣传品的这种不足。但一般性的出版物,我们像俄罗斯帝国其他所有社会主义组织一样,是从外国弄到的。从下表中可以看出它们的增长和当前的数量。

1900年

《乌克兰自治》	1000册	2000印张
《格瓦特·德米特罗》	10000册	22500印张
		共计24500印张

1901年

《现在还有快乐的工作吗?》	3000册	9000印张
		共计9000印张

1902 年

《土地所有权》	1000 册	2000 印张
《法国 1848 年大革命》	1000 册	3375 印张
《罢工和抵制》	1000 册	2000 印张
《哥萨克人》	8000 册	9750 印张
奥·倍倍尔：		
《大学生与社会主义》	1000 册	1000 印张
《口号报》月刊，12 期	9000 册	<u>24000 印张</u>
		共计 42125 印张

1903 年

W. 德德：《劳动!》（小说）	8000 册	9375 印张
《斗争》（小说）	1000 册	6500 印张
斐·拉萨尔：《工人纲领》	8000 册	9750 印张
关于法国大革命的小说：		
《攻占巴士底狱》	10000 册	5000 印张
《国民公会。8 月 4 日晚》	5000 册	2500 印张
《国民公会有什么贡献》	5000 册	3750 印张
《巴黎公社》	5000 册	5000 印张
P. 波利诺夫：		
《他死了!》（小说）	8000 册	6000 印张
《法国工人党农业纲领》		
（单行本）	1000 册	1200 印张

保·拉法格:《地产与经济发展》		
（单行本）	1000 册	500 印张
威·李卜克内西:		
《叛国与革命》（单行本）	1000 册	1500 印张
《人民的利益》	5000 册	10000 印张
《罢工和抵制》（第 2 版）	1000 册	2000 印张
《劳动人民的日子》（单行本）	3000 册	3000 印张
《吃饱了的奥博连斯基侯爵嘴里唱的辱骂吃不饱的农民的歌》（单行本）	1000 册	125 印张
W．德德:《士兵!》		
（小说，单行本）	3000 册	3000 印张
威·李卜克内西:《蜘蛛与苍蝇》	3000 册	3000 印张
《不开玩笑，说真话》（单行本）	3000 册	3000 印张
《口号报》（月刊），5 期	5000 册	25250 印张
《农民》（面向农业无产阶级的刊物），12 期	12000 册	25000 印张
《快乐的消息》（面向产业无产阶级的刊物），4 期	2400 册	<u>6050 印张</u>
		共计 129000 印张

1904 年

（截至 7 月）

L．哈林:《布道》
　　（小说，单行本）　　　　3000 册　　　　3000 印张

斐·拉萨尔：《论宪法的实质》	2000 册	3000 印张
伊万·希尔卡：《刻松①和其他省的雇佣劳动》	2400 册	2400 印张
伊万·希尔卡：《1902年加利西亚农业工人大罢工》	2400 册	2400 印张
《罢工和抵制》（第3版）	7200 册	14000 印张
卡·考茨基：《社会革命》	3000 册	28500 印张
《农民》（面向农业无产阶级的刊物），6期	14650 册	31750 印张
《劳动》（面向产业无产阶级的刊物），5期，自3月起出版	7350 册	18400 印张
		共计 103850 印张

因此，1900—1904年共出版期刊44号，10种期刊的单行本和20种小册子。

我们才刚刚成长起来。但所有情况都使我们抱有希望，我们能够这样说的时间已经不再遥远了：迄今为止笼罩着我们农业无产阶级的黑暗已经一去不复返，社会主义真理的光芒将很快照亮乌克兰最阴暗的角落，社会党人的鼓动和宣传将唤醒乌克兰无产阶级的阶级觉悟。当乌克兰农村和城市无产阶级的社会主义运动在俄罗斯、犹太和乌克兰社会民主党人的共同努力下汇聚成一股洪流时，我们将会有理由自豪地说，我们的工作并非一直没有成果，它成功地推动了一个伟大的事业——使一个新的方阵加入到全世界无产阶级的大军。

---

① 即塞瓦斯托波尔。——编者注

瑞典社会主义运动和工会运动

(1900—1904年)

一、上一份报告概述

　　瑞典工人运动诞生于1880年前后。在1870年，瑞典72%的居民以农业为生；而在1900年，这个数字下降到54%，确切地说当时在这个有着500万人口的国家里，工人人数从60万上升到150万。

　　来自丹麦的裁缝奥古斯特·帕尔姆是第一个宣传社会主义的人，他从1881年开始宣传社会主义。同时，一些行业的工人开始组成工会。1885年，在亚尔马·布兰亭主编的《时代报》的指导下，斯德哥尔摩工会变成了社会民主党的阵地。自从那时开始，瑞典的工会运动就与社会民主党携手共进了。

　　1885年，《社会民主党人报》在斯德哥尔摩创刊，取代了《时代报》，它从1890年起成为日报，由布兰亭担任主编。自1887年始直至1900年去世，丹尼尔森在马尔默（瑞典南部重要城市）出版同样从1890年起成为日报的《劳动报》。在哥德堡（瑞典西部），斯泰屈于1892年创办了《新时代》，它自1899年起成为日报。这三个中心的运动慢慢地扩大到整个国家。

　　1887年，司法迫害的时代开始了。几乎所有小有名气的社会主义者都进过监狱，但是运动还是在进行。1889年，党组织在斯德哥尔摩召开代表大会：通过了根据德国哥达纲领制定的纲领；工会主要集中在斯德哥尔摩、马尔默和哥德堡这三个重要城市，会员直接入党，在此基础上建立了党组织。

普选权仍未被瑞典政府接受，工人党应当集中所有的力量来争取这个首要的公民权利。在 130 万成年人中，只有 38 万人有投票权；所有收入不超过 800 克朗（1100 法郎）且不直接向国家或地方交税的人都被排除在外。近几年（工会积极运动后，工人工资提高了，使他们有资格成为选民），大多数工人被剥夺了在政治上的所有影响力。

1891 年在诺尔雪平召开的党的第二次代表大会（它的另一个重要意义是，在丹尼尔森和布兰亭的领导下明确拒绝了一切无政府主义倾向）决定于 1893 年召开"人民议会"，它的议事日程是：使激进民主人士接受争取普选权的想法，15 万居民就像普选那样在 1893 年选举出第一届"人民议会"。社会党人在 120 名议员中只占了 30 个，但是他们成功使大罢工提议受到采纳，这个大罢工不久前在比利时获得成功。1894 年，在哥德堡召开的党代表大会决定举行一次政治性的大罢工以争取普选权。

1895 年，瑞典和挪威的危机激化为骨肉相残的斗争，为了争取和平，工人党竭尽全力进行了干预。或许最终和平的结局有我们的一份功劳。这些事件使斯堪的纳维亚两个国家的工人之间的兄弟般情义更为紧密。

1896 年，我们选举出了"人民议会"。然而这次激进主义者不愿再使资产阶级感到不快，他们反对大罢工。大罢工的想法以 67 票对 63 票遭到否决。这是支持普选权的两个派别之间不可避免的分裂。自由派组织于 1899 年起草请愿书，并为争取普选权获得 366000 个签名，但是政府对此并不重视；这个组织只是一个纯粹的选举团体了。其工人通过自身努力不断加强自己的工会组织，但这种组织对于正式斗争来说还是不够完善的。1896年，工人党在"议会"有了他们第一个众议员——布兰亭，他凭借在斯德摩尔哥近郊激进党的支持成功当选；1899年他再次当选，而且几乎没有敌手。虽然党在选举领域取得的成绩并不显著，但是在三年里还是有一个社会主义者成功进入了议会。

被剥夺选举权的瑞典工人开始举行大游行。在5月1日，受益于一个在北方放假半天的传统，我们聚集了大量来自各个城市的工人，他们秩序良好地组织在一起，要求正常的工作时间和普选权。1899年，50次露天集会上售出了10万多个示威游行的徽章。毫无疑问，这些示威游行在一定程度上为把每天12—13小时的工作时间缩短到平均每天10—11小时作出了贡献。

我们借鉴丹麦的做法，把在政治中无法利用的工人力量投入工会运动中。斯堪的纳维亚工会代表大会（1886年于哥德堡，1888于年哥本哈根，1890年于克里斯蒂安尼亚①，1892年于马尔默举行）对瑞典工会最初的发展有着相当重要的影响。在1897年斯德哥尔摩和1901年哥本哈根的代表大会上，我们很高兴地发现我们取得了很多成就。

工会在一开始是地方性的，后来由党组织逐渐将其变为全国性的工会联合会。1898年，我们还准备把这个联合会集中为全国性的联合会。这个全国组织是在斯德哥摩尔举办的工会代表大会上成立的，有24个联合会和6万名有组织的工人的代表出席了这次大会。全国组织的目标是防御性：当联合权遭到威胁，当削减工资造成冲突时，进行抵抗，提供援助——在这种情况下，行业工会无法这么做。

1899年，全国组织成立不久就在瑞典北部在为争取联合会权的斗争中接受了火的洗礼。我们在三个月里动用了35万法郎帮助被老板暴力驱逐的锯工；然而由于太多罢工破坏者（来自芬兰）的加入，我们

---

① 今奥斯陆。——编者注

不得不停止斗争。尽管斗争失败，但是工人力量的惊人发展阻止了来自阻挠联合自由的老板的其他迫害。来自议员布兰亭的质问只得到了政府面对联合权斗争时保持中立态度的结果。

斯德哥摩尔代表大会为是否强制工会加入社会民主党进行了投票。自由主义者明确希望"理性的"、非政治性的英国式工会组织，并与社会主义者分裂。由于实践和理论两个方面的原因，我们认为下述做法更为可取：各工会自己决定是否加入本地工人的政治组织——它们通常被人称为工人公社。这种改变在1900年马尔默的全国组织代表大会上被投票通过；但大会同时宣告工人运动的团结，并投票通过了社会主义原则的声明。

1900年，全国工会组织包括：22个联合会，其中有741个地方工会和46000名会员。第一任主席是弗·斯泰屈，1900年他去世后由H.林德奎斯特担任。冶金工人联合会是瑞典最大的联合会，虽然它的大多数会员都属于社会民主党，但是这个联合会却还没有加入社会民主党。有许多自由派分子的排字工人联合会也拒绝加入社会民主党。社会民主党是工人的政治组织，在地方上称为工人公社，其中大多数都是工会组织的成员，随工会运动发展而不断壮大。在1894年，三个大区①分别只有4000、3000、1000名交纳党费的党员。1900年这个数字已经分别上升到了26000、14000、5000人，或者说总共大约有45000名党员。在1897年的斯德哥尔摩代表大会上，党出台了一部更现代的纲领——主要由丹尼尔森起草；而1900年马尔默代表大会取消了旧的地方组织，使党员重新聚集在由党的中央委员会（全国有23名委员，其中执行委员会的7名委员在斯德哥尔摩）领导的"工人公社"周围。1894—

---

① 即瑞典中北部（主要城市是斯德哥尔摩）、瑞典南部（主要城市是马尔默）和瑞典西部（主要城市是哥德堡），参见本书第19卷第436页。——编者注

1901年,党的书记由K. M. 西斯尼茨担任。

工人运动还促进了众多经济企业的诞生。"人民之家"在不同的市镇建立起来,它们常常还设有我们所说的"人民公园",这是城市工人用来散步和娱乐的地方。斯科讷这个位于南部的人口稠密的工业省常常是我们活动的据点,这些设施在这里都得到发展。

还有特别是以消费合作社的形式开展的合作运动,它开始占据重要比例。总体而言,工业中心受益于合作运动,而合作运动通常是由党内人士领导的。

我们还要注意到瑞典的劳工法令。1884年,来自斯德哥尔摩的杰出的激进党众议员赫丁提出了事故和保险的问题。委员会至今只通过一条意外保险法,并且由3名——3名!——检察员监督执行。这是在1890年。然后到1900年,法令数量增加了,通过了一条新的关于儿童和妇女的劳动法,它只保护不足12岁的儿童,在某些行业是不足11岁的儿童,但这还远远不够。

我们的立法者又提出另一项被雇主称为保护"劳动自由"的措施——就是说:保护"工贼"。早在1893年,刑法就对此作出了特别的补充规定。1899年,两院由于被一些罢工所造成的经济损失的影响触动,立刻投票通过了一项法令,规定无论谁动用威胁或暴力来阻止工贼工作都会受到两年强制劳动的处罚,法令同时还给予警察更大的处置权。这条法令是如此令人难以置信,又是如此不公正,以致高等法院法官一致劝说不要通过这项法案。但是,这条可耻的、被瑞典工人以《阿卡普斯法》(得名于提案人的居住地)之名诅咒的法令在1899年夏天被政府批准通过——政府谨慎地提防工人,监视他们中一直活跃着的反叛分子。此外,这也是一种新的干扰方式。

二、1900—1904年的运动史

在政治方面，为争取普选权进行的最激烈的斗争持续了一段时期；其中最令人瞩目的是1902年5月的政治大罢工。

1901年，政府向议会提出了一项新的军事组织法案，希望每个青壮年都有为期一年的义务军事训练。党的中央委员会发布了一项声明，表示我们完全不反对工人参加军事训练来保卫自己的祖国，但是我们全力反对这项花费巨大并且充满政府军国主义色彩的提案；我们要求像瑞士和挪威那样实行民兵制度，实行一种真正民主的国防，保护由于人民的自由而强大而真正值得保护的东西，而不是保护特权和统治阶级的利益。我们国家安全的首要任务是赋予民众普选权。

这句话大家都能听懂，这个问题也在各处受到热烈讨论。公共舆论清楚地要求把这个问题推迟到下次选举。但是，由于得到1900年重新加入议会的自由党军国主义羽翼的帮助，议会投票通过法案。在此期间，军国主义领导人曾多次表示普选是天赋人权，前提是人民接受新的负担；但是面对布兰亭的质问，政府只是作出许多许诺，而没有真正兑现。

于是瑞典工人认为行动的时候到了。在去参加1901年8月在哥本哈根举行的斯堪的纳维亚工会代表大会之前，114名瑞典代表在马尔默举行了一个会议。在那里他们一致决定为争取普选权举行的大罢工应该尽快在所有工人的聚集地发起，每个党员都捐献一天的工资，作为这次迫在眉睫的斗争的经费。

资产阶级和大多数自由派人士对此感到愤怒，但是工人们紧密团结在一起，并且捐献了大量用于大罢工的资金。舆论也有利于工人。1902年5月，政府最终提交了针对选举的提案，提案只规定要略微降低作为选举资格的纳税额（增加20万新选民），并且还提出了一些完全荒诞的"保证"措施，例如超过40岁的居民有两票！这种愚蠢的做法的影响是惊人的。全国人民都对此感到愤慨，并提出抗议；甚至连自由党人都恢复了一点威信。在4月13日举行的工人党代表大会上，经过为期3天的内部讨论，我们为即将举行的游行制定了一个计划：全国各地在每个星期天都举行集会，5月1日这天举行争取普选权的集会；当委员会在议会作报告时，每晚举行游行；当议会有问题要辩论时，全体停止工作，这样可以产生一些压力；当议会要投票时，恢复工作秩序；全体游行要在法律范围内行动，希望游行者不与权力机关产生冲突。

这个计划十分详细，对其实施作了十分明确的细节和原则性规定。1902年4—5月，瑞典工人阶级真正展示了它在政治上的成熟。4月20日在斯德哥尔摩发生一次小事故，这是一次真正的警方埋伏袭击，造成了伤亡，100多人被捕。事件充分展示了工人示威者内心渴望和平的意愿。几乎所有报纸都表示支持工人；警察的暴力使首都所有人都感到愤慨，而以赫丁为首的斯德摩尔哥议员进行干涉，要求政府保证那些被警察无故关押的游行者的自由。之后的星期天，也就是4月27日，在斯德哥尔摩举行了历史上最盛大的游行。警察向以布兰亭、林奎斯特和威克曼领导的"人民之家"屈服，三四万名游行者头上绑着红布，秩序良好地在城市主要街道上游行示威。这次游行中的精英有来自我们"知识分子"的激进主义者，有议员、文人、艺术家、教师，还有300多名来自乌普萨拉和斯德哥尔摩等地的学生。

在一些举行示威游行的地区，民众的热情也在增长。罢工的日子来临了。执行委员会还发布了一项声明，要求工人在这次罢工中不针对他们的雇主，而是针对政府和国会。

5月15日，国会开始了辩论——各地相继马上停止工作。在众议院，布兰亭发出的电报详述了各地的情况；有成千上万的工人都放弃了工作。

斯德哥尔摩的罢工最普遍，所有的工厂都停工了，大街上没有一辆马车，没有一部有轨电车——至于报纸业，印刷工人也在最后一刻加入了罢工。所有人都走上街头，但却十分安静。有一些荒唐的传言开始流传，特别是担心断水的传言；尽管委员会命令坚守岗位，但煤气工人停止了工作，而议会所需要的电也由于委员会没有作特别规定而被断掉了。5月15日，斯德哥摩尔一共有3万名工人举行罢工，16日变成4.2万名——但整个过程都是十分平静的。这个国家的罢工人数上升到12万。

在议会，大家诅咒罢工工人，但罢工的影响不容置疑。其他"独立煽动者"不可能举行与这样的游行相抗衡的游行；就像布兰亭在议会发言中强调的那样，我们参加的是一个受到瑞典劳动人民赞赏的真正的和平起义，我们并不要求阶级利益，但是我们要求自己的位置和权利。我们要求普选权，但是所有支持普选权的提案都被驳回（布兰亭的提案以156票对68票被驳回）。上下两院请政府在1904年制定一个新提案，新提案不再以纳税额作为选举资格，而是基于普选。

这是一次毋庸置疑的胜利，两院一直到1902年都拒绝普选权。但这也是一个陷阱；保守派作为议程的发起人，想通过坚固的"保障"来拒绝普选。这个保障就是：用参议院驳回以多数票通过的提案。为争取普选权、反对这样的"保障"，我们还有很多工作需要做。

5月17日，执行委员会停止了罢工，各地工人纷纷回到工作岗位。只有几个过度反应的老板试图对员工进行报复。这之中的一起发生在斯德哥尔摩的"分离器"工厂里，事态比较严重。雇主坚持他有"权"不再雇用这些曾经参加罢工的工人，而几千名被开除的工人坚持不接受任何一个人被裁员。

这次斗争持续了4个星期，仅这次斗争就花掉了8万克朗罢工基金中的5万。

执行委员会在雇主作出了一些让步之后，建议工人独立返回工作岗位。这是雇主破坏斯德哥尔摩大罢工胜利成就的一次失败，但它使工人内部有了分裂，一些无政府主义领导人试图从中渔利。

在1902年9月的选举中，大罢工是保守党和空论派的自由主义者恐吓资产阶级选民的有利主题。然而激进党大多数人却支持它。在斯德哥尔摩，布兰亭战胜自由派工人再次当选，而另一个社会党人也得到了十分可观的票数。在马尔默，建筑工人联合会主席N. 佩尔松当选；在斯科讷的小城市斯塔德和靠近斯德哥尔摩的工业城市韦斯特拉斯，还是社会主义工人托尔松和拉尔森当选。社会主义工人一共有1万票分别投给了社会党候选人和激进派候选人——在瑞典这是第一轮投票的结果。总体上，左派获得了胜利，而自由党失败了。

在1902年的努力之后，1903年就没有什么重要的政治斗争了。在议院我们讨论了关于雇主和员工纠纷的仲裁法，这个法令得到社会民主党党团的支持（有一些修改），但是参议院拒绝通过。整个夏天都是工会冲突，但是在秋天普选成为首要问题。委员会在研究了按比例选举代表的提案后，决定采用接近比利时的方式，但是给投票人足够的自由来选择不同名单上的候选人；这样做确实会分散不同党派的选举力量。但是委员会只考虑了众议院选举改革的条件，而完全忽视了参议院。任何一个议案，其最终决定是集合两院共同意见的。因此对于几乎掌握了参议院的保守派来说，如果众议院采用按比例选举的制度，而参议院采用多数票当选的制度，他们的优势将是一边倒的。

社会党最先指出了这个委员会提案的重大错误，它把一个原则上正确的制度变成了一个不诚实的、耍手段的诡计。社会党人开展了一场反对这种新的、受人厌恶的"保障"的运动。这次激烈的运动在国内引起强烈反响。但政府还是于1904年通过了众议员和其他所有经普选产生的代表按比例选举的提案。获得选举资格的主要前提是给国家和市镇缴纳直接税，这对小人物来说基本是不可能的。在引起大罢工的糟糕"改革"之后，政府在1902年夏天启用了博斯特伦部长的提案，这个提案的确把选民人数从38万增加到95万，但是人们只能看到这个制度巧妙地用"保障"来维持现有秩序。所以我们看到了内阁自称为改革者的奇特现象。我们之前选举改革时的所有敌人都强烈支持这个所谓的普选提案，而民主党、自由党和社会党却大多对此进行了强烈抨击。这次斗争于1904年5月开始，当时众议院以微弱优势否决了这个极度不公的按比例选举议员的提案。但到1905年，政府又让我们的普选权回到了听任保守党决定的原状。在这样的情况下，社会党中央委员会决定让所有组织起来的瑞典工人对以下六个问题用"是或否"进行投票：

（1）您接受政治大罢工的原则吗？

（2）您准备好参加可能于1905年举行但事先还未确定时间的政治罢工了吗？

（3）即使在没有补助的情况下您也准备这样做吗？

（4）您认为工会联合会在大罢工后能承担协调与雇主之间可能发生的冲突的责任吗？

（5）如果工会联合会不承担协调罢工后与雇主的冲突的责任，您还会不顾一切地参加吗？

（6）您准备好再次为那些遭受司法迫害的受害者捐献一天的工资了吗？

这些都是十分沉重的问题，现在情况与1902年完全不同，我们只有在对这个新的、更为严峻的政治罢工成功的可能性和风险深思熟虑之后，才能回答这些问题。当工人们觉得有可能失败的时候，通常我们就不会在这种情况下举行新的罢工，但是大家现在还没有清楚地表达他们的意见。

* * *

  工会组织继续向前推进,并没有因为雇主的攻击而停止。1900 年,瑞典西部的石匠和斯德哥尔摩的建筑工人与他们的雇主产生了激烈的冲突;1900 年,哥德堡的泥水匠和南部的石匠也加入了这场斗争;1902 年,斯科讷建筑工人进行了激烈的抗争。大多数冲突都以工人们的胜利结束,一些由双方仲裁决定。

  1903 年在瑞典发生的冲突事件不计其数。斯德摩尔哥和耶夫勒的卸货工人在 4 月由于雇主削减工资而流落街头,但是他们勇敢地进行斗争,在持续了一整年后,工人们在斯德摩尔哥取得了完全的胜利,并且把雇主试图打压组织而召集起来的众多工贼赶走了。由于在这些冲突中,有些工人受教育程度比较低,使得可恨的《阿卡普斯法》让很多工人蒙冤入狱,我们在众议院的社会党党团于 1904 年要求废除这条法律,但是议院中大多数人都拒绝了这个要求。

  然而最重要的斗争是反对瑞典冶金业的一个新组织发起的同盟歇业。这次有意义的冲突只涉及少数人,开端是 6 月总共 15000 名工人被迫流落街头,其中大部分是冶金工人,2000 名属于加入全国联合会的工会联合会。这次斗争持续了 6 个月。最后马尔默的行政长官通过雇主代表和联合会代表之间的协商,保证了工人有足够的联合权。这也是建立一个解决雇主和工人联合会双方的权利和责任问题的工业组织尝试的重要开端。

* * *

  我们还需注意的是,1900—1904 年,工人运动的经济实力和宣传力量在不断加强。斯德哥尔摩的人民之家是一座十分雄伟的造价近100万克朗的建筑，于1901年建成。那里是聚会的场所，是《社会民主党人报》编辑部、党的印刷厂、斯德哥尔摩最大的民众图书馆的所在地，由工人组织、党和工会联合会的行政机关共同领导。我们在马尔默扩建了人民之家，那里的人民公园完全变成了一座雄伟的建筑。现在20多个瑞典城市拥有像这样的社会主义工人组织的要塞，它们的经济价值超过了数百万克朗。而纯粹的合作运动在与巨大的困难作斗争。罢工失败后，有一些工人在耶夫勒建立的烟草工厂生意兴隆，码头卸货工人也成立了一些发展势头较好的组织。不过总体而言，这个运动取得的成果还不够令人满意。

　　这些年，社会民主党出版的**报刊**取得了巨大的飞跃。党在松兹瓦尔、厄勒布鲁、耶夫勒、吕瑟希尔、穆塔拉和延雪平建立了新的报社，在斯科讷有两种地方机关报，在兰斯克鲁纳和斯塔德的报社也巩固了它们的地位。大多数报刊每周发行两到三期。同时，原有日报的发行量也大大增加。党还出版了讽刺类报纸。

　　在**市镇**选举中，至今还有一个完全不对工人开放的领域，我们党也只能稍有突破。我们的投票分为100级。富人按照其缴纳的税费最多可以拥有100票，而穷人只能满足于1—3票。这种令人愤慨的不公正的事情并不是无稽之谈，而是事实。无论如何，自1900年起，许多城市的工人都试着在防守严密的资产阶级阵营中插入几个自己人，以便在地方冲突中支持工人，为工人呼吁正义。有时他们获得成功。自1901年起，我们在马尔默市议会中有两名社会党议员，在耶夫勒、赫辛堡、韦斯特罗斯、哈尔姆斯塔德、斯德哥尔摩（自1903年起）和埃斯基尔斯蒂纳等地，每个城市都至少有一名社会党议员。在这种不公平的百级投票制度下，有这些席位自然完全要感谢资产阶级政党。最高法院没有一点迹象表明将接受布兰亭多次提出的在市镇选举中实行公平选举（如有必要，按比例选举代表）的要求。

最高法院终于于1901年在**劳工法**中通过了关于工伤的法律，要求雇主为死去或伤残的工人支付微薄的赔偿。强制保险原则被认为太过先进；我们很高兴国家为工伤设立了一个保险基金。补贴并不按受害者的工资比例支付，而是给完全伤残者预付300克朗；而对于其他伤残工人，没有哪个补贴是在意外发生后头两个月内支付的！

社会党在众议院提出的抗议无效，但大多数自由党代表对抗议表示支持；大多数人认为这样的法令对工人来说是足够了，而在参议院有人认为这样做最严重的后果是"对社会主义的让步"！

1903年，政府向最高法院提出**仲裁法**，希望能在冲突开始时使劳资双方相互接近，而不是规定强制仲裁。众议院社会党党团赞同工会联合会的看法，支持这个法令，该法令在众议院投票通过，但被参议院否决了。

三、1904年瑞典社会主义工人运动情况一览

1904年1月1日，**瑞典社会民主党**情况如下：

54552名交纳党费的党员，分布在95个工人公社（地方组织）和761个联合会。大多数党员是工会会员，这些会员的工会也加入了工人公社。

1889年，我们党共有8000名党员；1900年，共有4.5万名党员。

最大的工人公社为：斯德哥尔摩（18000名社员），马尔默（7000名社员），哥德堡（4000名社员）。

党每年的收入（净收入）共计35000克朗（50000法郎），不包括经司库——现在是党的书记、公民威克曼——用于党报《人民报》、销量好的周报《睫毛报》、讽刺类周报和党的宣传小册子《五一》的

经费。

工人公社每年的收入主要用于党的宣传工作，这笔收入是十分可观的。无疑每年在瑞典用于工人政治宣传的花费超过了 **10 万克朗**。

瑞典在 1901 年举行的斯堪的纳维亚代表大会上提交的关于**工会**运动的报告表明，瑞典社会民主党名下有 **33 个全国联合会**，1050 个工会，**63000 名会员**。此外，还有 1150 个工会，**67000 名会员**没有入党。

自 1901 年以来，我们已经取得了巨大的进步。1904 年，共计 80000 名工人加入了 1300 个工会组织。瑞典全国共有工人 32 万名。

1904 年，瑞典工会联合会共有 25 个全国联合会，旗下有 850 个工会，**42000 名会员**。其中钢铁工人联合会规模最大，拥有 16000 名会员，入会也没有特殊要求。另一家不愿意加入工会联合会的重要组织是印刷工人联合会。其他重要的联合会有：细木工人联合会（5000 名会员），卸货工人联合会（4500 名会员），挖土工人联合会（6000 名会员），采石工人联合会（3000 名会员），建筑工人联合会（2500 名会员），制鞋工人联合会（2500 名会员），油漆工人联合会（2000 位会员），缝纫工人联合会（2000 位会员）；等等。

瑞典工会**年收入**非常可观。加入瑞典工会联合会的各联合会 1900 年、1901 年和 1902 年的收入分别为 60 万、53 万和 66 万克朗，支出分别为 56 万、50 万和 63 万克朗。1903 年，这些联合会的库存现金总额为 **22.5 万克朗**。这些资金大部分用于工人运动。1902 年，为支持联合会会员共计投入 34 万克朗。同时，为资助其他联合会投入了 7 万克朗。年行政开销大概为 8 万克朗。联合会自己也为 1899—1900 年间的数次工人运动支出 40 万克朗；1900 年—1903 年，为此的支出超过了 27 万克朗。1903 年，联合会的库存现金为 6 万克朗。

其他未加入工会联合会的组织，一般情况下，年收支约为 100 万克朗。1903 年，经费数额惊人。瑞典工会的行政开支高达 15 万克朗。

1899—1903 年，瑞典工会联合会要求其会员交纳会费 16 克朗。正常情况下，工会年度会费为 4—12 克朗。

* * *

社会主义报刊

日报：《社会民主党人报》，斯德哥尔摩；《劳动报》，马尔默；《新时代》；发行量约为 35000 份。

每周出版两至三期的报纸：《新社会》，松兹瓦尔；《工人报》，耶夫勒；《厄勒布鲁信使报》，厄勒布鲁；《吕瑟希尔信使报》，吕瑟希尔；《工人报》，穆塔拉；《斯莫兰人民报》，延雪平；《兰斯克鲁纳信使报》，兰斯克鲁纳；《曙光》，于斯塔德。

发行量共计约 20000 份。

周报：《人民报》，斯德哥尔摩；《鞭子》（讽刺性刊物），斯德哥尔摩。

发行量共计约 15000 份。

两份周报直属于党，其他都是城市工人组织的宣传刊物。

1893 年社会主义政治报刊的订户为 10000 名，1900 年为 30000 名。

社会主义**行业报刊**有 20 多种，至少有 70000 名读者。其中多数是月刊或者季刊。印刷工人出版一种周报。

* * *

在 1902 年举行的**大选**中，约有 10000 名工人把票投给了社会党或激进派候选人。由于最后的选举尚未进行，所以我们也没有确切的数据。我们可以确定的是，社会党发展非常迅速：在马尔默，我们赢得了500—2000票，激进派和社会党的候选人当选；在于斯塔德，我们的同事托尔松赢得了500张工人选票。在一些农村地区，在耶夫勒附近，我们赢得了900张选票。我们首次在选举中获得成功，社会党的4名议员成功进入议会。1896年后，只有布兰亭在1902年的选举中当选议员，这还是由斯德哥尔摩的激进人士选出的。

同样，在随后的**市镇选举**中，由于民主大选迟迟没有举行，我们也没有得到准确的数据。在瑞典，至少有20多名市镇议会议员来自社会民主党。

今天，瑞典的工人运动发展迅猛。虽然由于大选尚未举行，我们还不能给大家提供准确的数据，但我们每天都在为争取更好的结果而努力。我们也团结在国际社会党周围，为人民的自由、财富、幸福生活以及人类的发展而斗争。

瑞典社会民主工党执行委员会
亚尔马·布兰亭
1903年7月于斯德哥尔摩

日本社会党

在美国的日本人——日本的社会主义宣传——日本社会党人与战争——战争的经济和社会后果——日本社会党如何发展

《小共和国报》请日本社会党领导人和组织者、公民片山潜回答一些关于日出之国工人运动的问题。

途经美国的公民片山潜给热罗·里夏尔主编回了信,内容如下:

1904 年 7 月 15 日
于美国马萨诸塞州基尔伦伍德

亲爱的社会主义事业的同志:

昨天我收到了您的来信,就急忙给您回信了。

8月初我将前往荷兰阿姆斯特丹参加国际社会党代表大会。劳驾您告知阿姆斯特丹社会党所在地以及比利时布鲁塞尔社会党国际局的信息。

致以我最真挚的问候。

片山潜

下面我就来回答您提出的问题:

您为什么离开日本？

在我看来，离开日本对于我自己和社会主义事业而言都是有益的。

为了参加下个月在阿姆斯特丹举行的国际社会党代表大会，我计划了好久。在此之前，我想前往我生活了11年的美国，在那有许多我非常想念的党员朋友和同志。此外，我还打算出席在芝加哥举行的美国社会党第一次全国代表大会。

其次，我打算把在美国，尤其是太平洋沿岸的日本人组织起来。这项工作我已经开始了。我相信这对社会党未来的发展很重要，因为那里的许多日本年轻人在他们故乡的新一代中享有很高的声望。

另外，在美国我可以谈论社会主义，完全自由地表达我的信仰，没有恐惧、没有阻碍地做我在日本无法做的事情。去年夏天，在历时两个月的日本南部13省旅行中，我在大中小城市中都组织了社会党代表会议。然而，每次会议我都没能顺利结束我的讲话。由于我的革命思想，我多次被捕。不能自由表达我的信仰让我感到很痛苦，每当我表达我思想的时候总是会被打断。相反，自从我来到这个国家，我就有许多机会表达对社会革命的信念，尤其是我组织大西洋沿岸的日本居民参加了许多大规模的集会。

此外，由于战争的原因，在我们国家已经无法开展宣传活动，整个国家都沉浸在极端暴力的好战热潮中。在这里，我能够更好地做我同胞的工作。

我很高兴来到这个国家，因为在这里我学习到很多东西，在这里我帮助日本人组织了很多社会主义团体。

日本社会党党员的确切人数为多少？

在东京，我们大约有 200 名党员；在外省数量也很多。但是我无法给您说出具体的人数，因为我们的组织还比较弱小。政治上，社会党还无法作为一个党真正存在。

我们的组织只是一个社团，一种宣传的核心力量。

此外，由于政府反对，这个组织是违法的。但是根据去年夏天在南方和秋天在北方的考察，我可以告诉您，事实上，社会党人的数量是很大的，有更多的人对社会主义运动表示赞同。后者中有很多人由于家庭、社会等原因，无法公开表达自己的想法。但在日本建立一个强有力的社会党的时刻即将到来，因为社会主义在这个国家已经为大众所知；随着资本主义的发展，这一主义也得到迅速发展。

社会党人在议会有席位吗？

没有，作为社会主义的代表，他们没有席位。

虽然 4 年前我们的党被取缔了，但是它仍然存在着。然而，日本选举法只赋予地主及纳税人选举权。事实上，工人是没有选举权的。

不过，议会中有些议员是支持社会主义思想的，但直到今日，他们都没有加入我们的组织，因为如果他们想要保住在国会的席位，那么在这个问题上就必须谨慎。

日本的主流思想是否涉及社会主义？

我们认为公众对社会主义思想存在认同感。许多面向富裕阶层的刊物都涉及了社会主义。许多在全国发行的报刊都谈到了我们的思想。虽然这可能持续时间不长，但毕竟对于我们的发展是非常有利的。

政府和警察对社会主义深恶痛绝，并极力镇压这种思潮，但他们都能感觉到我们一天天在变得强大。

资产阶级也反对社会主义思想，但是直到现在，他们也未能对社会主义的发展造成重大影响。但我们知道他们企图粉碎社会主义运动。不过，现在是我们强大起来、反抗、斗争、打胜仗的时候了。

正如我告诉您的那样，我们的政府反对社会主义，但是社会主义思想渐渐深入日本知识分子之中。在东京和京都皇家大学里有社会主义课程；在私立中学，有些老师就是社会主义者。

因此社会主义在日本，不管在受教育阶层还是在工人阶级中，都成为一种主流思想。

日本社会主义者希望影响全国政治吗？

是的，当然。许多年轻人都接受了我们的思想，越来越多的报刊编辑都是或者即将成为社会主义者。政治党派在选举中经常接受我们的请愿。我们对普选进行了热烈的讨论；每年，我们至少有30名议员自愿签署选举法案，并把它提交议会（提交法案的必要法定人数为30人），要达到这一人数对我们来说没有任何难度；每年，其人数都在增长。每一年，我们都提交了普选请愿书，请愿书的数量增长迅速。任何人都不可否认，争取普选权的运动源于社会主义者，我们从这一运动中获益良多。

现在，其原则和目的受到日本各阶层默许的社会主义获得了存在的权利；任何原则或思想都无法阻挡社会主义的发展。因此，总而言之，我相信社会主义很快会成为日本政治中的主流思想。

当前的战争对经济和社会造成何种后果？

现在很难说这一不幸会往什么方向发展。一切都是不确定的，但是我能确定的是：日本经济在迅速发展，资本主义发展越来越有力；战争也促进了资本主义的发展。不过在日本工人阶级中，阶级意识也越来越觉醒起来。此刻，他们承受着战争带来的伤害，因为战争阻碍了工业的发展，生活必需品的价格骤升。

社会方面，人民失去了尊严，因为战争使日本受到军国主义的支配。军官越来越骄纵、傲慢、专横。他们对人民进行了史无前例的残酷剥削。社会生活让人越来越无法忍受，不管我们有没有取得胜利，强压在工人身上的重担都会加重百倍。由于战争的关系，富人越来越富，穷人只能越来越穷。

您认为战争对社会党来说有利还是有弊？

战争对于社会党来说是有利的，因为我们能够借此加强对工人阶级的教育。我们能够向他们说明资产阶级是如何地借战争的机会大肆敛财，而工人阶级却成了其受害者的。日本社会党人正在争取人民群众的支持。人民对于战争的残酷了解得越多，就越厌倦新的战争。

事实证明，我们社会党的刊物每天的销量越来越高，参加我们党组织的群众大会的人越来越多。

战争带来的一个积极作用，就是使社会主义和日本社会党获得持续的大发展。

您能预测一下日本社会主义的未来发展趋势吗？

随着我们党党员人数的增加，斗争越来越残酷，政府和资本家会意识到社会主义思想的影响力，他们畏惧我们，想要消灭我们。他们极力镇压社会主义革命运动；但是，这却促进了革命运动的发展。日本工人很快就会举行反对资产阶级的激烈斗争，因为他们中有些人现在在为资本家工作，但却即将失去工作，面对新的生计问题。他们和社会党一样需要接受舆论的考验。但是我相信日本人民会更加坚定自己的信仰。和德国人一样，日本人可以成为优秀的社会主义者。我知道在日本军队中社会主义者的人数越来越多。在不久的将来，我们将能与受资产阶级支持的反动政府进行坚定的斗争。最后，我坚信，我们一定会取得最终胜利。

片山潜

瑞士社会民主党

党的组织

自巴黎国际社会党代表大会以来，瑞士工人组织发展迅速。社会民主党拥有格吕特利联盟和众多工人组织。格吕特利联盟和各社会民主主义组织不断发展，通过辛苦工作，各自取得了令人瞩目的成就，组织力量也在不断壮大。

格吕特利联盟的工作并不局限于社会民主党的活动领域。在很长一段时间里，它也拥护进步党人和自由派人士。其大部分成员来自小资产阶级和小老板阶层。他们的身份并没有改变；但另一方面，他们也希望格吕特利联盟的政策支持"国际红色大军"。联盟的青年成员坚持要改变现状，寻求社会主义的光明未来。他们并没有经历过格吕特利联盟组建时的那种艰难，与过去相比，他们的信仰更加自由，所以也更加渴望新的未来。1878年，社会民主主义运动兴起，社会民主主义组织之间的关系也逐步建立起来。1893年，格吕特利联盟针对当时的新局势提出了发展目标："瑞士社会政治发展的基础是社会民主主义。"

后来，我们建立了联合会，并发表了社会民主主义原则宣言，但是，还没有建立政党来实践和捍卫我们的理论。为了让格吕特利联盟和一些社会民主主义组织接受我们的社会民主主义宣言，我们也付出了巨大的努力。对于一个存在了半个多世纪的组织来说，让出自己的领导位置并加入另一个政党并不是一件容易的事。最终，经过1901年9月21

日举行的格吕特利联盟代表大会和 11 月举行的瑞士社会民主党代表大会，格吕特利联盟成员终于接受并承认了社会党。我们也宣布，瑞士社会民主党由瑞士格吕特利联盟、各州工人联合会、不属于党的某个州联合会的工人协会、地方团体以及单独的团体组成，但单独的团体代表党的条件是在它们所在的州内不存在党的地方支部。

这个组织的发展有些复杂，但它终究是我们国家政治组织的一员。

党的纲领

一个新的政党必须有自己的纲领，因为纲领规定了党在政治活动中应有的姿态。而我们对党的纲领的讨论持开放的态度。我们是一个既有理论依据也有实际行动的政党，我们的基石就是国际社会民主主义，尤其对瑞士，有些因素必须考虑在内：

一、资本主义社会

1. 19 世纪的资产阶级革命。在最近一个世纪内，瑞士经历了翻天覆地的变化，资产阶级发展的经济基础得到夯实。

经济的发展使瑞士从一个农业国发展成为一个工业国。它拥有原材料和海外市场，并致力于向国外推销自己的商品及文化。因此，它的发展也会受到国际市场波动的影响。但是，这种波动造成了政治策略的变化。

现代资产阶级反对原来的贵族和行业巨头的艰难斗争最终导致了民主机构的建立，这种机构是受法律保护的组织。商业发展需要导致宗得崩德战争和联盟的成立。

冲突结束后，生产力的大发展和集体财富的剧增，使过去不可能生产的商品得以生产。

2. 群众和无产阶级的不幸。不管我们拥有多少政治权利，也不管我们的集体财富增长了多少，多数瑞士人民仍然生活在水深火热中。

争取权利的道路异常崎岖，它需要不同寻常的方法和国家最优秀的力量。面对困难，谁都不能保证能诚实工作；失业率在不断上升：数千人游荡街头，甚至没有饭吃，没有地方居住。对经济的过分依赖凸显了法律保障的缺失。所有者利用自己的特权阻碍工人追求自己的权利，尤其是工会权利。劳资关系竟然成了控制关系。

政治自由的要求与阶级束缚之间的矛盾越来越尖锐，让人十分痛苦。人民的权利与智识都不容许这种状况继续存在。

3. 苦难状况存在的原因。这种状况的根源是资本主义经济。也就是说，在私人生产过程中，资本家追求的是利润。只有改变这种生产方式，改变追求利润这个出发点，无产阶级的状况才能好转。

工业领域。经济发展催生了大机器生产、批发贸易。传统资本主义不可避免地面临衰弱，工业无产阶级的队伍不断壮大，不断有手工业者和小资产阶级成员加入其中。工人同生产资料分离，机器和原材料都被资产阶级垄断了。正因如此，工人举步维艰，被束缚在报酬微薄的工作中。

对自然资源的控制、机器生产的进步，这些因素给人类生产带来了巨大的成功。然而，它们也导致大部分工人权利被剥夺，集体财富状况堪忧。许多工人面临失业。经济进步仅仅是对生产商而言的。工人活动依赖于资本，然而工人们却不能分享经济发展的成果。

农业领域。直到现在，农业领域都没有爆发大规模的运动。但是在自然经济被资本主义经济逐步代替后，尤其是在国外竞争的影响下，农民的情况并不乐观。农场主队伍不断萎缩，一大部分人放弃了土地，另外一大部分人加入到无产阶级队伍中。

4. 失业危机。意外状况和无政府状态在生产中胶着在一起。有产阶级已经在生产过程中失去了领导地位。资本家都面对着外界激烈的竞争。这样一来，如果他们不想在竞争中失去自己的地位，就必须降低商品价格。但是为利润，他不得不过度生产，这就导致了周期性的经济危机。然而这一切的后果，最终的承担者都是我们无产阶级工人。

工厂主试图控制生产，控制工会。结果，一方面由于垄断，商品价格一路飙升；另一方面，随着垄断压迫的升级，工人运动也如火如荼地发展起来。

5. 资本主义——进步的障碍。资本主义是经济发展的障碍，而且这一趋势也越来越明显。它影响了生活必需品的生产，同时也深深地破坏了人们的物质生活和精神生活。

二、社会主义社会

6. 社会主义——唯一的出路。社会发展到了今天，我们不得不考虑被剥削阶级——工人阶级（工人和小农场主）——的利益，我们要求社会掌握劳动力、生产资料并领导生产。

这是对资本主义经济的纠正，它实现了集体利益。社会主义也是经济进步和把人们从经济危机中解救出来的唯一方法。

在社会主义社会，生产资料和资本不用来剥削和控制贫苦阶层。社会主义经济能根据需求，较好地处理好生产力和生产关系的矛盾，最大程度地满足企业和个人的需要。

7. 私有财产。社会主义并没有消除私有财产的存在。

一些习俗和一些商品是私有制继续存在的土壤，而所有这些都是为了满足穿衣、住房、娱乐等各方面的需求。

资本主义剥夺了多数人的必需品，使他们不得不过单一的、毫无个性的生活。

社会主义在取代资本主义的过程中,基于满足个人生活必需的考虑,努力满足人们身体、精神和智力等各方面的需求。

8. 社会主义妇女、婚姻和教育。由于社会主义消除了特权,同时也赋予了妇女同男子人一样的政治社会权利,因此,她们也能发挥自己的能力,为社会服务。

犯罪活动和卖淫并没有因为资本主义的没落而消失,因为它们也在这个过程中找到了发展的机会。

社会主义社会有资金来解决教育这个大问题。实际上,通过使人民接受并了解艺术和科学(代表着美丽、高雅与美好),教育毫无疑问地促进了艺术与科学活动的发展。

三、社会主义道路

9. 社会化和政治斗争。瑞士社会民主党为生产资料的社会化而奋斗,这种社会化首先就是从土地、交换手段、贸易和工业开始的。从垄断的特点和技术发展的现实情况看,以上领域都开始了社会化的道路。社会化符合集体利益。遵循着这个方向,党尽力扩大自己在联邦、州和市镇之间的影响力。

社会民主党不断争取扩大自己的政治权力。它希望提高自己在议会和各个政治行政机关的地位,让这些机构更加民主,为今后的社会化服务。

另一方面,它极力反对旧的生产方式,维护最广大人民群众的利益。

同时,它尽力维护无产阶级斗争的自由,资产阶级已经失去了它在政治上的垄断地位。

10. 社会主义农业政策。瑞士社会民主党要求全国上下齐心协力发展农业，保证小规模经营也能享受大规模经营的优势（集体存仓、更好地分配土地、家禽的集体饲养、使用机器）。几乎我们整个农业都具有小规模经营的特点，无法实现社会化。但是，为了卸下沉重的赋税重担，避免农业方面的进步导致佃租增加，社会民主党要求抵押权社会化，使市镇成为抵押债券所有人。租金变为缴纳给国家和市镇的固定税款，把农民从抵押奴役中解放出来，让他们耕种国家的土地，以满足其生活需要和集体的需要。

11. 工会斗争。工人阶级的政治斗争在工会组织中是不可或缺的。它使工人阶级获得经济力量，反抗压迫和贫困，并使他们在合同的订立和生产活动中有一定的发言权。

工会组织也是一所学校，无产阶级在那里了解了社会化大生产的发展方向。

12. 合作社。瑞士社会民主党同样推行建立合作社，使作为消费者的工人能够影响经济的发展。合作社的目的不仅在于影响定价和保障生产经营者的利益，同时也是为了通过掌握一些商品的生产，保证销售，借此实现社会化生产。

社会民主党在合作社中发现了促进种植业的最佳方法，那就是建立一个有效的生产和交换组织。

*　　*　　*

社会党的国际意义。社会民主党的意义已经远远超出了一个单纯的政治党派的范畴。它是工人阶级争取教育权、获得人类与生俱来的权利、享受人类文明成果的一面旗帜。

在此期间，瑞士社会民主党同文明国家的社会主义政党联合起来，通过阶级斗争，消除阶级和阶级对抗，实现各民族大团结。它们一旦胜利，就能消除一切民族对立，实现人民团结。

这样，国际社会民主党把许多国家从军国主义和战争的奴役中解放出来，通过消除一切不幸和烦恼，它给这些国家带去了和平和博爱，从而实现全世界文化大融合。

工人的纲领

1. 建立民主制度。

实行比例代表制。立法、行政、司法机构由人民选举产生。实行强制性全民公决。实行立法创制权。联邦行政管理权下放。市镇自治。通过制作选举名单和每周六晚设置投票箱方便投票。所有选举都通过把选票投入投票箱的方式进行。取消居民大会。简化外国人归化手续，降低要求。实行政教分离。

2. 公民平等。

男女的公共和私人权利一律平等；如第1条所述，扩大妇女在委员会、学校、教会、慈善机构的表决权。

瑞士公民和各州居民在各州事务和市镇事务方面享有平等权利。

3. 保护个人权利。

取消联邦检察官和政治警察。扩大庇护权。允许自由定居和逗留。

通过制定有效的法律，保护言论自由、出版自由、集会自由、联合自由、罢工自由。

联邦、州和市镇议员都拥有议员的豁免权。

4. 国防民主化。

简化服装和装备。军官由人民选举。国家决定军官的穿着和装备，以及军官和士兵的待遇。和平时期取消军队的司法权。

士兵服兵役期间给其家庭提供补贴。士兵退役后提供失业补贴。

5. 税制。

缴纳给国家和市镇的所得税，资本所得税的税率应高于劳动收入所得税税率。提高闲置土地的税费。印制税务登记册。

遗产税的征收根据遗产多少和亲属关系决定。

采取严格措施以保证税收。没收偷税财产。生活必须费用免征所得税。反对间接税和保护关税政策。

6. 学校和职业学校。

免费教育。免费教育惠及高等教育、大学和综合科技教育。向贫困学生发放补贴，提供食品和衣服。

实行男女手工劳动教育。家庭学校和家庭经济学校。男女成人义务教育。取消学校的宗教教育。将义务教育时间延长至 15 岁。

给予智力低下和学习困难的孩子特殊关照。

在学习车间和职业学校进行职业教育。

7. 为校外的年轻人设立：

幼儿园、青年人收容所、游戏广场、冬令营和夏令营、森林学校。

8. 人民智力和道德的重建。

反对酗酒。对酒精饮料征收税费。提倡所有使工人及其组织远离小酒馆的办法和措施。建造人民之家、地方公共集会场所和阅览室。

举办免费科学讲座和艺术表演。组织讲座、音乐会、戏剧表演、博物馆参观。

9. 修订刑法和诉讼法。

预审期间被告人出席。16 岁起承担法律责任。限制判刑之前在紧急情况下采取的监禁措施。由国家负责赡养被告人家庭。监禁必须符合规定。取消人身胁迫式的罚金。减轻刑罚，以改造和教育被告人。废除死刑。对无辜的被告人和囚犯作出补偿。

10. 民法。

免费法律援助。免费为穷人辩护。工资不容克扣。降低诉讼费。

11. 公共卫生和住宅。

修建公共浴室、休闲广场,给婴儿提供牛奶,任命校医。

增加国有、市镇所有土地。对住宅进行检查。由市镇建造廉价住房。

12. 疾病公共医疗。

医药免费。设立数量充足的医疗机构。设立肺病和神经疾病疗养院。病人家庭免费医疗。

设立康复之家。

分娩和产妇免费护理。

设立绝症患者收容所。

13. 社会保险和保障。

实行医疗、事故、伤残、养老保险。

设立残疾人和老年人收容所。

14. 国家和市镇救助贫困人口。平均分摊穷人的税费。安排对临时困难户的救助。人道主义援助,维护受救助者的尊严。

15. 劳工保护立法。

扩大工厂法的适用范围。在各个招收18岁以下工人的行业中实行该法律。削减每天最长工作时间,从10小时降低到8小时。星期六下午放假。禁止收取罚金和预付款。禁止雇用15岁以下童工。

任命工人担任工厂检查员。任命女检查员。

给妊娠期间的妇女和产妇提供救助。

保护商店和旅馆工人,尤其通过削减工作时间来实现这种保护。反对周日工作。

减少家庭工作并对其作出规定。建立职业车间。

16. 劳动合同和工资保护。

集体劳动合同。设立职业法庭。更加关注劳动诉讼和工资问题。

17. 与失业及其后果作斗争。

持续监管劳务市场，在危机时期，采取措施提供公共就业机会，按时支付工资。

向那些失去工作而我们又无法为之提供工作的人员提供足够的援助。

市镇、州、联邦给工人组织提供补贴，负责失业保险。

18. 专营。公共和经营部门。

烟草专营，其收入用于社会保险和慈善事业。

水电由市镇和州专营，把公众利益放在第一位。

小麦和面粉专营。

煤气、水力、电力、电车专营。设立面包店、乳品店、屠宰场、市镇租田，由集体经营。

免费安葬。

19. 国家和市镇工人工作条件。

规定最低工资和最长工作时间。带薪休假。医疗保险、意外保险、伤残保险、养老保险。孤寡补贴。有固定工作的工人被列为长期就业人员。服兵役期间支付工资。

20. 招标规章。

取缔不符合招标细则条款的公共工程。

公共工程企业主首先必须雇用固定的工人，确定每天最长工作时间，根据协议工资或当地工资标准给工人支付工资。

议会活动

1902年10月的大选增加了我们在联邦议院的议员席位,现在我们党的议席是7席。社会党选民的人数或者说支持社会主义思想的公民人数同我们在议会中的席位不成比例。"选举几何学家"划定了选区,城市和工业中心聚集在农业地区,这样社会主义政党的选票和资产阶级政党的选票就相对平衡。如果只有一个选区,我们在众议院的席位会更多。

我们众议员给议会带来了一个全新的生活。他们打破种种常规,即使他们提出的议案被视为"完全不可接受的议案"而被驳回,他们也一点也不担心。

社会民主党议会党团提出的修改联邦工厂法的提案在联邦议会中得到支持。这个议案意义重大,涉及实行十小时最长工作时间、扩大适用行业范围、增加检查员人数和任命女检查员等问题。希望不久的将来瑞士能实行十小时工作制,我们能够赶上那些在劳工保护方面走在我们前面的国家。通过实行十小时工作制,我们可以使很多行业的现状合法化。我们在下列行业的工作时间如下:

	11小时	10—10.5小时	少于11小时
食品业	47.1%	51%	1.9%
钟表业	42.9%	48.9%	8.2%
化工业	41.9%	44.6%	13.3%
木材业	37.0%	62.3%	0.7%
造纸厂	36.0%	34.3%	29.7%
皮革业	17.3%	41.1%	25.5%
冶金业	26.4%	63.6%	10.0%
机械制造业	16.4%	81.0%	2.6%

只有纺织业和盐业实行十一小时工作制。

但联邦议会支持工厂法的修订。议会斗争很激烈,明确规定工厂周六下午停工的问题已经得到讨论。我们议员取得的成绩得益于格吕特利联盟和瑞士工人书记处对工厂法修订的深入研究。

社会民主党显然在所有关于工人阶级利益问题的讨论中确立了自己的地位。在这里我们就不一一列举了。

如果我们的外国同志认为瑞士工人阶级在议会只有7名代表,那他们就错了。在组成我们瑞士联邦的25个州以及那些拥有各自管辖范围的市镇,我们参加了议会的大部分工作。社会民主党派代表参加了苏黎世、巴塞尔和圣加仑这三个州的行政委员会。我们赞同政府干预的观点。社会民主党在17个州和14个市镇中有自己的议员。在行政机构中我们也有代表,在这些机构里,他们能发挥更直接、更巨大的影响。我们的力量尽管加强的速度缓慢,但一直都在加强。每举行一次新的选举,我们在联邦、州和市镇议会中的地位就更进一步。即使我们对议会工作并不能发挥决定性的作用,但在瑞士我们拥有一支活跃的队伍,它帮助我们取得了很多胜利,并为今后的发展奠定了基础。

人民对立法的直接影响

我们拥有的宪法创议权,这就意味着5万名公民联署就有权要求修改宪法或者要求就新的条款进行投票。我们建立了全民公决制度,3万名公民联署就可以要求对联邦法律进行投票。1903年间,我们广泛行使了这项权利。

社会党正是这些群众运动的领导人。

巴黎国际代表大会结束不久,我们就开始了关于联邦参议院和众议院投票权的人民提案运动。关于后者,我们收集了64685个联合签名,关于前者收集了 56350 个签名。全民公决时，对于第一项提案，166055 名公民表示赞同，242448 名公民表示反对。两项提案都遭到否决。不过，第二次进攻还是有可能取得成功的。对于海关关税的最终确定，我们也求助于全民公决。对于重新设定的税率，我们考虑到了农业、大工业和税收的利益，但没有考虑到消费者的利益。最后，110564 名公民要求举行全民公决。然而在公决时，大部分人支持新的税率——326588 人同意，222819 人反对。

在关税运动中，联邦议院投票通过了限制报刊批评军务的法律。我们给这项法律取名为"嘴套"。几周内，我们收集了 66000 个签字，对之发起全民公决。1903 年 10 月 25 日，它受到了人民主权的打击：256229 位公民反对，155983 位公民赞同。

10 月 25 日还发生了神灵审判案。此外，我们对军国主义势力企图的严厉谴责，也使霍赫斯特拉塞尔—丰雅拉—博普提案流产，这个提案要求根据瑞士公民人数确定联邦议院议员的人数，而现在是根据总人数确定议员人数。它完全出于单纯的沙文主义动机。这个由 58000 名公民联署提出的提案针对的是左派反对党，因为该党会因此失去部分选民。但仅有 92117 名公民支持这一提案，290252 名表示反对。最后，在一些地方，人们提出把合作社销售的酒精饮料的最低送货标准从 2 升提高到 10 升的想法。提案的支持者想借此减少酒精饮料的消费。而反对者指出这种做法会导致家中的父亲到小酒馆喝酒，举行有关戒酒的会议和消除酗酒的根源比暴力强制手段更有效。全民公决结果是：155032 名公民赞成这项提案，223999 名反对。

我们党希望通过提出把我们军队每年的开支限制在 2000 万法郎之内的提案，发起一场声势浩大的运动。所有同胞一致认为应当反对增加军队费用。但是大部分同胞同样认为首先应当保卫好我们的国家，这就需要充足的财力，以建立一支强大的军队来守卫边境。因此，把军队每年的开支限制在2000万法郎之内的提案准备不够充足。但军队的改组已经列在议程上，人们将重新讨论这个问题。

* * *

关于工会运动，我们的同事奥古斯特·梅尔克提交了专门的报告，对瑞士工人运动作出了详细的描述。

最后，我们可以说人民的信仰在我们国家正变得越来越坚定，但是只看到过去、渴望退尔和温克兰德[①]的出现是不够的，我们还需要展望我们争取自己的地位和分享发展成果的新时期，需要明白资本主义社会现在已经不能满足人民的强烈意愿，而在社会主义原则的基础上建立的社会却能做到这一点。

瑞士社会民主党委员会
1904年8月于比尔

---

① 均为瑞士民间传说中的英雄。——编者注

瑞士工会运动

工会运动很难在瑞士扎根,原因是多方面的:缺乏支柱工业,房产泡沫,农业发展缓慢,工人语言多样,等等。此外,众多的德国工人组织在工人中宣传的思想和行为等都是工会发展的障碍。第一家工会组织由德国人领导成立,对瑞士人来说,这也是他们不愿加入工会的一个原因。大多数行业差不多都被德国人占领,尤其是裁缝、木工和玻璃装配行业。1860—1870年间,情况发生了改变。瑞士变成了一个工业国:大工业代替了小工业,工业集中化的发展脚步飞快,无产阶级登上舞台。为了共同的利益共同斗争,工人们迅速集中起来。工会对社会主义人士宣称,他们需要工人团体的支持。

瑞士的第一家工会是首都伯尔尼的印刷工人工会。随后,其他城市的工人们也组织起了自己的工会。1858年8月5日,在奥尔滕成立了第一家行业中央联合会,它同样是由印刷工人建立的。1864年,在一位瑞士日内瓦工人约·菲·贝克尔的提议下①,人们在伦敦建立了国际工人协会。在其领导下,1865—1866年间,我们在瑞士建立了第一家工会组织。为了宣传工会,贝克尔创办了机关报《先驱》。随后,国际在瑞士建立了25个地方工会。1868年,4名工人在洛桑成立了缝纫工人工会。到了1869年春,这个组织已经拥有18名会员,工会基金有1万

---

① 原文如此,与史实不符。——编者注

法郎①。虽然存在时间很短,但在苏黎世,采石工人联合会、冶金工人联合会、缝纫工人联合会、印刷工人联合会、细木工人联合会都逐步建立起来。1868年,日内瓦建筑工人发起了要求增长工资的工人运动,他们要求日薪增长70生丁到1法郎。

工厂主拒绝让步,坚决反对工人罢工。这是瑞士有史以来规模最大的罢工,全国工人都被组织起来了。在阿彭策尔州的一些偏远地区,工人成立了织布工人联合会,这个联合会还加入了国际工人协会。众多工会组织在格拉鲁斯州扎根,它们发行了自己的报刊;虽然很快就遭到取缔,但最后这些组织变成了消费者联合会。到处都是运动分子,但是没有领头人。在圣加伦州,工会运动发展势头迅猛。罢工的时候,警察就会向工厂主要求国际工人协会的会员名单。这一举动引起了公愤,这也催生了瑞士东部的工人运动。

工会运动在瑞士如火如荼,甚至在地方上也发展得很好。钟表工人联合会在穆捷建立。随后,瑞士工人联合会于1873年在奥尔滕成立,82名代表出席了成立大会,他们代表了35个工会组织的3400名会员。最大的工会组织是林木工人联合会,他们在苏黎世的分会就有500名会员。联合会的目标是建立所有工人组织的中央联合会,以此来为改善工人状况而斗争。它要求解决工人工资问题,也坚决反对阶级压迫和统治。

联合会一致存在到1880年。其机关报《哨兵报》办得很好。奥尔滕代表大会时,它已经开展了政治运动和工会运动。这次大会后,工会总联合会在日内瓦成立。

1885年,总联合会成了苏黎世运动的领导力量。此后,运动在铁路工人中兴起。相反,一些纺织工人组织的努力却遭到失败。不过,建

---

① 原文如此,可能数字有误。——编者注

筑工人和冶金工人的运动得到了发展。

在削减每天工作时间的斗争中，工会取得了重大成就，组织在工会中的工人每天的工作时间不再超过 10 小时。大部分排字工人和石印工人每天只工作 9 小时。工资总体而言提高了，但是考虑到租金和生活成本的增加，工资的增长只是相对的。由于 19 世纪 80 年代雇主组织建立起来，斗争更加激烈。

1880 年，工会联合会创办了机关报《工人呼声报》，它同时是新成立的社会民主党的机关报。我们建立了储备基金以支持罢工。基金数量至少达到 1000 法郎才能够在冲突中使用。在 1891 年 1 月 25 日于苏黎世举行的代表大会上，联合会确定了其章程。

		分会	会员
联合会成立 1 年内的实力	1882 年	17	450
领导机关在苏黎世	1884 年	19	522
领导机关在苏黎世	1888 年	84	5350
领导机关在苏黎世	1889 年	102	4400
建立储备基金	1891 年	196	6950
钟表工人加入	1893 年	197	9500
设立书记处	1898 年	330	16470
12 月 31 日	1902 年	512	27097

委员会明白大罢工之后经费已经基本用尽，因此尽可能避免进行大罢工，尽力通过协商获得让步。这不符合当时大多数工人的意愿，委员会因此于 1893 年被推翻。于是，罢工耗尽所有储备资金的时代开始了，当时资金总计超过 30000 法郎，后来再也没有达到这一金额。也应该说这是一个工业大发展的时期，工人希望分享这一发展成果。1896 年，联合会重新修订章程。1897 年 1 月 1 日，期待已久的常设书记处成立。

1890—1899年间，经济衰退，冲突增加，书记处花费了几乎所有的时间用来协调工人和雇主之间的关系。

书记格罗伊利希认为工会只有在政治立场和宗教问题上保持中立才能扩大其影响力，这一观点引起了很多讨论。他认为工会应该局限于经济问题，并放弃社会主义信仰的有关声明。经过长时间的讨论，他的看法在卢塞恩获得了大多数人的支持。然而，这种中立态度并没有促进工会的发展。从此天主教工会给中立工会造成了负面影响。

1902年的伯尔尼代表大会决定各组织自己决定是否加入罢工基金。协会男会员每月交纳20生丁、女会员每月交纳10生丁，行政费用分别为10生丁和5生丁。协会有权在冲突中接受自愿捐赠。罢工基金的补助金额如下：已婚会员为2法郎，若有孩子则每个孩子增加20生丁，单身会员为1.6法郎。没有独立书记处的协会可以召开特别会议，创办机关报。没有总联合会的批准，协会不能举行任何罢工，否则会失去其领取补助的权利。

1902年联合会的收入为44983法郎。支出为39792法郎，其中1207法郎用于鼓动，3615法郎用于议会议员，12615法郎用于支持罢工，2976法郎用于行政开支，4818法郎用于支付薪水。

联合会中重要的工会如下：

	1902年1月1日		1902年12月31日		
	会员	女会员	会员	女会员	分会数量
石印工人联合会	1981		2008		21
木材工人联合会	1700		2156		45
冶金工人联合会	3910		3757		76
钟表工人联盟	3000	200	3200	100	15
阿彭策尔纺织工人协会	1559	700	1792	792	20
泥瓦工联合会			5000		40

未加入联合会的重要工会有：

	会员	女会员	会员	女会员	分会数量
缝纫工人联合会	1701	6	1390	25	33
运输工人联合会	1883		1939		38
铁路和船舶工人联合会			8100		87
邮政、电信及海关职员	3648		3700		43

1902年12月31日，加入联合会的工会共有27097名男会员，1501名女会员，423个分会。

1902年12月31日，未加入联合会的工会共有24194名男会员，154名女会员。

1903年1月1日，加入联合会的工会的收入为331556法郎。

1903年1月1日，未加入联合会的工会的收入为453002法郎。

1902年12月31日，加入联合会的工会的支出为309515法郎。

1902年12月31日，未加入联合会的工会的支出为252105法郎。

实力最强的协会为石印工人联合会，收入为470303法郎；机车司机联合会，收入为226537法郎；铁路工人联合会，收入为162534法郎。

奥古斯特·梅尔克

英国劳工代表委员会

根据 1899 年工联代表大会表决通过的决议,劳工代表委员于 1900 年 2 月成立。

构成

委员会是认为有必要进行政治行动和设立选举基金的工会联合会和各社会主义组织的政治联盟。许多工会联合会,尤其是机械工人联合会、纺织工人联合会和铁路工人联合会从一开始就加入了委员会;独立工党、社会民主联盟和费边社也派代表加入执行委员会,并为委员会提供财政方面的支持。然而,社会民主联盟在第一年年底就退出了。

现在委员会共有 100 万名成员——社会主义者和工联主义者。

财政状况

委员会有两种不同的经费:

1. 普通经费,来自每年 15 先令的会费（18 法郎 75 生丁）,由各加入委员会的团体的会员交纳。

2. 议会基金,来自每年 1 便士的会费（10 生丁）,由各加入委员会的团体的会员交纳。这笔基金用于支付党的竞选费用,每年向当选者提供 200 英镑（5000 法郎）的补助。基金现在共有 4000 英镑（10 万法郎），委员会开始支付市镇议会议员的补助。

选举

在1900年大选中，尽管委员会成立时间短，组织不完整，但工人阶级的2名候选人还是成功当选。委员会有3名候选人当选：第一位通过等额选举产生；第二位，一名工人候选人得票超过3000票，击败了自由党候选人和保守党候选人；第三名工人候选人既不是自由党人也不是保守党人。几天前，苏格兰劳工代表委员会提出了拉纳克东北选区的候选人，工人和社会主义者的得票增加了1000票；然而，爱尔兰民族同盟在之前的选举中支持的一名工人候选人这一次赢得了2000票，击败了苏格兰委员会提出的候选人。

委员会将在下次大选提出50名候选人，大约有40名不与自由党竞选。需要指出的是，这并不是因为同资产阶级派别妥协，而是受到我们在选区中力量的影响。

委员会的目标

为了消除我们大陆同志对委员会态度的怀疑，我们坚持复述一下委员会章程如下表明我们态度的条款：

委员会的目标

通过统一行动保障候选人参加议会选举，而候选人由选区中加入委员会的组织选出。委员会决定组成单独的议会党团，在工人问题上有自己的政策方针，拒绝被自由党及保守党同化。委员会提出的所有候选人都必须接受章程，遵守自己的组织按照章程作出的各项决定。

在我们大陆同志的思想意识中，存在一种误解，那就是我们的候选人必须以工人候选人的身份参加选举。章程的这条规定是由英国政治生活的特殊条件决定的。一个统一的标签是必须的，否则公众舆论就不会把我们视为一个独立的政党；如果我们的候选人可以自由选出并予以任命，那会造成运动的混乱。但是委员会允许候选人在其公告中——就像在他们的演讲中一样——明确表达他们的社会主义观点，让其他民众了解他们加入的社会主义组织。委员会提名的社会党候选人中，没有一位是隐藏或淡化了其社会主义思想倾向的。

阿根廷社会党

1903年在首都布宜诺斯艾利斯成立,共有681名党员;在外省有671名党员,共计1362名。同年6月,党员共计1736名。

执行委员会印制了宣传册12067册,其中《社会主义》5000册,还有41种宣传册在售。

周刊《先锋报》的印数从2100份提高到2500份。

《权利报》是党以意大利语出版的机关报。

工会运动在无政府主义领域得到充分发展。——**书记处注**

附　录

社会党的力量

阿姆斯特丹代表大会的目标是对社会党的策略作出规定，使世界无产阶级代表建立友好关系，为法国和其他国家社会党的统一铺平道路，同时展示所有国家社会党力量的不断增长。

这种力量在阿姆斯特丹表现为讨论的增加和代表人数的提高。而且，各国提交的报告表明，这种力量是毋庸置疑的，未来是充满希望的。尤其工会、政治组织和合作社以及社会主义组织的力量在不断增长。社会主义在远东破土而出，在美洲向前发展，在欧洲取得胜利。

前进！通过政治运动和工人运动发展社会主义看来是所有国家工人的口号。

总结上述报告中的图表，我们希望通过数字尽可能清楚地展示社会主义思想在全世界不断而迅速的发展。

选举力量

一、总体情况

1. 1867 年以来各国的发展情况

德国

年份	得票数	议员人数
1867	30000	8
1871	101000	2
1874	351952	9
1877	493288	12
1878	437158	9
1881	311961	12
1884	549990	24
1887	763123	11
1890	1427298	35
1893	1876738	44
1896	2107076	57
1903	3010472	81

法国

年份	得票数	议员人数
1887	47000	19
1889	120000	9
1893	440000	49
1898	790000	50
1902	805000	48

奥地利

年份	得票数	议员人数
1897	750000	—
1901	780000	10

比利时

年份	得票数	议员人数
1894	320000	32
1900	344944	33
1902	467000	34
1904	463967	28

美国

年份	得票数	议员人数
1888	2068	—
1892	21512	—
1894	30120	—

年份	得票数	议员人数
1895	34869	—
1896	36275	—
1897	55550	—
1898	82204	—
1900	98424	—
1902	223903	—
1904	500000	—

意大利

年份	得票数	议员人数
1882	49154	1
1886	22063	2
1890	50210	3
1892	26000	6
1895	76000	10
1897	135000	16
1900	175000	32
1904	301525	—

瑞士

年份	得票数	议员人数
1884	3591	—
1887	2100	—
1890	14431	1
1893	39000	1
1896	40000	1
1899	56000	4
1902	100000	6

英国

年份	得票数	议员人数
1895	55000	—
1900	100000	1

丹麦

年份	得票数	议员人数
1872	268	—
1876	1076	—
1881	1689	—
1884	6806	2
1887	8408	—
1890	17232	—
1892	20094	4
1895	31872	8
1898	32000	12
1901	42972	14
1903	53479	16

塞尔维亚

年份	得票数	议员人数
1895	50000	—
1903	60000（?）	—

瑞典

年份	得票数	议员人数
1890	488	—

年份	得票数	议员人数
1892	723	—
1893	1221	—
1900	—	1
1902	10000	4

荷兰

年份	得票数	议员人数
1880	17	—
1885	1464	—
1897	13500	3
1902	38279	7

西班牙

年份	得票数	议员人数
1891	5000	—
1893	7000	—
1896	14000	—
1898	20000	—
1899	23000	—
1901	25400	—
1903	29000	—

挪威

年份	得票数	议员人数
1900	7440	—
1903	30000	4

保加利亚

年份	得票数	议员人数
1900	21000	7
1903	9000	—

加拿大

年份	得票数	议员人数
1903	8025	—

阿根廷

年份	得票数	议员人数
1903	5000（？）	—

爱尔兰

年份	得票数	议员人数
1902	1063	—

匈牙利

年份	得票数	议员人数
1900	800	—

澳大利亚

年份	得票数	议员人数
1901	27407	—

卢森堡大公国

年份	得票数	议员人数
—	—	5

2. 1867 年以来逐年发展情况

年份	得票数
1867	30000
1871	101000
1872	101268
1874	352220
1876	353028
1877	494304
1878	438231
1881	378850
1882	428004
1884	666150
1885	667614
1887	931454
1889	1109801
1890	1794060
1891	1709060
1892	1798391
1893	2585898
1894	2914506
1895	3033718
1896	3056873
1897	3896602
1898	4515591

年份	得票数
1899	4534591
1900	4874740
1901	4912740
1902	5253054
1903	6285374
1904	6686000

3. 当前情况

	得票数	社会党议员人数	下院议员人数
德国（1903）	3010372	81	397
法国（1902）	805000	48	584
奥地利—匈牙利（1900）	780000	10	363
比利时（1904）	463967	28	166
美国（1904）	500000	0	—
意大利（1904）	301525	32	508
瑞士（1902）	100000	6	145
丹麦（1902）	55479	16	102
荷兰（1901）	38279	7	100
大不列颠（1900）	100000	1	670
西班牙（1903）	29000	0	—
瑞典（1902）	10500	4	230
保加利亚（1903）	9000	7	189
挪威（1903）	30000	4	114
加拿大（1903）	8025	0	—
爱尔兰（1902）	1063	0	—
芬兰（1904）	—	1	—

	得票数	社会党议员人数	下院议员人数
阿根廷（1903）	5000	1	86
匈牙利（19）	800	0	
奥地利（1901）	27407	0	—
卢森堡大公国	—	5	—

总结：在21个国家中，社会主义在政治上得到确认。

15个国家的议会中有社会党议员。

社会党得票6686000张。

二、市镇、省及地区情况

德国

邦议会代表：111名议员。

巴伐利亚，11名；萨克森—魏玛，2名；萨克森—阿尔滕堡，3名；阿尔滕堡，4名；符腾堡，6名；萨克森—科堡—哥达，10名；萨克森—迈宁根，7名；利珀—代特莫尔德，3名；巴登，5名；罗伊斯（老系），1名；罗伊斯（新系），5名；施瓦茨堡—鲁道施塔特，7名；黑森，7名；不来梅，20名；汉堡，12名；阿尔萨斯—洛林，1名；奥尔登堡，6名。

法国

市镇机构代表：63个市镇机构受法国工人党领导。

111个市镇机构有法国工人党议员。

68名市长，120名副市长，1200名议员。

省议会代表：19名议员。

24名区议员。

注：我们没有收到法国工人党在这方面的消息。

意大利

市镇机构代表：100名社会主义市镇议员。

比利时

600名市镇议员

70名省议员

4名参议员

丹麦

400名市镇议员

1名参议员

瑞典

20名市镇议员

挪威

17名市镇议员

瑞士

17个州议会有社会党议员。

匈牙利

在41个市镇有217名市议员。

波西米亚

1893年共有39名市议员。
1896年共有116名市议员。
1898年共有326名市议员。
1902年在178个市镇共有526名市议员。

西班牙

在22个市政府共有50名市议员。
在30个镇政府共有502名镇议员。

美国

公共机构共有300—400名社会党代表。

奥地利

178个市镇议会中有526名议员。

工会力量

德国（1903年）

工会：（1）63个中央联合会　　　　887698名会员，其中女会员
　　　　　　　　　　　　　　　　　40666名
　　　　地方联合会　　　　　　　　17577名会员
　　　　共计　　　　　　　　　　　905275名会员
　　　　1904年　　　　　　　　　　1000000名会员
　　（2）希尔施-敦克尔同业公会
　　　　联合会　　　　　　　　　　110215名会员
　　（3）天主教工会　　　　　　　 192607名会员
　　（4）中立工会　　　　　　　　 68724名会员
　　　　共计　　　　　　　　　　　1276821名会员
　　　37个工人书记处
　　　在柏林有1个中央书记处

1891—1903年支出：补助金　　　　　22485938马克
　　　　　　　　　工会刊物　　　　6375694马克
　　　　　　　　　会员教育和救助　28861632马克
　　　　　　　　　罢工　　　　　　17576430马克
中央联合会收入（1903年）　　　　　12973726马克
总委员会收入（1903年）　　　　　　887698马克

法国（1901 年）

580800 名工会会员。

意大利（1902 年）

27 个中央工会组织；2768 个地方组织，480689 名会员，其中女会员 47464 名。

全国农民联合会：120000 名会员。

劳动介绍所联合会：75 个。

行业联合会：26 个，1400 个分会，290000 名会员。

英国（1901 年）

1236 个工会，1922780 名会员。

账户现金：4162000 英镑。收入，2062000 英镑；支出，1656000 英镑。

工联总联合会：56 个成员组织，400000 名会员。

比利时

9 个全国行业联合会，20 个常设工会书记处。

201 个社会主义工会，24479 名会员。

冶金工人联合会有 15 个工会。

矿工联合会有 40000 名会员。

共计 90000 名会员（1903 年）。

根据工会委员会的报告，1902 年共有工会会员 101460 名，其中女会员 3619 名，工人党会员 83677 名，天主教会员 3747 名，自由党会员 2133 名，中立工会会员 11903 名。

丹麦

(1) 47 个联合会，961 个分会，14 个地区工会：全国工会联合会有 62849 名会员（占全体工人的 75%）。

(2) 10 个联合会、11 个工会共计 23477 名会员未加入全国工会联合会。

(3) 年收入（1901 年）：1903962 马克。

账户现金：1694346 马克。

瑞典

1900 年：22 个联合会，741 个工会，共计 46000 名会员。
1901 年：33 个联合会，1050 个工会，共计 63000 名会员。
1900 年：33 个联合会，1300 个工会，共计 80000 名会员。
联合会年收入：660000 克朗。
账户现金：225000 克朗。

挪威（1903 年）

全国 80000 名工人中有 20000 名工会会员。
8055 名加入工会委员会。

荷兰

46000 名工会会员。

瑞士（1902 年）

51291 名工会会员，其中女工 1655 名。
账户现金：784558 法郎。

奥地利（1902 年）

2370 个中央和地方联合会，164488 名会员加入社会党。
总收入：2617184 克朗。
罢工支出：2392539 克朗。

匈牙利

1904 年：191 个工会。
1902 年：8222 名工会会员。

波西米亚

446 个全国行业联合会。

芬兰

160 个工会

2 个全国行业组织。

奥属波兰

112 个矿工工会。

西班牙

352 个工会，56900 名会员（劳动者总同盟）。

保加利亚（1903—1904 年）

24 个工会，1655 名会员。

现金账户：18640 法郎。

美国

2431093 名工会会员。

4 个全国联合会：

（1）美国劳工联合会。1903 年，共计 118 个全国组织，包括 23500 个协会，1501 个地方工会，604 个城市中央联合会以及 32 个州联合会，1457593 名交纳会费的会员。

（2）美国工人协会，200000名会员。

（3）劳动骑士团，120000名会员。

（4）其他工会，150000名会员。

铁路职员全国组织和建筑工人全国组织，500000名会员。

卢森堡大公国

4个工会。

澳大利亚

250000名工会会员。

概述：工会会员共计7528380名。

社会党及工会报刊

德国

79种党的机关刊物，主要是：《前进报》，发行80000份；《汉堡回声报》，发行40000份；《人民报》，发行30000份。

53种工会机关刊物：每周出版6期。

7种工会机关刊物：每周出版3期。

4种工会机关刊物：每周出版2期。

7种工会机关刊物：每周出版1期。

3 种工会机关刊物：日报。
1 种工会机关刊物：半月刊。
2 种讽刺周报。
2 种娱乐报。
1 种科学周刊。

法国

3 种政治日报。
42 种政治期刊。

意大利

5 种政治日报，如《前进报》。
64 种周报，发行 240000 份。
23 种行业周报。

英国

3 种社会党周报。
1 种社会党月刊。
众多工会联合会机关刊物。

比利时

6 种政治周报，每天发行 106000 份；《人民报》、《前进报》，等等。

22 种周报。

14 种月报。

11 种工会报刊。

丹麦

22 个政治日报，发行 80000 份；《社会民主党人报》。

2 种政治周刊。

32 种工会报刊，发行 72220 册。

瑞典

3 种日报，发行 35000 份。

10 种期刊，发行 37000 册。

20 种行业刊物。

挪威

3 种日报，发行 11500 份（每天）。

3 种期刊，发行 3759000 册（每年）。

11 种行业刊物。

荷兰

1 种政治日报——《人民报》。

1 种政治画报（周报）。

9 种政治周报。

40 种行业报刊。

1 种社会党杂志。

瑞士

5 种政治期刊。

奥地利

2 种政治日报——《工人报》。

34 种政治期刊。

1 种青年工人刊物，发行 6000 册。

33 种德语工会机关刊物，发行 101905 册。

2 种波兰语工会机关刊物，发行 4850 册。

19 种捷克语工会机关刊物，发行 35560 册。

1 种意大利语工会机关刊物，发行 630 册。

匈牙利

4 种匈牙利语政治期刊。

3 种德语政治期刊，发行 506200 册。

8 种行业期刊。

波西米亚

2 种政治日报。
12 种机关刊物。
19 种工会机关刊物。共计：33 种报刊，发行 246600 册。
1 种杂志。
1 种反教会刊物。
1 种幽默报。

芬兰

8 种政治期刊。
3 种行业期刊。

奥属波兰

1 种日报。
5 种期刊。
2 种杂志。

西班牙

12 种周报，发行 30000 份（每周）。

保加利亚

7 种机关刊物。
2 种杂志。

美国

7 种月刊。
19 种英语周报。
7 种德语日报和周报。
多种法语、捷克语、希伯来语、挪威语、波兰语、斯拉夫语报刊。

澳大利亚

3 种政治周刊。

卢森堡大公国

1 种社会党周报。

亚美尼亚

1 种社会党杂志及 1 种政治杂志。

阿根廷

2 种政治期刊。

总计①：134 种政治周报。

296 种政治周报及其他期刊。

289 种工人行业报刊。

合作社力量②

英国（1903 年）

（1）1481 个消费合作社。

1987768 名工人社员。

2192655 英镑资金。

（2）146 个生产合作社。

24283 名工人社员。

7883289 英镑资金。

（3）2 个批发公司。

---

① 这些数据只是社会党和工人报刊中的一部分。事实上，关于英国和法国，我们并没有行业机关报的数据。关于美国，我们没有完整的政治期刊名单，其数量肯定有 50 多种，等等。

② 信息来源于国际合作社同盟出版的合作社联合会统计数据、巴黎博览会（1900 年）合作社报告和布达佩斯国际合作社代表大会（1904 年）报告。

年生产资金 4810238 英镑。

年销售资金 25728629 英镑。

总计：1701 个合作社，2116127 名社员。

    销售额：89216223 英镑；利润：9873385 英镑。

德国（1901 年）

1528 个消费合作社。

255 个生产合作社。

12140 个信贷合作社。

4602 个农业合作社。

385 个建筑合作社。

642 个其他合作社。

共计：19557 个合作社。

消费合作社社员 800000 名（1900 年）。

消费合作社销售额为 310000000 法郎（1900 年）。

丹麦（1903 年）

915 个消费合作社。

1 个批发合作社。

生产：150 万克朗。

销售：2200 万克朗。

共计：1988 个合作社（1901 年）。

消费合作社共有 150000 名会员，销售额为 2.33 亿[①]（1900 年）。

法国（1903 年）

1880 个消费合作社。

462 个合作社，销售额为 8500 万。

328 个生产合作社。

1038 个信贷合作社。

56 个建筑合作社。

共计：7942 个合作社（1901 年）。

500000 名社员（1900 年），消费合作社销售额达 3.6 亿。

意大利（1902 年）

共计 2183 个合作社。

728 个消费和生产合作社。

891 个消费合作社。

451 个生产合作社。

550 个信贷合作社。

销售额：5.66 亿。

比利时（1903 年）

500 个消费合作社。

[①] 原文如此，未标明货币单位，从上文看应为法郎。下同。——编者注

4000万销售额。

130000名会员。

共计：各种合作社1200个。

    1个合作社联合会：1500000法郎。

瑞士（1903年）

各种合作社4400个。

1个合作社联合会：110000名社员，销售额为618万法郎。

1个农业合作社联合会，销售额为400万法郎。

1900年，消费合作社有224536名社员，销售额4.05亿。

奥地利（1901年）

758个消费合作社。

5008个信贷合作社。

1768个其他合作社。

共计：7616合作社。

1900年，合作社共有250000名社会员，销售额3.4亿。

匈牙利（1901年）

421个消费合作社。

1030个信贷合作社。

902个其他合作社。

共计：2353个合作社。

瑞典（1901 年）

73 个消费合作社。
1688 个农业合作社。
共计：1761 个合作社。

荷兰

167 个消费合作社。
47 个生产合作社。
140 个信贷合作社。
707 个农业合作社。
91 个建筑合作社。
共计：1152 个合作社。

塞尔维亚

28 个消费合作社。
303 个信贷合作社。
400 个农业合作社。
共计：731 个合作社。

美国

192 个消费合作社。

45 个生产合作社。

321 个农业合作社。

共计：558 个合作社。

芬兰

10 个消费合作社。

401 个农业合作社。

共计：411 个合作社。

西班牙

239 个消费合作社。

24 个生产合作社。

23 个信贷合作社。

共计：286 个合作社。

1901 年全世界各种合作社共计有 56623 个。

今年 10 个国家批发合作社销售额达到 634096325 法郎。

* * *

这些数据无法准确、完整地表现社会主义组织和工人组织的发展。在合作社方面，我们认为这些数据并不能完全反映出工人们为争取物质和精神方面的胜利作出的努力；在政治领域和工会领域，我们认为这些数据也低于实际情况。

无论怎样,各国报告和数据列表都展示了工人运动和社会主义运动的广泛性。

我们为此感到欣慰。

国际书记处

维克多·塞维

补　遗

社会党国际局出版物

国际社会党代表大会：议事日程、代表团和决议（巴黎［1889年］，
布鲁塞尔［1891年］，苏黎世［1893年］，伦敦［1896年］，
　巴黎［1900年］）　　　　　　　　　　　　　　0.75法郎
1904年阿姆斯特丹国际社会党代表大会
　——议事日程和决议草案（3种语言）　　　　　0.25法郎
1904年阿姆斯特丹国际社会党代表大会会议记录
全体会议和委员会会议　　　　　　　　　　　　　1法郎
1904阿姆斯特丹国际社会代表大会议事日程
所列问题的报告和决议草案　　　　　　　　　　　1法郎
1904阿姆斯特丹国际社会党代表大会议事日程
所列问题的决议案（3种语言）　　　　　　　　　0.5法郎
欧洲、美洲和亚洲的社会主义组织和工人组织①　　3.5法郎

大家可以汇款到约瑟夫·斯蒂文斯路人民之家社会党国际局书记处，以上述价格购买到这些出版物。

---

① 即本卷第一部分。——编者注

俄属波兰和立陶宛的社会民主主义运动

(1900—1904 年)

　　过去四年间，尤其是巴黎国际代表大会以来，俄属波兰社会民主主义运动取得了巨大的进步。在前两年，社会主义运动在我们国家并不起眼。个中缘由，可以归结为经济萧条和俄国的入侵。相反，后两年，社会主义运动可谓乘风破浪。

　　1901年春天起，工人运动首先在俄罗斯取得了胜利。这几年，沙皇政府挑起了与日本的战争，这也给波兰无产阶级带来了机会。在这些因素的作用下，社会民主主义运动勃然而兴。政府不能满足新形势下人们的要求，而反政府的政治斗争本身就是开放的、尖锐的。过去无产阶级没有表达自己权利的觉悟，但是在五一示威游行后，他们自觉利用一切机会来表达自己的要求。工人运动面临不可抗拒的压力，同时也被专制政府限制在一个狭小的范围内。在政府的武力干涉下，无产阶级争取政治权利的游行活动无奈解散。

　　最近几个月，由于战争原因，波兰和立陶宛社会民主党在华沙组织了反对沙皇专制的和平示威游行（游行队伍戴着红帽子，唱着歌曲，大声呼吁革命）。

　　很快，在立陶宛的比亚韦斯托克等工业城市爆发了波兰和犹太纺织工人要求提高工资的罢工。这个游行带有浓郁的政治色彩。

　　在这次罢工期间，几千名纺织工人团结在一起。他们在临近的树林里举行露天集会，提出了自己的政治要求。

最近一段时间，工人与沙皇的军警在华沙街头发生了激烈的冲突。其导火线是最近在路易·施皮斯大楼的一次大火灾中警方的恶劣态度。"公共秩序已经遭到破坏"，工人们拿起武器，结果造成了一次公共场合的流血事件。工人们呼喊："反对沙皇专制！社会民主主义万岁！"众多警卫在冲突中受伤；双方都有很多人受伤。有一名社会民主党党员在枪击中被击中。

五一劳动节前夕，波兰工人热情高涨。1904年4月27日，社会民主党内部刊物报告说，一名妇女在白天受到宪兵攻击，人们对他们的攻击予以还击。无论如何，一名宪兵、一名警察和两名警务人员被打死，一名警察受重伤。沙皇的武装侍从高额悬赏捉拿这些革命分子。俄国的革命运动也出现了这种情况。革命运动面临各方压力，尤其是政府的压力。

政府对革命分子施以酷刑，华沙政府的宣言对工人是一种公然的挑衅。根据官方的说法，这是为了维护"公共秩序"。据相关报刊说，当局最终对被捕人员的审判达成了一致意见。所有这些行为都激起了工人群体的满腔愤怒，他们为此开始进行激烈斗争。

社会民主党对这一事件的态度非常清楚，并进行了广泛通告。我们的公告强调，我们绝不是所谓的"恐怖组织"，我们也从未希望采用这样的手段来实现我们党的目标。在俄国，所有自由的言论、政治运动都会受到当局谴责。个人的抵抗权利本应该是公民神圣不可侵犯的权利：在印刷厂的斗争就是一次对个人权利的争取。

还有另一个因素也唤醒了无产阶级，那就是俄属波兰工人的失业。由于波兰工商业与俄罗斯东部城市、西伯利亚以及东亚国家有紧密的联系。目前的战争对波兰经济影响巨大：在华沙、罗兹、比亚韦斯托克、琴斯托霍瓦，成千上万的无产阶级家庭流落街头。

一方面，我们党应该平息工人阶级在政治运动中表现出来的不满情绪；另一方面，我们也要预见类似盲目骚动情况的出现。在这方面，社会民主党表现出积极的态度。它向无产阶级传播社会主义思想，同时也在华沙组织游行示威。最近一段时间涉及战争问题的政治骚动相对集中，这也是件很自然的事情。但是，社会民主党尽力发挥自己的作用，并不依附于任何一方。社会民主党的目的是加强组织，宣传我们的政策。

组织问题——无论是政治组织还是工会组织问题——都得到了党代会的密切关注。在此期间，我们召开了党的三次全体代表大会（1900年7月、1901年11月和1904年7月）、三次代表会议（1901年、1902年和1903年）和两次地方代表会议（在华沙和比亚韦斯托克）。这些会议加强了党组织的凝聚力，针对当前各地的专制统治系统地布置了日后的工作。在华沙的一些组织中，人们根据实际需要进行了分组，这充分表明了政治斗争的尖锐性。在外省，我们加强了地方委员会，借鉴德国民主社会党的经验，通过加强地方受托人制度来促进组织发展。这些改革的成果非常明显。目前，我们的组织在华沙、罗兹、琴斯托霍瓦、比亚韦斯托克、维尔纳和在波兰南部（卢布林）都发展了自己的委员会和受托人。采矿业等行业也都有涉及。党的领导委员会全权负责这些工作。

党的国外委员会是波兰和立陶宛社会民主党在国外的代表。我们在伦敦、巴黎、苏黎世、日内瓦、克拉科夫和德国的一些城市都有工人联合会。我们甚至还发展到了芝加哥和纽约。这些团体同时也是党的组织机构。罗莎·卢森堡代表波兰和立陶宛社会民主党出席国际社会党代表大会。

近年来，党的报刊的宣传工作也取得了令人满意的进步。1900—1902年间，我们党真正受到大家关注：在波兰地下印刷厂印制的《工人信使报》仍不能按时出版，只有两种刊物能公开出版。在国外，我们的宣传刊物有《工人》杂志。

1902年以来，马克思主义科学刊物《社会民主党》几乎月月出版，它同时也会刊登一些关于国际社会民主党的文章。月刊《红旗》也正式出版。另外，《工人》也以科学杂志的形式不定期出版。社会民主党丛书这样的激进宣传册也在不定期发行。

宣言是沙皇统治期间一种重要的宣传手段。1900年5月1日，波兰社会党大范围散发了党的宣言。1901年5月1日，情况更加特别，我们发表了五一宣言，这是社会党1900年8月针对政府暴力镇压工人运动而专门发表的宣言。之后，1900年10月，我们在战地法庭审判期间还发表了针对切尔文斯基、耶日什罗夫斯基、希维德尔斯基审判案的宣言。此外，1901年1月正值新世纪开始，为了向彼得堡和莫斯科的革命运动致敬，我们发表了社会党宣言。为庆祝俄属波兰伊梅雷廷斯基政府垮台，我们又多次发表宣言，以宣传社会主义。

在这些1901年5月之后发表的宣言中，有一些是非常有意义的：1902年5月维尔纳镇压工人游行、顿河畔罗斯托夫大罢工、大批社会党人在罗兹被捕、比亚韦斯托克大罢工时，我们都通过宣言表达了我们对工人运动的支持，尤其是波兰南方委员会向军人们发表的宣言和比亚韦斯托克委员会向纺织工人发表的宣言。1903年，华沙委员会为纪念4名被沙皇政府杀害的社会党人也发表了宣言。战争期间，党的领导委员会也于3月发表宣言。华沙委员会向所有纺织工人发表了宣言。罗兹委员会针对神职人员的反动影响发表了自己的看法（1904年2月大批社会党人被捕后）。同年4月，领导委员会发表了五一宣言。宣言通过地下刊物向社会党人传达坚决抵抗压迫的决心。6月，我们发表了一份专门针对失业工人的宣言。7月，为反对政府的军事镇压，我们又向全社会发表了一份宣言——《卡利什政治犯的悲惨待遇》。最后，在我们的印刷厂发生暴力事件后我们也发表了一份重要通告（7月）。

此外，为了重新规范工会制度，学习如何组织罢工和解决工资问题，我们党也发表了重要宣言，以此来激发社会党人的激情和提高他们的能力。

像在俄国一样，尽管政府、警察和工厂主的干涉，工人运动在波兰持续了很长时间。20世纪初，在华沙，各行各业都爆发了罢工：制鞋工人、缝纫工人、面包工人、冶金工人都加入到罢工者行列。这次运动是为了提高工人工资和削减工时。1900年5月底，维尔纳制鞋工人组织了一场大罢工，多亏德意志工人提供的帮助，前后持续了整整1个月。同年，在比亚韦斯托克，各行各业的工人也举行了几次小规模的罢工。家庭织布工人进行了一次罢工。1901—1902年，工会运动一度因工业危机陷入停滞。相反，在接下来的几年中，工人运动又高涨起来。1903年，华沙发生了一系列行业性罢工：制鞋工人、钳工、砌炉工、纺织工和电灯制作工，等等。

在琴斯托霍瓦瓦尔塔河边的工厂里，工人罢工取得了胜利。1903年，比亚韦斯托克爆发了多次小规模罢工。同年11月，纺织工人举行了大罢工。

1904年1—3月，社会民主党在华沙举行了4次罢工。4月，建筑工人与我们党合作，在华沙举行了罢工。在沃姆扎，细木工人组织了一场罢工。大部分罢工都取得了局部胜利。

至于社会民主党组织的示威游行，这份报告开头我们就提到了。这里我们就详细说明一下。1900年4月29日，我们和其他一些社会主义组织共同在华沙乌亚兹多夫斯基大街上举行了五一示威游行，有近5000人参加。示威游行期间，一些工人同警察和骑兵发生了口角。1900年8月8日，在一位社会党人韦格维奇诺维茨的葬礼上爆发了一场示威游行。华沙将近3000名工人加入了送殡队伍。

1901年1月14日，类似的示威游行发生在了另一位社会党人、面包工人安杰耶夫斯基的葬礼上。犹太工人组织了社会民主党1901年的五月示威游行。之后两年，"无产阶级"等团体也加入到犹太工人运动中。

1903年2月21日，我们党在华沙举行了一场反战示威游行。在这场示威游行中，激动的游行者让警察们吃尽苦头。3月，我们在华沙举行了两名党员的葬礼，在葬礼上同样爆发了示威游行。5月4日，在另一名社会民主党人比伦茨维格的葬礼上又爆发了类似的示威。最后，8月7日正午前，在华沙战地法庭大楼前爆发了一场游行：红旗在飘扬，社会民主党领导委员会的宣传册被四处散发。

进行鼓动的一种方法是组织——显然是秘密进行的——集会，在露天或者合适的地点举行。最近几个月，华沙委员会就组织一些这样的集会，大概有100人参加。如果考虑到警察，这已经是巨大的人数了。

随着社会党斗争日益激烈，政府也在加大迫害和报复。政府不停追捕积极活动分子，并开始了大规模的逮捕行动。不管白天黑夜，他们没有任何理由就直接在街上抓人（在俄国，逮捕行动通常在晚上）。波兰社会党人受到一系列迫害。1900年2月，当局在华沙开展大逮捕，大约有15名党员被捕，被判监禁9至24个月，流放至西伯利亚3至5年。1900年8月，在一名社会党人的葬礼上，警察逮捕了256人。在3个月的监禁后，他们被遣送到俄国中部省份，我们的战友被当地警方关押。在1901年5月的运动中，警察将15名社会党人逮捕，并关押了3个月。1901年3月和6月，10多名党员落入敌手；10—12月，150多人被捕；他们都被关了12—24个月；其中一些人甚至被关押的更久。他们中的很多人被政府流放到俄国阿尔汉格尔斯克、沃罗格达、西伯利亚，时间3至10年不等。1902年4月，警方发现了波兰和立陶宛社会民主党在华沙的地下印刷厂，并逮捕了12名相关人员。1902年8月，警方逮捕了10多名党员同志。1903年，像往年一样，在五一示威游行中，警察又开始逮捕社会党人，并把他们关押了3个月。12月16日和17日，我们又有大批同志被捕。1903年3月，几百名罗兹工人在落入政府手中（尤其是犹太工人，也有众多波兰和德意志工人）。

在比亚韦斯托克，政府在1903年11月的罢工中大规模逮捕社会党人。这次活动的受害者至今还被关押在监狱中。没过一个月，逮捕活动又在罗兹和琴斯托霍瓦展开了。

4月，警察在卡利什突然逮捕了两名拥有许多党的书刊的社会党人。

5月4日，仅在华沙，当局就逮捕了70名工人。2月26日，在罗兹又开始了新一轮的逮捕行动。200多人被捕，其中大部分是我们党的党员。

华沙、罗兹和卡利什的监狱人满为患。尤其在卡利什，警察当众凌辱工人同志（身体迫害的同时还有精神伤害）。我们的一些党员受到严刑拷打。比如，罗兹工人帕库尔和华沙工人比伦茨维格。后者还被移送监狱，由狱警看守，一直到他死亡。还有一些正值花样年华的年轻党员在监狱遭受严刑拷打。这样的事情在凯勒尔、罗索尔、加斯拉廷斯基等地都有发生。

这些严酷的刑罚就落到我们的党员同志身上。沙皇政府的司法部门就是以行政处罚的方式，不顾法律和议会议员的意见，直接对我们的同志施以酷刑的。

我们党自诞生起就一直受到沙皇政府迫害，甚至还有党员受到战地法庭的审判：工人马丁·卡斯普扎克和工程师贝内迪克特·居尔茨曼就是受害者——他们被控在印刷厂逮捕事件中武力拒捕。马丁·卡斯普扎克审判案是一起重要的司法事件。这名德国工人在波兹南受到起诉。被控妨碍警方执行公务、组织游行等罪名。但是，在被捕两天后，审判就被一推再推。在彼得堡，这是自然的。至于在印刷厂大逮捕中被捕的其他社会党人,他们都遭到监禁,之后也将被判重刑。

在镇压社会主义运动的过程中,这样的审判方式已经发生了巨大的改变。随着革命斗争的发展,沙皇政府的应对措施也有了变化。一方面,他们试图在欧洲人面前掩饰其恶劣行径。另一方面,他们希望找到一种方法来清除内部敌人。行政处罚的程度不断加深,一些人被法庭宣判永久流放或是强制劳动。至于所谓的重犯,绞刑架总是为他们做好了准备。

* * *

俄属波兰社会民主党在最近几年取得了较大发展。一方面,这十年来争取社会主义的尝试带有乌托邦性质,自然这些尝试也遭受了挫败。另一方面,工人运动的发展出乎意料,甚至发展到了俄国。社会主义本来看起来不可能,但现在却像星星之火一般。长时间以来,俄属波兰社会民主党人不断表发宣言支持工人运动。它的目标就是无产阶级一致的政治目标——反对沙皇专制,为民族赢得政治自由。

另一方面,波兰的政治运动也具有突发性。它主要是由日俄战争引起的。同时,波兰的社会民主主义运动也是在经济变革的基础之上进行的,而且正是经济的变化引起了政治生活的变化。总体而言,国家资本主义在波兰已经完全行不通了。人们对统治阶级的忠诚已经在追求民主生活的过程中发生改变,对贵族的忠诚变成了对社会主义的支持。但我们也看到,波兰很多问题亟待解决。战争爆发以来,波兰一直臣服于沙皇,国家的民主早已不知为何物,现在所有的努力和尝试都是为了实现复国理想。现在的一切也在使波兰民族主义破产。

西欧国家点亮了社会民主主义的火炬,我们已经不再需要更多的声明和例子。为了实现我们的理想,我们会坚持工人运动,寻求统一。事实上，波兰社会党一直以来都希望通过一场战役来反对沙皇统治。俄日战争就是一个突破口，尽管开战以来我们还没有实现行动的目标。

另一方面，波兰社会主义运动会有更大的发展。党的纲领、组织、政策都将像其他社会党取得胜利的国家一样更加规范。俄国社会民主党的发展如此令人欣慰，社会民主主义力量的统一将是可以预见的未来。

俄属波兰和立陶宛社会民主党代表团

图书在版编目（CIP）数据

第二国际第六次（阿姆斯特丹）代表大会文献. 2／童建挺主编. —北京：中央编译出版社，2018.1（2019.8重印）
（国际共产主义运动历史文献／王学东主编；21）
ISBN 978-7-5117-3541-6

Ⅰ. ①第… Ⅱ. ①童… Ⅲ. ①第二国际-会议文献-汇编 Ⅳ. ①D145

中国版本图书馆 CIP 数据核字（2018）第 008502 号

第二国际第六次（阿姆斯特丹）代表大会文献. 2

出 版 人：	葛海彦
出版统筹：	贾宇琰
责任编辑：	李媛媛
责任印制：	刘　慧
出版发行：	中央编译出版社
地　　址：	北京西城区车公庄大街乙5号鸿儒大厦B座（100044）
电　　话：	（010）52612345（总编室）　　（010）52612335（编辑室）
	（010）52612316（发行部）　　（010）52612346（馆配部）
传　　真：	（010）66515838
经　　销：	全国新华书店
印　　刷：	北京环球画中画印刷有限公司
开　　本：	710毫米×1000毫米　1/16
字　　数：	299千字
印　　张：	23.25
版　　次：	2018年1月第1版
印　　次：	2019年8月第2次印刷
定　　价：	140.00元

网　　址：	www.cctphome.com　　邮　箱：cctp@cctphome.com
新浪微博：	@中央编译出版社　　微　信：中央编译出版社(ID: cctphome)
淘宝店铺：	中央编译出版社直销店（http://shop108367160.taobao.com）
	（010）55626985

本社常年法律顾问：北京市吴栾赵阎律师事务所律师　闫军　梁勤
凡有印装质量问题，本社负责调换，电话：（010）55626985